Ehevorbereitung -
Ein Partnerschaftliches Lernprogramm (EPL)

Ehevorbereitung - Ein Partnerschaftliches Lernprogramm (EPL)

Methodik, Inhalte und Effektivität eines präventiven Paarkommunikationstrainings

von

Franz Thurmaier

Institut für Forschung und Ausbildung

in Kommunikationstherapie e. V.

München

Der Autor

Franz Thurmaier, Diplompsychologe
Leiter der zugrundeliegenden EPL-Studie
Klinischer Psychologe/Psychotherapeut und Supervisor
Ehe-, Familien- und Lebensberater

Institut für Forschung und Ausbildung in Kommunikationstherapie e.V.
Rückertstr. 9, 80336 München

Bei der vorliegenden Arbeit handelt es sich um eine Dissertation
an der naturwissenschaftlichen Fakultät
der Technischen Universität Carolo-Wilhelmina zu Braunschweig.

Die Druckvorlagen wurden vom Autor
als fertige Vorlage zur Verfügung gestellt.
Gesamtherstellung: unikopie München
Printed in Germany

ISBN 3-931584-02-X

Mein Dank gebührt

- dem Institutsleiter, Herrn Dipl. Psych. Volker Eckert,
- den EPL-TrainerInnen,
- den HonorarmitarbeiterInnen des Projektes,
- den EPL- „Verantwortlichen“ in den einzelnen Regionen
- und den teilnehmenden Paaren,

daß sie das Projekt EPL ermöglicht haben.

Des weiteren gilt mein Dank

- Herrn Prof. Dr. Hahlweg für die wohlwollende Betreuung dieser Arbeit
- und ganz besonders Herrn Dipl. Psych. Joachim Engl, der mir mit großer fachlicher Kompetenz als auch mit freundschaftlicher Unterstützung stets zur Seite stand.
- und meiner Frau Haide, die mir für diese Aufgabe geduldig den Rücken freihielt.

Inhaltsverzeichnis

EHEVORBEREITUNG - EIN PARTNERSCHAFTLICHES LERNPROGRAMM (EPL)
METHODIK, INHALTE UND EFFEKTIVITÄT EINES PRÄVENTIVEN
PAARKOMMUNIKATIONSTRAININGS

0. Einleitung

„So manche Ehe und Partnerschaft könnte harmonischer, liebevoller und vernünftiger gelebt werden, wenn es bei uns tatsächlich genauso selbstverständlich, wie es Fahrschulen gibt, auch 'Eheschulen' gäbe" (Lazarus, 1988, S. 9), behauptet der bekannte amerikanische Verhaltenstherapeut. „Kaum ein Beruf ist heute noch ohne Ausbildung möglich, nur für den 'Beruf' eines Ehepartners und Elternteils gibt es bisher nicht einmal das Bewußtsein, daß auch dafür entsprechende Vorbereitung nötig ist" (Loewit, 1991, S. 214), beklagt der Paar- und Sexualwissenschaftler. Doch das Bewußtsein darüber, daß Liebe nicht nur ein Wort ist sondern auch vieler offener Worte bedarf, wenn sie innerhalb einer Partnerschaft blühen und gedeihen soll, wächst zunehmend. Mit der Erkenntnis „Glück will erarbeitet sein, Liebe kann man lernen" (Marano, 1992, S. 32) brachte eine populärwissenschaftlich psychologische Zeitschrift das Bemühen um Partnerschaftlichkeit auf den Punkt: Um die praktischen Konsequenzen dieser Erkenntnis, nämlich einem leicht verfügbaren Angebot effektiver präventiver Hilfen für Paare und Familien, ist es jedoch nicht gut bestellt. Die öffentlichen Stellen zeigen sich immer noch eher zurückhaltend, wenn es um die Förderung solcher Programme geht.

Scheidung dagegen ist längst zu einer Art „Milliarden-Industrie" geworden. Packheiser (1995) schätzt allein die Honorare der Scheidungsanwälte in Deutschland auf knapp 1,2 Milliarden Mark pro Jahr. Als Beispiel für das florierende Scheidungsgeschäft schildert Klann (1990) einen bestimmten Landkreis in Westdeutschland, in dem es dreimal mehr Scheidungsrichter als Eheberater gebe. Würde man nur ein Prozent der aus der Scheidung resultierenden Kosten in diesem Landkreis für Beratungsangebote einsetzen, so würde man diese verdoppeln.

Insgesamt hat sich die Bedeutung der Institution Ehe deutlich gewandelt. Erwachsene, die sich heute zur Heirat entscheiden, haben in der Regel bereits Erfahrungen mit anderen Partnern gesammelt. „Liebe, Sexualität, Partnerschaft und die Befriedigung emotionaler Bedürfnisse sind nicht mehr an das Zusammenleben in einer Ehe gebunden" (Textor, 1991, S. 32). Stellt sich also die Frage, „warum noch immer drei von vier Personen mindestens einmal in ihrem Leben heiraten" (Schneider, 1991, S. 49). Für Textor (1991) zeigt sich jedenfalls eine deutliche Diskrepanz zwischen dem geringen Ansehen der Ehe in der öffentlichen Meinung und dem subjektiven Erleben der jeweils eigenen Ehe. So stoße die Ehe auch weiterhin sowohl bei Jugendlichen als auch bei Erwachsenen als Lebensform auf große Akzeptanz, wobei nichteheliche Lebensgemeinschaften meist nur als Durchgangsstadium auf dem Weg zur Ehe gesehen würden. Eine wichtige Konsequenz sei deshalb, „einerseits die zunehmende subjektive Bedeutung der Ehe (die hohen an sie gestellten Erwartungen) und andererseits ihre wachsende Instabilität zu berücksichtigen. So sind beispielsweise Maßnahmen notwendig, die zu einer Verbesserung von Partnerbeziehungen beitragen und sie befriedigend erhalten können" (Textor, 1991, S. 39). Als geeignete Maßnahme hierfür nennt Textor in Amerika entwickelte präventive Ehe- und Familienprogramme, die ihren Schwerpunkt auf das Training sozialer, kommunikativer und problemlösender Kompetenzen in Form von strukturierten praktischen Übungen legen.

In dieser Arbeit sollen die Methodik, die Inhalte und die Effektivität eines in Deutschland entwickelten präventiven Paarkommunikationstrainings, des „Ehevorbereitung - Ein Partnerschaftliches Lernprogramm (EPL)"* , vorgestellt werden, das auf einem dieser amerikanischen Programme aufbaut. Beck-Gernsheim äußerte die Hoffnung, "daß es gelingt, Umgangsformen und Regelungen zu finden, um zwei selbstentworfene Biographien wieder zusammen bringen zu können" (Beck-Gernsheim, 1990; S. 104). Solche "Regelungen" versucht das Kommunikationstraining EPL (siehe auch Engl & Thurmaier, 1992) mit Paaren zu erarbeiten und einzuüben. Mit Hilfe von Kommunikations- und Problemlöseregeln werden diese in die Lage versetzt, sich konstruktiv über die ihnen wichtigen Themen auszutauschen und gemeinsame Lösungen zu finden. Mit den eingeübten Gesprächs- und Problemlösefertigkeiten sollen sie sich in ihrer Unterschiedlichkeit besser verständigen und ihre Konflikte, die im Verlauf einer Ehe unweigerlich auftreten, erfolgreicher lösen und damit ihre Beziehung befriedigender gestalten können.Durch diese formale Arbeit vermittelt das Programm keine "fertigen Pakete des richtigen Lebens, sondern die Fähigkeit zum Aushandeln" (Keupp, 1990, S. 18). Somit leistet das EPL nunmehr seit acht Jahren einen wichtigen Beitrag zur Prävention von Paarstörungen.

---

* Das Projekt „EPL" wurde am Institut für Forschung und Ausbildung in Kommunikationstherapie e. V. in München im Auftrag der Erzdiözese München und Freising, der Deutschen Bischofskonferenz und des Bayerischen Staatsministeriums für Arbeit und Sozialordnung, Familie, Frauen und Gesundheit - die das Projekt auch finanzierten - durchgeführt und am Institut für Klinische Psychologie der Technischen Universität Braunschweig wissenschaftlich begleitet.

1. Zur Notwendigkeit präventiver Hilfsangebote für junge Paare

Die Notwendigkeit, in der heutigen Zeit jungen Paaren präventive Hilfen für das bessere Gelingen ihrer Beziehung an die Hand zu geben, läßt sich aus unterschiedlichen Blickwinkeln begründen. Zuvor soll jedoch der Begriff „Prävention" definiert werden.

1.1. Prävention: Eine Begriffsbestimmung

Perrez definiert Prävention als „Maßnahmen zur Vorbeugung und Verhinderung von unerwünschten psychischen oder physischen Zuständen. Sie setzen per definitionem ein, bevor eine Störung auftreten konnte und zielen auf die Verminderung der Inzidenz psychischer Störungen ab, während Behandlung/Therapie die Prävalenz verkleinert" (Perrez, 1991, S. 80).

Die Ziele psychologischer Prävention ganz allgemein lassen sich unter den drei Aspekten „Verminderung von Streß", „Streßimmunisierung" und „Krisenintervention" subsumieren. Schwerpunkt des ersten Aspektes ist es, den Betroffenen zu befähigen, äußere Streßfaktoren nach Möglichkeit zu reduzieren. Dieser Streßreduktion sind oft enge Grenzen gesetzt. Dann muß es darum gehen, Kompetenzen zur Streßbewältigung zu fördern. Wenn die vorhandenen Ressourcen zur Bewältigung von Belastungen nicht ausreichen, ist schließlich Krisenintervention angesagt, bevor sich Störungen verfestigen können.

In den letzten Jahren verbindet sich mit dem Präventionsbegriff auch eine Vorstellung, die der alten Idee der Störungsverhinderung konträr läuft und vielmehr die positive Förderung der Gesundheit in das Zentrum präventiver Bestrebungen stellt. Die Interventionen sind demnach entfaltungsorientiert und dienen der Förderung der Persönlichkeitsentwicklung von gesunden Personen.

Bei der Beurteilung präventiver Interventionsmethoden kommen die gleichen Gütekriterien zur Anwendung wie für Behandlungs-, Therapie- und Rehabilitationsmethoden. Dies sind insbesondere Zielorientierung, theoretische Fundierung und empirische Evaluation. Nur wenn diese Kriterien erfüllt sind, handelt es sich um wissenschaftlich fundierte Prävention (Perrez, 1991, S. 94).

Prävention im Bereich Ehe und Familie:

Nach Caplan (1964) werden drei Formen von Prävention unterschieden. Alle Maßnahmen, die das erstmalige Auftreten einer Störung oder Erkrankung verhindern, also die Inzidenzrate senken, werden der „primären Intervention" zugerechnet. „Sekundäre Prävention" setzt dann ein, wenn bereits Störungen aufgetreten sind. Ziel der sekundären Prävention ist es, durch Verkürzung der Störungs- oder Erkrankungsdauer die Häufigkeit, die Prävalenzrate, von Störungen in der Bevölkerung zu senken. Mit der „tertiären Prävention" sollen schließlich etwaige Folgeschäden einer Störung für das Individuum vermieden und das Risiko von Rückfällen, Sekundärschäden und Residualdefekten minimiert werden, wie das z.B. durch Maßnahmen zur beruflichen und sozialen Rehabilitation und zur Rückfallprophylaxe versucht wird.

Wendet man diese Dreiteilung auf den Bereich von Beziehungsstörungen an, so sind Ehevorbereitungsprogramme der primären, Eheberatung oder Ehetherapie der sekundären und Scheidungsmediation schließlich der tertiären Prävention zuzurechnen. Dabei sind die Grenzen oft fließend. So kann zum Beispiel ein Enrichment-Programm für Paare eher dem Bereich der primären oder der sekundären Prävention angehören, je nach der subjektiv empfundenen Ehezufriedenheit und der Problembrisanz und -aktualität der teilnehmenden Paare (Hahlweg, Thurmaier, Engl, Eckert & Markman, 1993).

Ehevorbereitungsprogramme sollten jedenfalls ansetzen, noch bevor sich bei den Paaren ausgeprägte Beziehungsprobleme entwickeln können, und sich deshalb an Paare mit guter Beziehungsqualität wenden, wobei sich eine dahingehende Vorauswahl in der Praxis, vor allem bei so weit verbreiteten Programmen wie dem EPL, mitunter sehr schwierig gestaltet. „Ziel von Ehevorbereitungsprogrammen im Sinne primärer Prävention sollte nicht die Prävention von Ehekonflikten sein - dies wäre illusorisch - sondern eine Kompetenzsteigerung des Paares, mit zukünftig auftretenden Konflikten und Beziehungskrisen flexibler und konstruktiver umgehen zu können" (Hahlweg et al., 1993, S. 91).

1.2. Status quo der Ehen

Themen wie Partnerschaftsprobleme, Trennung und Scheidung gewinnen in der Öffentlichkeit in den letzten Jahren immer mehr an Gewicht. Die Gründe für dieses wachsende Interesse an Eheproblemen sind vielfältig. Einige Zahlen sollen dies deutlich machen.

Immer mehr Ehen enden vor dem Scheidungsrichter. In den alten Bundesländern wird mittlerweile annähernd jede dritte Ehe geschieden. 1993, also im Jahr der EPL-5-Jahreskatamnese, wurden in den alten Bundesländern 138.064 Ehen geschieden. Das bedeutet gegenüber 1992 eine Steigerung von 10,7% (Statistisches Bundesamt, 1994). In Bayern kamen 1991 auf 72.651 Eheschließungen 20.521 Scheidungen. Das sind 28.2%. Besonders alarmierend ist dabei, daß mehr als ein Fünftel der Ehen (21.5%) bereits innerhalb der ersten vier Jahre geschieden werden (Statistische Berichte des Bayerischen Landesamts für Statistik und Datenverarbeitung, 1992). Daß viele Leute überhaupt nicht mehr das Wagnis einer Ehe eingehen, ist ein weiterer Grund dafür, daß die Zahl der Alleinlebenden ständig ansteigt. 1992 lebten bereits 35% der bundesdeutschen Bevölkerung in Single-Haushalten (Köcher, 1996). Dazu kommt noch die Zahl der Paare, die sich in ihrer Partnerschaft unglücklich fühlen. Zwar liegen für die Bundesrepublik keine repräsentativen Zahlen über das Ausmaß an Unzufriedenheit der Partner mit ihrer Ehe vor, doch lassen Untersuchungen auf einen hohen Anteil unzufriedener Beziehungen schließen. So konnten Walper, Schneewind und Gotzler (1995) in ihrer Langzeitstudie, in der fünf Jahre lang Fragebogendaten an 145 Paaren erhoben wurden, feststellen, daß Personen mit einer eher gering ausgeprägten Paar- und individuellen Kompetenz dazu neigen, an einer unzufriedenen Beziehung festzuhalten und sich nicht zu trennen oder scheiden zu lassen. In einer repräsentativen Umfrage an Frauen im Alter von 15 bis 45 Jahren (Döring, Baur, Frank, Freundl & Sottong, 1986) gaben von den in fester Partnerschaft lebenden Befragten 10% an unglücklich zu sein, weitere 25% bezeichneten sich als „eher glücklich". Die Vermutung liegt nahe, daß es sich auch bei letzterer Gruppe um Frauen handelt, deren Ehe entweder unglücklich verlaufen oder geschieden werden wird.

Umgekehrt scheint Heiraten wieder "in" zu sein. Die Diskrepanz zwischen den Erwartungen in eine glückliche Partnerschaft und der Möglichkeit ihrer Verwirklichung erscheint allerdings schwerwiegend. Die Hoffnungen auf ewige Liebe und ein tragfähiges Miteinander münden nur allzuoft in Unzufriedenheit mit der partnerschaftlichen Beziehung. Damit dürften eine lange Reihe von gesellschaftlich sehr ernst zu nehmenden Begleiterscheinungen einhergehen, wie z.B. körperliche und seelische Beschwerden bei sämtlichen Familienmitgliedern, Gewaltanwendung gegenüber dem Partner, Kindesmißhandlungen, Entwicklungsstörungen der Kinder.

Immer mehr Paare verlangen qualifizierte Beratung, wenn in ihrer Partnerschaft Konflikte, Auseinandersetzungen und emotionale Spannungen zunehmen. Allein von den katholischen Ehe-, Familien- und Lebensberatungsstellen werden in Deutschland jährlich ca. 60.000 Klienten betreut (Klann & Hahlweg, 1994 a).

Zwei groß angelegte Studien in Deutschland demonstrieren die Konfliktbereiche, die nach Ansicht der Paare, die um Ehetherapie nachsuchen, grundlegend für den Zerfall der ehelichen Beziehung sind.

Mithilfe eines Fragebogens, der allen im „Deutschen Arbeitskreis für Jugend-, Ehe- und Familienberatung (DAK)" organisierten Ehe-, Familien-und Lebensberatungsstellen zur Verfügung gestellt wurde, wurden im Jahr 1993 von 2139 KlientInnen die Anlässe erhoben, die sie eine Beratungsstelle aufsuchen ließen.
Die Beratungsanlässe wurden von den BeraterInnen im Anschluß an die Sitzung ausgefüllt, um so die spontan geäusserten Problembereiche der KlientInnen zu erfassen.

Auf ihre aktuelle Partnerschaft bezogen nannten 56,4% der KlientInnen den Wunsch nach „Beziehungsklärung", 48,5% nannten „Partner-Differenzen" und 48,3% „Streitverhalten in der Partnerschaft" als Gründe. 22,3% schließlich gaben Schwierigkeiten in der „Sexualität" als Anlaß an (Klann & Hahlweg, 1994 b, S. 43).

Diese Ergebnisse bestätigten im wesentlichen die Befunde einer Analyse, die bereits in den Jahren 1982 - 1984 an 24.500 Klienten, die eine katholische Eheberatungsstelle aufgesucht hatten, erhoben wurden. Auch hier standen emotionale Probleme und Kommunikationsdefizite an der Spitze der Probleme, die zum Aufsuchen einer Beratungsstelle geführt hatten (Klann & Hahlweg, 1987). Probleme aus dem instrumentell-ökonomischen Bereich, wie Finanzen, Haushalt, Beruf, spielten dagegen in beiden Untersuchungen für die Paare eine eher untergeordnete Rolle.

Das Ausmaß physischer Gewalt in Ehe und Familie ist bisher wenig erforscht worden. Für die BRD liegen keine verläßlichen Daten vor. In einer repräsentativen Untersuchung in den USA an 2143 Familien gaben 12.1% der Ehemänner und 11.6% der Ehefrauen an, im letzten Jahr ihren Partner physisch attackiert zu haben (Strauss, Gelles & Steinmetz, 1980). Diese Zahlen sind sicherlich als konservative Schätzung zu bewerten; die Autoren nehmen daher an, daß die wahre Inzidenzrate bei 30% pro Jahr und bei 60% bezogen auf die Gesamtehedauer liegt, wobei sich keine sozialen Klassenunterschiede zeigen. Die Inzidenzrate für die Anwendung physischer Gewalt gegenüber Kindern lag in der erwähnten Untersuchung bei 63-73%; dabei wurden Mädchen und Jungen etwa im gleichen Ausmaß geschlagen. Die Rate an Kindesmißhandlungen mit ernsten Verletzungen betrug 3.6%.

Die Anwendung physischer Gewalt gegen den Partner oder die Kinder hängt deutlich mit dem Ausmaß der partnerschaftlichen Konflikte zusammen. In Familien mit vielen Konflikten betrug die Gewaltrate 43.9%. In Familien mit geringer Konflikthäufigkeit 2.3%. Es kann nur vermutet werden, welche negativen Langzeiteffekte dieses hohe Ausmaß an Gewalt in den Risikofamilien für die psychische Entwicklung der Kinder hat. Darüber hinaus ist anzunehmen, daß diese ungünstigen elterlichen Modelle auch das spätere partnerschaftliche Verhalten der Kinder beeinflussen und aggressiven Konfliktbewältigungsstrategien Vorschub leisten werden (Dieckmann & Engelhardt, 1995; Glenn & Kramer, 1987).

Neben den Auswirkungen auf die Kinder hat die Qualität der partnerschaftlichen Beziehung offensichtlich auch Einfluß auf psychische und somatische Störungen sämtlicher Familienmitglieder (Burman & Margolin, 1992). Hahlweg (1995) gibt eine Übersicht über neuere Befunde zu den Zusammenhängen zwischen partnerschaftlichem Kommunikationsstil und somatischen Parametern. Für Hahlweg legen diese Befunde nahe, „Ehetherapie oder präventive Trainingsprogramme nicht nur zur Verbesserung der Ehequalität einzusetzen, sondern auch, um somatische Parameter wie immunologische oder psychophysiologische Variablen zu verändern" (Hahlweg, 1995, S. 5). Ganz besondere Bedeutung kommt demnach für Hahlweg der Prävention von Beziehungsstörungen zu, „insbesondere der primären Prävention bei noch nicht verheirateten Paaren. Das Ziel von Präventionsprogrammen in diesem Sinne liegt in der Kompetenzsteigerung des Paares, mit zukünftig auftretenden Konflikten und Beziehungskrisen flexibler und konstruktiver umgehen zu können"(Hahlweg, 1995, S. 1).

1.3. Historischer Aspekt

Der folgende kurze Überblick über die historischen Grundlagen des modernen partnerschaftlichen Eheleitbildes soll verdeutlichen, daß die heutigen Schwierigkeiten im Zusammenleben von Mann und Frau zum Teil eine Folgeerscheinung von geistig-ideellen und wirtschaftlichen Umwälzungsprozessen sind. Diese Umwälzungsprozesse schufen und schaffen neue Anforderungen an die Ehepartner, für die häufig noch keine Bewältigungsstrategien zur Verfügung stehen.

Die Entwicklung des partnerschaftlichen Eheleitbildes vollzog sich im wesentlichen in drei Etappen: Die mittelalterliche Sachehe, die bürgerliche Ehe in der Zeit der Industrialisierung und die Partnerschaftsehe seit der Nachkriegszeit.

Die mittelalterliche Sachehe als Ehetypus der vorindustriellen Zeit war nicht eine Ehe in ihrem heutigen Sinn, also einer Verbindung zweier Personen, die ihren Wert in sich trägt, sondern war zumeist eine Art Arbeits-, Wirtschafts-, Konsum-, Lebens- und Erziehungsgemeinschaft, in deren Mittelpunkt die tägliche Existenzsicherung, die Sicherung von Arbeitskräften, der Erbfolge, des Besitzes und des Ansehens standen. Die vorrangige Funktion von Ehe und Familie war die der Produktion, wobei die Sorge um die Nachkommenschaft ebenfalls im Dienste der Produktion stand. Die Eheschließung folgte somit in erster Linie den Gesetzen wirtschaftlicher Vernunft (Sieder, 1987). Ein persönlicher Austausch unter den Eheleuten im Gespräch war nicht nötig, da sie ohnehin den ganzen Tag arbeitend miteinander verbrachten.

Die Zeit der Industrialisierung stellt die große Wende dar, in deren Verlauf sich das bürgerliche Ehemodell herausbildete und die Grundlagen des modernen Partnerschaftsverständnisses geschaffen wurden. Im Zuge der Industrialisierung bildeten sich immer mehr Unterhaltsmöglichkeiten und Berufe heraus, sodaß der Mann immer häufiger außerhalb der Familie tätig wurde. Mit dieser Auslagerung der Erwerbstätigkeit aus dem Familienleben entstand ein Bereich der Privatheit, die Familie in Abgrenzung zur Öffentlichkeit. Die Familie verlor weitgehend ihre Funktion als Wirtschaftsfaktor, weshalb der dadurch entstehende Freiraum für eine Intensivierung und Emotionalisierung der familialen Beziehungen genutzt werden konnte. Der Tätigkeitsbereich der Frau wurde dabei auf das Haus beschränkt und verengte sich von der früher existenzsichernden Herstellung lebensnotwendiger Güter auf den Kauf und Verbrauch fertiger Waren. Gleichzeitig erfuhr er aber eine Ausweitung in Richtung gefühlsmäßiger Aufgaben. Die Frau wurde damit betraut, für die Harmonie der familialen Beziehungen, die Erziehung der Kinder und für die Gemütlichkeit des Hauses zu sorgen (Hausen, 1976). Die Intimität der ehelichen und familialen Beziehungen gewann so durch die scharfe Trennung von „außen“ und „innen“ enorm an Bedeutung. Damit traten aber auch verstärkt personale Aspekte in den Vordergrund. Sieder beschreibt die Veränderungen für das eheliche Zusammenleben so: „Wenn der abendliche Austausch der Erfahrungen der Ehegatten an die Stelle des wortkargen Neben- und Miteinanders der Bauern, Heimarbeiter und Handwerker trat, war nicht die routinisierte Arbeitshandlung selber Inhalt der Gefährtenschaft, sondern ihre Interpretation, ihre Verarbeitung und ihre symbolische Repräsentanz; sie wurde zum Inhalt der ehelichen Kommunikation. Damit rückten geistig-seelische Eigenschaften der Personen gegenüber ihren praktischen Handlungen in den Vordergrund“ (Sieder, 1987, S. 132). Diese geistig-seelischen Eigenschaften „wahrzunehmen und zu lieben, wurde zum Auftrag des Paares“ (Sieder, 1987, S. 130), wobei hier nicht jene romantisch-sinnliche Liebe, wie sie in der Literatur beschrieben wurde, als Ideal galt, sondern eine vernünftige, die Tugendhaftigkeit des anderen verehrende Liebe. Dieses bürgerliche Eheleitbild war also durch folgende Schwerpunkte gekennzeichnet: Privatheit der Familie, Emotionalisierung der Beziehungen, Verherrlichung der häuslichen Harmonie und Vertiefung der hierarchischpatriarchalischen Familienstruktur durch die geschlechtstypischen Rollenzuschreibungen, die die Frau für „Kinder, Küche und Kirche" zuständig sah und den Mann als Familienvorstand und -ernährer und Repräsentant in der Öffentlichkeit. Dieses Modell entwickelte sich zum Ideal der Familienform schlechthin. Es verbreitete sich mit wachsendem Wohlstand in weiten Teilen der Bevölkerung und blieb bis in die sechziger Jahre unseres Jahrhunderts vorherrschend.

Die Intimisierung, Emotionalisierung und Personalisierung der Ehe wurde nochmals beschleunigt durch den technologischen und bürokratischen Modernisierungsschub in der zweiten Hälfte unseres Jahrhunderts. Dieser Zeitraum stellt die dritte Etappe auf dem Weg zum modernen Eheverständnis dar. Der in der Zeit der Industrialisierung eingeleitete und bis heute anhaltende Differenzierungsprozeß unserer Gesellschaft in hochspezialisierte Teilsysteme, wie etwa Wirtschaft, Politik, Wissenschaft, Gesundheits-, Bildungs- und Sozialwesen, entlastete die Institutionen Ehe und Familie von Funktionen, deren alleiniger Träger sie vormals waren (Mitterauer, 1984). Diese Funktionsentlastung schuf den Freiraum für, umgekehrt aber auch den Bedarf an neuen Funktionen, in deren Zentrum die Entfaltung enger zwischenmenschlicher Beziehungen rückte. Es entstand die Notwendigkeit intensiven emotionalen Austausches und wechselseitiger psychischer Stabilisierung, denn die Entlassung aus dem ehemals stützenden und regelnden Familienverband bedeutete auch eine Entlassung in viele Unsicherheiten. Der Verlust äußerer, die Ehe stabilisierender Faktoren verlangte nach einer Stabilisierung von innen her, die nun die Ehepartner zu leisten haben. Dies zu leisten bezeichnet Jellouschek in einem seiner Buchtitel als „Die Kunst als Paar zu leben" (Jellouschek, 1992). Er sieht vor allem fünf Komponenten, die in früheren Zeiten die Ehe von außen zusammenhielten und jetzt weggefallen sind: Die Einbettung der Zweierbeziehung in die Großfamilie; die Ehe als eine für das Überleben notwendige Wirtschaftsgemeinschaft; die festgeschriebene Rollenaufteilung zwischen Frau und Mann, die auf Ergänzung angelegt war; die weltanschauliche Fundierung und die im katholischen Bereich damit einhergehende Unauflöslichkeit der Ehe; die nahezu vollständige Identität von Paarbeziehung mit der Elternschaft. Unter diesen Bedingungen „war das Leben als Paar keine Kunst, sondern eher ein Schicksal, dem man sich zu fügen hatte" (Jellouschek, 1992, S. 10).

Die Ehe erfuhr aber nicht nur eine forcierte Intimisierung und Privatisierung, sondern auch eine zunehmende Individualisierung. Klages (1988) spricht von einem Wertwandlungsschub in den sechziger und siebziger Jahren des 20. Jahrhunderts, wonach Pflicht- und Akzeptanzwerte, wie etwa Disziplin, Fleiß, Gehorsam, Selbstlosigkeit, Enthaltsamkeit und Hinnahmebereitschaft in dem Maße an Bedeutung verloren, in dem sogenannte Selbstentfaltungswerte wie Emanzipation, Autonomie, Genuß, Kreativität, Selbstverwirklichung und Eigenständigkeit an Bedeutung gewonnen haben.

Neben dieser allgemein wirksam werdenden Selbstverwirklichungsideologie waren für den Bereich der Ehe jedoch die zunehmend lauter werdenden Entfaltungsansprüche der Frauen von noch größerer Tragweite. Die Frauen verstehen sich heute als dem Mann vollkommen gleichwertig und beanspruchen von daher auch eine Chancengleichheit für alle Bereiche der persönlichen Entwicklung, Sinnerfüllung und Lebensgestaltung (Beck-Gernsheim, 1988). Durch die damit verbundene, wachsende wirtschaftliche Unabhängigkeit der Frau verliert die Ehe als wichtigstes, da Sicherheit bietendes Lebensziel ihre Bedeutung.

Zusammenfassend läßt sich also festhalten: Aus der ehelichen Arbeitsgemeinschaft von einst wurde eine Gefühlsgemeinschaft. Das neue Ehe-Modell wird getragen von der Idee der Liebe, der inneren Nähe und der personenbezogenen emotionalen Gemeinschaft, wobei Werte der Selbstentfaltung einen hohen Stellenwert einnehmen. Das neue Partnerschaftsleitbild birgt zwei gegensätzlich verlaufende Tendenzen in sich. Zum einen ist dies das Bedürfnis nach Intimität, zum anderen das nach Individualität. In dieser Spannung scheint bereits eine der Wurzeln der heutigen Beziehungsproblematiken zu finden zu sein. Der Anspruch, sowohl sich selbst, dem anderen und der gemeinsamen Beziehung gerecht zu werden, erfordert eine hohe kommunikative Kompetenz. Eine Vorbereitung auf diese neuen Anforderungen, etwa durch Erlernen wichtiger partnerschaftlicher Verhaltensweisen durch Erziehung und Sozialisation, fand und findet nur selten statt, weil diese Verhaltensweisen von den früheren familialen Strukturen her nicht nötig waren, und deshalb den meisten aus der Elterngeneration der heute heiratswilligen Paare kaum präsent sind.

1.4. Soziologischer Aspekt

Die Lebensform in einer dauerhaften Zweierbeziehung hat in unserer Gesellschaft einen für das persönliche Glück der beiden Partner noch nie dagewesenen Stellenwert erreicht (Beck, 1994). Die Sehnsucht nach einem Menschen, dem vertraut werden kann, der einen versteht und der bereit ist, die Bedürfnisse seines Partners zu befriedigen, scheint in unserer schnellebigen Zeit immer größer zu werden (Beck-Gernsheim, 1990). Ehe und Partnerschaft sind in aller Regel als Lebensgemeinschaft angelegt. Der Begriff verweist darauf, daß Ehen unter der Idealvorstellung lebenslanger Dauer und nicht unter der Perspektive einer zeitlichen Begrenzung eingegangen werden. Oder mit den Worten Jürg Willis: „Die tiefste und persönlichste Beziehungserfahrung ist die Liebesbeziehung. Diese bleibt ungeachtet der gesellschaftlichen Veränderungen in ihrer Sehnsucht auf zeitliche Unbegrenztheit gerichtet sowie auf ein bedingungsloses Verstandenwerden und einander Verbundensein in Gemeinschaft" (Willi, 1991, S. 346). Die Auflösung einer Ehe gehört daher in unserem Kulturkreis zu den belastendsten Ereignissen in einem Lebenslauf (Heil, 1991). In der BRD wird annähernd jede dritte Ehe - in Großstädten bereits jede zweite (vergl. Beck, 1994) - geschieden. Die Hoffnungen auf ewige Liebe und ein tragfähiges Miteinander enden also oft in ein- oder gegenseitiger Unzufriedenheit mit der Zweierbeziehung. „Der Kampf der Geschlechter ist das zentrale Drama der Zeit. Das Geschäft der Eheberater floriert, die Familienrichter haben Hochkonjunktur, die Scheidungsziffern sind hoch. Und auch im Alltag der ganz normalen Familie wird leise die Frage gestellt: Warum, ach warum ist das Zusammenleben so schwierig?" (Beck-Gernsheim 1988, S. 24).

Ein wichtiger Grund hierfür dürfte sein, daß das traditionelle Ehebild nicht mehr trägt. Nach dem traditionellen Eheverständnis waren die Rollen der beiden Eheleute ziemlich starr aufgeteilt: "Der Weg der Frau heißt Anpassung an den Mann" (Beck-Gernsheim, 1990; S. 81). Wenn auch dieses Ehebild in der heutigen Zeit nicht mehr vorherrscht, so kann es doch immer noch im Bewußtsein verankert sein (Keupp,1990). Solch unausgesprochene Vorstellungen können besonders dann auftreten, wenn die Zweierbeziehung einer äußeren Belastung oder einer einschneidenden Veränderung ausgesetzt ist. So läßt sich zum Beispiel häufig beobachten, daß selbst fortschrittlich lebende Paare nach Geburt des ersten Kindes plötzlich in ein traditionelles Rollenverhalten verfallen (Schneewind & Vaskovics, 1988).

Dem traditionellen Rollenbild steht die zunehmende Individualisierung des weiblichen Lebenslaufes gegenüber (Beck-Gernsheim, 1990). Frauen wie Männer suchen nach Identität jenseits vorgefertigter Schablonen (vergl. Beck-Gernsheim, 1980).

Notwendige psychosoziale Fähigkeiten, um ein eigenes, befriedigendes Beziehungsnetz aufzubauen, fehlen dagegen (Keupp, 1990).

Darüber hinaus drohen den heutigen Zweierbeziehungen Gefahren, die unter anderem von der Abspaltung von Arbeitswelt einerseits und Privatleben andererseits ausgehen (Beck-Gernsheim, 1980). Da Gefühle am Arbeitsplatz zumeist ausgespart werden, kommt es oft zu der Erwartung, daß sämtliche emotionalen Bedürfnisse in der Partnerschaft befriedigt werden müßten. Damit und mit weiteren "neoromantischen Fehlerwartungen" (Jellouschek, 1989) werden Beziehungen überfrachtet, die Partner überfordert.

Partnerschaftliche Beziehungen basieren auf der Gleichwertigkeit der beiden Partner. Das bedeutet auch, daß der eine Partner nicht über den anderen verfügen kann, sondern Entscheidungen, die die Beziehung betreffen, gemeinsam ausgehandelt werden. Persönliche Wünsche müssen aufeinander abgestimmt und die Übernahme von Verpflichtungen immer wieder neu vereinbart werden. Schmidt (1995) weist diese Tendenz im Bereich Sexualität nach und spricht von der „Abschaffung der Sexualmoral und ihrer Ersetzung durch eine Interaktions- oder Verhandlungsmoral der Geschlechter oder der Partner“ (Schmidt, 1995, S. 3). Sexuelle Vorlieben und Praktiken sind moralisch nicht mehr von Belang. Von Belang ist nur noch, daß dies alles zwischen den Partnern ausgehandelt ist. Der britische Soziologe Giddens (1993) spricht in diesem Zusammenhang von der „reinen Beziehung“. Die „reine Beziehung“ wird weder durch eine materielle Basis noch durch institutionelle Einflüsse gestützt, sie wird nur um ihrer selbst willen eingegangen. Dies bedeutet für beide Partner im positiven eine Erweiterung ihres Gestaltungsspielraumes, im negativen größere Gestaltungsunsicherheiten, die umso größer sind, je mehr die in der eigenen Elterngeneration vorgefundenen Modelle der Partnerschaftsgestaltung an Verbindlichkeit und Vorbildfunktion verloren haben (Heil, 1985). Um dieser Lebensform zu zweit dennoch eine gewisse Stabilität zu verleihen, müssen beide Partner vielfältige Fertigkeiten entwickeln, vor allem die Fertigkeit des Aushandelns (Giddens, 1993); eine Fertigkeit, die nicht nur auf Partnerschaften begrenzt sondern auch innerhalb der zahlreichen Lebensformen der „postfamilialen Familie“ unabdingbar ist (Beck-Gernsheim, 1994). Solche Beziehungen setzen die Bereitschaft zum Gespräch und entsprechende Kommunikationsfertigkeiten bei beiden Partnern voraus (Beck-Gernsheim, 1990).

Diese Dialogbereitschaft kostet den einzelnen in der Regel ein hohes Maß an Zeit und Anstrengung, gewissermaßen als Tribut, der an die Beziehungsarbeit geleistet werden muß, wie Volmer (1986) feststellt: „Will der einzelne nicht scheitern, muß er für sein Glück etwas tun. Der Leistungsbedarf, den Familie beansprucht, nimmt zu. Ein 'guter Partner' zu sein, bedeutet Anstrengung, Aufmerksamkeit, Mitdenken. Konflikte müssen früh erkannt werden, solange es sich sozusagen noch um 'Haarrisse' handelt (Volmer, 1986, S. 287). Um dies zu gewährleisten, ist ein leicht zugängliches Angebot von effektiven präventiven Paarprogrammen dringend von Nöten.

1.5. Kirchlicher Aspekt

Seit Ende der sechziger Jahre bietet die katholische Kirche in Deutschland mehr oder weniger ausgearbeitete Ehevorbereitungskurse an und entwarf damit eine „prospektive Pastoral", nicht zuletzt um dem Säkularisierungsprozeß der Gesellschaft im Bereich der Partnerschaften, der in dieser Zeit zum ersten mal seinen Ausdruck in dem Begriff „Ehe ohne Trauschein fand", entgegenzuwirken (Schulz, 1983).

Diese kirchliche Ehevorbereitung hat in den letzten Jahren zunehmend versucht, der veränderten Situation von Ehe und Familie Rechnung zu tragen. Sie hat sich bemüht, eine adäquate Antwort zu geben auf die zunehmenden Scheidungsraten und ihre Ursachen: die vermehrten außerfamilialen Probleme, die in der Ehe bewältigt werden müssen einerseits und die einem rapiden gesellschaftlichen Wandel entsprechende innerfamiliale Werte- und Verhaltensunsicherheit und -inkompetenz andererseits.

Grundsätzlich hat kirchliche Ehevorbereitung als pastoraler Dienst die Aufgabe, für den Lebensbereich Ehe die immer wieder aufbrechende Kluft zwischen christlicher Heilsbotschaft und unheilvoller Lebenserfahrung zu überbrücken. Dies zu versuchen ist "Ausdruck der Sorge der Kirche um das Schicksal von Ehe und Familie". Und diese Sorge gehört zu den "grundlegenden Funktionen des Dienstes der Kirche an den Menschen". (vergl. Synodenbeschluß "Christlich gelebte Ehe und Familie" 0.3)

So liegt es auf der Hand, daß die Kirche Hilfen zur Verwirklichung des Leitbildes einer partnerschaftlichen Ehe anbietet, was "schwerpunktmäßig auch Hilfe zu Partnerfähigkeit" sein muß. Diese Hilfe zur Partnerfähigkeit ist notwendig, weil "ohne diese natürliche Basis ... die sakramentale Wirklichkeit von Ehe nur unvollkommen gelebt und erfahren werden" kann (Simon, 1978, S. 19).

Das Treue-Versprechen, das sich die Brautleute gegenseitig schenken, verlangt die Bereitschaft, alles zu tun, was die eheliche Entwicklung fördert und festigt. Es geht darum, das vielgebrauchte Wort "Liebe" in die Situation des Alltags zu übersetzen. Dazu den Paaren Unterstützung anzubieten, ist eine Herausforderung für die Ehepastoral. Sie kann dies umso mehr erfüllen, je sicherer ihr Vorbereitungsangebot die tatsächlichen Defizite in Kompetenz und Kenntnis der Aufgaben- und Problembewältigung in der Ehe ausgleichen kann. Deshalb erschien es den Kirchenverantwortlichen sinnvoll, die Lerninhalte eines Ehevorbereitungsprogrammes nicht mehr allein der Subjektivität des vor Ort arbeitenden Ehevorbereitungsteams zu überlassen, sondern exakt den sozialpsychologisch erforschten Erfordernissen anzupassen, um die Wirksamkeit eines Programms möglichst genau zu steuern.

Nach Gruber (1994) liegt dem modernen christlichen Ehemodell nicht das Bild einer völlig konfliktfreien Beziehung zugrunde, wie es die katholische Moraltheologie bis zum Zweiten Vatikanischen Konzil zeichnete, sondern das einer Gemeinschaft zwischen Frau und Mann, die bereit ist, sich mit auftauchenden Konflikten auseinanderzusetzen und sie, soweit möglich, innerhalb ihrer Ehe zu lösen. Für den Moraltheologen und ausgebildeten EPL- Trainer Gruber ist offensichtlich: „Aus einem ehelichen Zusammenleben unter christlichen Sinn- und Wertmaßstäben folgt nicht unmittelbar ein adäquates Gesprächs- und Konfliktlöseverhalten. Ein solches ist primär in der Familie, sodann in der Schule und letztlich ganz paarbezogen in speziellen Kommunikationstrainings- und Ehevorbereitungskursen zu erlernen und einzuüben“ (Gruber, 1994, S.341). Er betont diese Aufgabe, denn für ihn „ist in modernen, hochdifferenzierten Gesellschaften ein angemessenes Gesprächsverhalten, vor allem aber ein konstruktiver Umgang mit Konflikten zu einem entscheidenden Faktor für die Ehequalität und damit für das Gelingen ehelichen Zusammenlebens insgesamt geworden“ (Gruber, 1994, S. 341).

2. Lerntheoretische Annahmen über partnerschaftliche Interaktionen

Zur Beantwortung der Frage, warum Partnerschaften ge- oder mißlingen, haben die großen psychologischen Schulrichtungen theoretische Erklärungsmodelle entwikkelt. Als ein Beispiel sei das psychoanalytische „Kollusions-Konzept" (Willi, 1975; 1978) genannt, das unbewußte Zusammenspiel von Partnern mit Fixierung auf ein und derselben psychosexuellen Entwicklungsstufe, der eine allerdings mit regressiver, der andere mit progressiver Ausprägung: Ein Konzept, das ebenso populär wie empirisch unfundiert geblieben ist.

Bei der Konzeption des EPL orientierten wir uns an den lerntheoretischen Annahmen, die die dringend nötige Erweiterung vom Individuum weg hin zu der Interaktion beider Partner erfahren hatten.

2.1. Operantes Konditionieren

Die Prinzipien des operanten Konditionierens, wie sie Skinner (1938; 1953) als erster beschrieb, schaffen mit einigen Erweiterungen eine gute Erklärungsbasis für das interaktionale Geschehen bei Paaren. Die Determinanten des Verhaltens befinden sich nach diesem Ansatz in der Umwelt, wobei unterschieden werden kann zwischen den Reizen oder Stimuli, die einem Verhalten vorausgehen, und den Konsequenzen, die dem Verhalten folgen. Diese Konsequenzen können positiver oder aversiver Natur sein. Im ersteren Falle werden sie die Auftretenswahrscheinlichkeit des vorausgegangenen Verhaltens erhöhen, im letzteren werden sie diese Auftretenswahrscheinlichkeit verringern. Auf diese Weise beeinflussen die Partner sich gegenseitig in ihren Verhaltensweisen, indem das Verhalten von Partner A entweder zum auslösenden Reiz für Partner B oder aber zur Konsequenz auf dessen Verhalten wird (siehe Hahlweg, Schindler & Revenstorf, 1982). Allerdings findet auch die Bedeutung interner Reize, wie Gedanken und Gefühle, zunehmend Anerkennung. So ist es zum Beispiel offensichtlich, daß jeder Partner seine eigene Lerngeschichte in die Partnerschaft miteinbringt, mit ganz bestimmten Vorstellungen und Erwartungen, welche auf die zukünftigen Paarinteraktionen deutlich Einfluß nehmen können. Für Paare leicht verständlich geschriebene Schilderungen dieser Zusammenhänge finden sich in Schindler, Hahlweg und Revenstorf (1980) und in Engl und Thurmaier (1992).

Im Paaralltag läßt sich häufig nur noch schwer unterscheiden, ob nun das Verhalten von Partner A der Auslösereiz für das Verhalten von Partner B war, oder seinerseits eine Konsequenz auf ein Verhalten von B. Die linearen Annahmen des SORCK-Modelles (Kanfer & Phillips, 1975) sollten hier sinnvollerweise zu dem zirkulären Modell der Systemtheorie ergänzt werden (vergl. z.B. Satir, 1973). Trotzdem lassen sich viele Beziehungsschwierigkeiten mit operanter Konditionierung gut erklären. Im folgenden seien noch einige lerntheoretische Annahmen genannt, die dyadische Interaktionen noch konkreter zu erklären suchen.

2.2. Die Soziale Austauschtheorie:

Wie die Partner ihre Beziehung bewerten, ist ein sehr subjektiver Prozeß. Die Austauschtheoretiker gehen davon aus, daß jedes Individuum danach strebt, seinen Gewinn zu maximieren (Thibaut & Kelley, 1959). Eine längerfristige soziale Beziehung gehen zwei Personen demnach nur dann ein, wenn der Nutzen im Vergleich zu den Kosten relativ hoch ist. Wenn sich diese Kosten-Nutzen-Relation zu Ungunsten eines Partners verschiebt, beendet er die Beziehung. Nach Thibaut und Kelley mißt jeder Partner den Zustand der Beziehung an einem internen Vergleichsniveau. Hier wird das, was ein jeder von seinem Partner und der Beziehung an Belohnungen und Kosten erwarten kann, verglichen mit dem, was ihm seiner eigenen Einschätzung nach zusteht. Dazu kommt noch ein Vergleichsniveau für Alternativen. Dies ist das Niveau, das der Partner in einer anderen Beziehung erreichen zu können glaubt. Liegt das alternative Niveau deutlich höher als das interne Vergleichsniveau, wird die alte Beziehung mit großer Wahrscheinlichkeit aufgegeben.

Das gegenseitige Bemühen umeinander und der Reiz des Neuen lassen am Anfang von Beziehungen die Partner viele Verhaltensweisen des jeweils anderen als positive Verstärkung erleben. Doch können diese vorher als verstärkend erlebten Reaktionen im Laufe der Beziehung durch Veränderungen ihrer subjektiven Bewertung oder einfach durch Gewöhnung ihre Belohnungswirkung verlieren oder vielleicht sogar aversiv wahrgenommen werden. Dadurch sinkt die Rate an positiven Verstärkungen. Die Mühen der Partner, überhaupt noch verstärkendes Verhalten zu zeigen, nehmen dementsprechend zu. Die Beziehung wird immer unbefriedigender erlebt (vergl. Hahlweg, 1986).

Als Kritik an der Austauschtheorie ist neben der schlechten Operationalisierbarkeit der vagen Begriffe Kosten und Nutzen wohl in erster Linie anzumerken, daß dieser Ansatz die beiden Partner als sehr egoistisch und eher betriebswirtschaftlich denn partnerschaftlich handelnd beschreibt. Beide sind ausschließlich auf die Maximierung des eigenen Gewinnes fixiert. Kompromisse, wie sie für das Fuktionieren sozialer Beziehungen unabdingbar sind, wären so kaum denkbar. Dennoch läßt sich mittels der Austauschtheorie die für Interventionsprogramme so wichtige Hypothese aufstellen, daß in zufriedenen Partnerschaften die Rate positiver Verstärkungen höher, und die Häufigkeit von Bestrafungen niedriger ist als in gestörten Beziehungen (vergl. Hahlweg et al., 1982). Hahlweg (1986) führt eine ganze Reihe von experimentellen Studien an, die diese Hypothese stützen.

2.3. Das Reziprozitätsmodell:

Um eine langfristig positive Eheentwicklung zu beschreiben, ist es sinnvoll neben der auf Gewinnmaximierung des einzelnen fixierten Austauschtheorie noch andere Erklärungsmodelle hinzuzuziehen.

Walster, Utne und Traupman (1977) gehen in ihrer „Gleichheitstheorie" davon aus, daß Personen, durch soziale Normen geprägt, bestrebt sind, in ihren Interaktionen ein ausgewogenes Verhältnis von Kosten und Nutzen herzustellen. Bei deutlicher Ungleichheit in einer Beziehung wird derjenige sich schuldig fühlen, der mehr Nutzen aus den Interaktionen zieht, aggressiv oder zumindest ärgerlich wird derjenige reagieren, bei dem der größere Teil der Kosten liegt. Beide werden sich deshalb bemühen, wieder Gleichheit herzustellen. Für Hahlweg et al. (1982) ist dieses Streben nach Gleichheit die allgemeinste Beschreibung für Reziprozität.

Für Pruitt (1968), der den Begriff genauer faßt, bedeutet Reziprozität, „daß Partner A den Partner B belohnt, wenn Partner B ihn vorher belohnt hat und umgekehrt" (Hahlweg et al., 1982, S. 14). Im einzelnen stellt Pruitt folgende drei Hypothesen auf: 1. Der Umfang der Belohnung, den Partner A Partner B gewährt, ist eine positive Funktion der vorher von Partner B empfangenen Belohnung. 2. Die Belohnung von Partner A wird um so größer ausfallen, je größer für Partner B der Aufwand war, Partner A zu belohnen. 3. Die Belohnung von Partner A hat eine positive Funktion auf die zukünftigen Belohnungen von Partner B. Partner A plant also in die Zukunft, indem er jetzt belohnt, da er sich seinerseits eine spätere Belohnung erhofft.

Dieses reziproke Verhalten nennen Lederer und Jackson (1972) ein „Quid-pro-quo-Übereinkommen". Sie behaupten, „daß enge, dauerhafte Partnerbeziehungen durch eine Wechselwirkung im Verhaltensrepertoire leben, die jedem ganz deutlich zeigt: Alles, was ich bekomme, ist die Antwort auf etwas, das ich gegeben habe" (Lederer & Jackson, S. 10). Partnerschaften beruhen ihrer Ansicht nach auf dieser Grundlage des Gebens und Nehmens, wobei eine zufriedene Beziehung durch ein hohes Ausmaß an gegenseitiger Verstärkung und durch eine geringe Rate an gegenseitiger Bestrafung gekennzeichnet ist.

Zwei Arten von Reziprozität werden unterschieden. Die erste, gerade beschriebene Art wird allgemeine Reziprozität genannt und bedeutet, daß Partner A den Partner B belohnt bzw. bestraft, wenn Partner B ihn irgendwann vorher belohnt bzw. bestraft hat (Pruitt, 1968). Die Kontingenz ist hierbei ohne Bedeutung. Die zweite Form ist die funktionale Kontingenz und sie bedeutet, daß der Austausch positiver wie negativer Verhaltensweisen zeitlich kontingent auf die jeweiligen Verhaltensweisen des Partners erfolgt. Nach Gouldner (1960) ist der gegenseitige, zeitlich kontingente Austausch von Belohnungen für die Stabilität einer Beziehung ganz besonders wichtig.

Studien zur Überprüfung der beiden Reziprozitätsformen sprechen für die Richtigkeit der allgemeinen Reziprozität, während sich die Annahme der funktionalen Reziprozität nicht bestätigen ließ (siehe Hahlweg, 1986). So konnten auch Van Yperen und Buunk (1990) in einer Längsschnittstudie bestätigen, daß Männer und Frauen, die ihre Partnerschaft als insgesamt für ausgewogen und gerecht halten, was Kosten und Nutzen für beide Partner betrifft, zufriedener mit ihrer Partnerschaft sind als Paare, die ihre Beziehung diesbezüglich als unausgewogen erleben. Besonders unzufrieden sind dabei die Partner, nach deren Einschätzung das Ungleichgewicht auf ihre Kosten geht. Auffallend an den Ergebnissen ist, daß dieser Zusammenhang nur für das globale „Equity"-Maß gilt, also nur dafür, für wie ausgewogen ein Paar seine Beziehung im allgemeinen einschätzt. Differenziertere Maße, die die erlebte Ausgewogenheit hinsichtlich einzelner Bereiche der Partnerschaft, wie zum Beispiel Attraktivität und Soziabilität der einzelnen Partner, Verpflichtung gegenüber der Partnerschaft, Übernahme von Haushaltspflichten etc., zu erfassen versuchten, zeigten keine signifikanten Unterschiede zwischen zufriedenen und unzufriedenen Partnern. Es scheint also nicht entscheidend zu sein, daß in möglichst vielen Einzelbereichen Ausgewogenheit herrscht. Viel wichtiger ist wohl, daß von beiden die Grundstimmung innerhalb der Partnerschaft als gleich und Kosten und Nutzen als gerecht verteilt empfunden werden.

Gottman et al. (1976) stellten als einfache, auch Paaren leicht verständlich zu machende Erklärung für diesen Sachverhalt das sogenannte Bankkonto-Modell auf. Nach diesem Modell starten Paare mit einem großen Guthaben. Die Partner investieren in ihre Partnerschaft, sie belohnen sich, ohne daß sie auf einen sofortigen Ausgleich drängen. Über längere Zeit betrachtet gleichen sich die Konten im positiven Bereich aus. In zufriedenen Beziehungen zahlen die Partner gleichsam häufiger ein, während unzufriedene Paare eine zu geringe Grundrate an positiven Verhaltensweisen zeigen, also quasi zu wenig einzahlen. Nach diesem Modell ist es die Aufgabe eines Paares, für eine zufriedenstellende Partnerschaftsentwicklung ein hohes Niveau an positivem Austausch zu erhalten, um negative Ereignisse, welche im Laufe der Beziehung immer wieder auftreten werden, besser ausgleichen und bewältigen zu können. Rückblickend auf seine jahrzehntelange Paarforschung resümiert Gottman (1994), daß es für eine dauerhafte Ehezufriedenheit wesentlich ist, daß es zwischen den Partnern mindestens fünfmal soviel positiven Austausch wie negativen gibt, damit negative Einflüsse nicht ihre beziehungszerstörende Wirkung entfalten können. Die Annahmen des Bankkontomodelles gelten für ihn allerdings nur bei zumindest mittlerer Beziehungsqualität. Bei chronisch konflikthaften oder innerlich bereits distanzierten Paaren hat sich gezeigt, daß positives Verhalten des einen Partners (z.B. Selbstöffnung) nicht mehr unbedingt reziprok positiv beantwortet wird (Hahlweg, 1986). Wichtiger als das bloße Verhalten ist nämlich die Bewertung dieses Verhaltens durch den Partner. Bei beiderseits unzufriedenen Partnern zeigt sich ein ausgesprochen unglückliches Attributionsmuster (Gottman, 1994): Negative Verhaltensweisen werden als Anzeichen der „schlechten Persönlichkeit" des Partners interpretiert, positive Verhaltensweisen als situativ oder gar als verdeckt feindseelige Strategie. In glücklichen Beziehungen zeigt sich ein gegenteiliges Bewertungsmuster, das den Paaren in Verbindung mit entsprechenden Kommunikationsfertigkeiten ermöglicht, schneller aus einer negativen Eskalation auszusteigen. Nach Gottman (1994) erfolgt der Wechsel von beziehungsfördernden zu beziehungsschädigenden Attributionsmustern vor allem durch besonders drastische Kommunikationsfehler (persönliche Kritik, Abwertung/Verachtung, Abwehr, Abblokken), die beim Partner massive Gefühle der Enttäuschung, der Wut, des Nichtverstanden-Werdens oder auch Verunsicherung und Hilflosigkeit auslösen, sodaß der Partner als Person bzw. die gesamte Beziehung in Frage gestellt wird.

2.4. Die Theorie des Zwangsprozesses und ihre kognitive Erweiterung:

Um die negative Entwicklung von einer zufriedenen zu einer unzufriedenen Partnerschaft besser erklären zu können, ist es sinnvoll, das von Patterson und Hops (1972) beschriebene Modell des Zwangsprozesses in die Betrachtungen aufzunehmen. Dabei gehen die Autoren sowohl von der Theorie des sozialen Lernens (Bandura, 1971) als auch von der oben beschriebenen Reziprozitätsannahme aus.

Nach diesem Modell kommt es in der Anfangsphase einer Beziehung zu überwiegend positiv bewerteten Verhaltensweisen bei beiden Partnern. Dadurch hält sich die gegenseitige Attraktion über einem kritischen Niveau. Das positive Verhalten des einen verstärkt das positive Verhalten des anderen. Die Gefahr, daß ein Zwangsprozeß beginnt, besteht erst dann, wenn ein Partner sich wünscht, daß der andere sein Verhalten ändert, und dieser Partner nicht bereit dazu ist. Für den Wunsch nach Verhaltensänderung kann es mehrere Gründe geben (vergl. Hahlweg et al., 1982). Zum einen kann eine Veränderung im sozialen Umfeld der Partner eintreten. Ereignisse wie Geburt eines Kindes, Arbeitsplatzverlust, Umzug etc. fordern zu ihrer Bewältigung veränderte Verhaltensweisen, zu denen ein Partner vielleicht nicht bereit ist. Zum zweiten können Veränderungswünsche auftreten, wenn sich im Laufe der Beziehung herausstellt, daß ein Partner sich nicht so verhält, wie der andere es ursprünglich erwartet hatte. Sei es, daß der Partner sich nicht in die erhoffte Richtung weiterentwickelt, sei es daß die Erwartungen des einen Partners wegen ihrer Überzogenheit und Irrealität zwangsläufig enttäuscht werden müssen (vergl. Jellouschek, 1989), oder daß ein anfangs idealisierendes Paar langsam die unterschiedlichen Bedürfnisse des jeweiligen Partners erkennt und diese im eigenen Sinne verändert haben möchte. Zum dritten kann ein Wunsch nach Verhaltensänderung in bestimmten, täglich auftretenden Verhaltensweisen des Partners begründet liegen, die einzeln und für sich genommen nur Kleinigkeiten darstellen, deren Häufung allerdings zunehmend aversiv erlebt wird. Paradebeispiel hierfür ist die mittlerweile sprichwörtlich gewordene, schlampig ausgedrückte Zahnpastatube. Idealerweise wäre eine Veränderung durch positive Verstärkung des adäquaten Verhaltens und Löschung des inadäquaten Verhaltens zu erreichen. Diese positive Kontrolle ist allerdings relativ selten, da es den meisten Menschen aufgrund ihrer persönlichen Lerngeschichte näher liegt, auf unerwünschtes Verhalten mit Bestrafung zu reagieren. Deshalb werden Die wiederholten Wünsche nach Verhaltensänderung langsam zur Kritik, wenn sie nicht fruchten. Dieser Kritik gibt der Partner häufig zunächst eine Zeitlang nach, wobei das Nachgeben durch die anfänglich schwächer werdende Kritik eine negative Verstärkung erfährt (Hahlweg, 1991). Umgekehrt wird jedoch die Kritik durch das Nachgeben positiv verstärkt und tritt dadurch längerfristig betrachtet häufiger und intensiver auf. Der andere Partner lernt aus diesem Verhalten via Modell-Lernen (Bandura, 1971) und wendet die gleichen Strategien seinerseits an. Damit befindet sich das Paar in einer gegenseitigen aversiven Kontrolle. Ein verhängnisvolles Merkmal dieser aversiven Kontrolle ist es, daß das inadäquate Verhalten durch Bestrafung nur kurzfristig unterdrückt wird, so daß das Problem oder der Konflikt nicht endgültig gelöst werden können, sondern immer wieder auftreten werden. Mit der Zeit werden auf diese Weise immer mehr ungelöste Konflikte entstehen, da dem Paar keine angemessenen Konfliktlösestrategien zur Verfügung stehen. Denn beide verwenden schließlich nur noch bestrafende Methoden, um sich gegenseitig zu beeinflussen. Die häufigsten dieser Methoden bei Paaren sind Nörgeln, Weinen, Schreien, Abwertungen, Anschuldigungen oder der Entzug von Verstärkern wie z.B. Verweigerung sexueller Aktivität oder genereller Abbruch des sozialen Kontaktes für eine gewisse Zeit. Mit der Zunahme dieser aversiven Interaktionen wird die gegenseitige Anziehung immer geringer, bis die Beziehung auseinanderfällt.

So geeignet die Zwangsprozeßhypothese erscheint, um negative Partnerschaftsentwicklungen zu beschreiben, so aufwendig ist eine direkte empirische Überprüfung der selben. Einige wenige Untersuchungen stützen ihre Annahmen jedoch zumindest indirekt. Sie geben Hinweise darauf, daß mangelnde Ehequalität in Zusammenhang steht mit Defiziten im kommunikativen Bereich und bei der Problemlösung (siehe Hahlweg, 1986).

Eine interessante „kognitive" Ausweitung erfährt das Zwangsprozeßmodell durch neuere Streßforschungsstudien bezüglich Ehe und Partnerschaft. Diese unterstreichen den Einfluß unterschiedlicher Copingstrategien auf die Paarinteraktion. „Personen, die Streß inadäquat bewältigen, haben ungenügende Ressourcen zur Verfügung, um ausgeglichen mit dem Partner interagieren zu können und weisen in der Folge einen negativeren Interaktionsstil auf" (Bodenmann, Perrez & Gottman, 1994, S. 25). Die Autoren sehen hierin einen möglichen Auslöser für den Zwangsprozeß in Partnerschaften, in denen beide dem jeweils anderen nur noch auf bestrafende Art und Weise begegnen. „Diese erhöhte Negativität könnte dabei zum Auslöser dafür werden, daß sich einerseits der andere Partner aufgrund des negativen dyadischen Klimas weniger selbstöffnet und seinerseits häufiger negativ interagiert, wodurch neuer (dyadeninterner) Streß geschaffen wird, der seinerseits Anlaß zu inadäquater Bewältigung gibt und dadurch den negativen Zyklus verstärkt" (Bodenmann et al., 1994, S. 25). Als besonders negative Copingstrategien erwiesen sich intrapsychische Vorwürfe, wobei der intrapsychische Partnervorwurf die negativste Strategie darstellte. Aber auch Selbstvorwürfe und Vorwürfe bezüglich Dritter zeigten sich als sehr ungünstig. Es scheint, als unterliege der innere Dialog den selben Regeln wie der Paardialog. Vorwürfe, egal gegen wen sie gerichtet sind, wirken negativ, auch wenn sie nicht ausgesprochen werden. Jedenfalls „fand sich eine negative Selbstverbalisation als relativ guter Prädiktor für eine negativere Interaktion mit dem Partner" (Bodenmann et al., 1994, S. 19).

Aufschlußreich sind in diesem Zusammenhang auch Ergebnisse der Attributionsforschung in der Dyade, die zeigen, daß bestimmte Attributionsfehler zu Mißverständnissen, Schuldzuweisungen und Kommunikationsstörungen in Partnerschaften beitragen und diese somit negativ beeinflussen können. So fanden zum Beispiel Shriber, Larwood und Peterson (1985) heraus, daß die bei den meisten Personen vorhandene optimistische Einschätzung ihrer Beziehung bei unglücklichen Paaren erheblich reduziert ist. Das Fatale daran ist für die Autoren die Tatsache, daß dieser verloren gegangene Optimismus mit verminderter Anstrengung zum Aufrechterhalten der Beziehung korreliert. Nach Schachter und O'Leary (1985) interpretieren unzufriedene Paare das Verhalten ihrer Partner durchgehend negativer als zufriedene, und zwar sowohl was die Absichten des Partners als auch die Wirkungen seines Verhaltens betrifft. Für Fiedler und Ströhm (1991) führen fast alle negativen Attributionstendenzen zu dem Grundmuster, daß unzufriedene im Gegensatz zu zufriedenen Paaren die Verantwortung für negative Ereignisse beim Partner festmachen, also external attribuieren, während sie positive Ereignisse eher der eigenen Leistung zuschreiben, also internal attribuieren. Der daraus entstehende Teufelskreis immer größer werdender Unzufriedenheit gegenüber dem Partner und der Partnerschaft liegt auf der Hand.

3. Kommunikationsforschung

Kommunikation nimmt im menschlichen Leben einen so zentralen Stellenwert ein, daß es nicht verwundert, wie viele Wissenschaftszweige sich mit dieser Materie beschäftigen. Nach Mattejat und Brumm (1977) sind dies: Philosophie, Logik, Mathematik, Systemtheorie, Semiotik, Kybernetik, Linguistik, Sozialwissenschaft und Psychologie. Im folgenden sollen knapp einige psychologische Ansätze skizziert werden. Da in dieser Arbeit der Schwerpunkt auf Paarkommunikation liegt, sollen des weiteren das Thema Kommunikation zwischen Mann und Frau beleuchtet, sowie einige Befunde zum Einfluß von Kommunikation auf die Beziehungsqualität vorgestellt werden.

3.1. Theoretische Annahmen und praktische Umsetzung

In der Analyse von Kommunikationsabläufen war lange Zeit die Ansicht vorherrschend, daß es bei einem Gespräch nur um Informationsübermittlung gehe, also um die Darstellung und Weitergabe bestimmter Sachverhalte. Die Forschung orientierte sich dabei an technischen Kommunikationsprozessen und unterschied bei den Kommunikationspartnern einen „Sender" und einen „Empfänger". Der Sender kodiert einen ihm bekannten Sachverhalt in Worte und „sendet" diesen, indem er die Worte ausspricht. Diese werden vom Empfänger - durch Umweltgeräusche mehr oder weniger gestört und verändert - „empfangen", dekodiert und in ihrer Bedeutung erkannt. Bei diesem technologischen Modell werden jedoch wichtige persönliche und soziale Einflußgrößen außer Acht gelassen (siehe Neuberger, 1981). Mehrere Forschungsrichtungen haben hierzu wichtige Ergänzungen geliefert.

Bühler (1965), der sich mit der Funktion sprachlicher Zeichen beschäftigte, unterscheidet drei Aspekte der sprachlichen Begegnung, die in der Regel gleichzeitig vorkommen: Die Darstellungs-, die Ausdrucks- und die Appellfunktion. Mit dem Begriff der Darstellungsfunktion beschreibt Bühler die Tatsache, daß sprachliche Aussagen auf Themen und Inhalte bezogen sind, über die sie informieren sollen. Solche Aussagen lassen aber auch stets mehr oder weniger deutlich auf das Wissen, die Befindlichkeit und die Absichten des Senders schließen, so daß sie quasi Ausdruck seiner Persönlichkeit sind. Deshalb benennt Bühler dieses Phänomen mit dem Begriff Ausdrucksfunktion. Schließlich haben Aussagen auch die Funktion, den Empfänger zu einer bestimmten Handlung aufzufordern, von Bühler Appellfunktion genannt.

In ihren Arbeiten zu themenzentrierten Interaktionsprozessen unterscheidet auch Cohn (1976) drei Aspekte, die bei einer gelungenen Interaktion im Gleichgewicht stehen. Sie nennt diese, in Anspielung an ihren psychoanalytischen Hintergrund und das Freud'sche Instanzenmodell, „Es", „Ich" und „Wir". Mit „Es" benennt sie das Thema, die Sache, um die es im Gespräch geht. „Ich" bezieht sich auf die persönlichen Wünsche, Bedürfnisse und die Befindlichkeit des Senders. Das „Wir" steht für die Tatsache, daß Kommunikation ein Geschehen zwischen mindestens zwei Menschen ist. Es soll darauf hinweisen, daß gerade diese soziale Situation, die im informationstheoretischen Ansatz sowie in Bühlers Modell keine Berücksichtigung findet, von grundlegender Bedeutung für ein Gespräch ist.

Sowohl Bühlers als auch Cohns Kommunikationsmodell beinhalten also den Aspekt der Informationsübermittlung („Darstellung", „Es") und des Selbstausdruckes des Sprechers („Ausdruck", „Ich"). Bühler betont zusätzlich noch den Aspekt der Beeinflussung und Lenkung des Empfängers durch den Sender („Appell"), während Cohn den sozialen Beziehungsaspekt („Wir") als besonders wichtig hervorhebt. Schulz von Thun (1981) verbindet in seinem Ansatz diese beiden Modelle und spricht von den „vier Seiten einer Nachricht". Jede Nachricht besteht demnach aus „Sachaspekt", „Beziehungsaspekt", „Selbstoffenbarungsaspekt" und „Appellaspekt". In seinen Kommunikationsseminaren betont er, daß viele Schwierigkeiten in der Kommunikation dadurch entstehen, daß unterschiedliche Gesprächsteilnehmer für diese vier Seiten einer Nachricht unterschiedlich empfänglich sind (Schulz von Thun, 1989). So kann zum Beispiel ein rein informativ gemeinter Satz als Appell zum sofortigen Handeln oder als Abwertungsversuch auf der Beziehungsebene mißverstanden werden und dadurch zu Verstimmungen führen.

In der praktischen Umsetzung dieser Annahmen wird versucht, Kommunikation durch die Schulung bestimmter Fertigkeiten zu verbessern, sodaß das gegenseitige Verständnis der Gesprächspartner zunimmt, und umgekehrt Mißverständnisse und Verletzungen abnehmen. Diese Fertigkeiten für eine effektivere Kommunikation entstammen allerdings nicht einer spezifischen Theorie der Interaktion, sondern orientieren sich an verschiedenen psychologischen Schulen (siehe Revenstorf, 1985). Kommunikationstrainings, in denen diese Fertigkeiten vermittelt werden sollen, beinhalten dementsprechend Elemente aus der Kommunikationstheorie - wie Wahrnehmen möglicher Diskrepanzen in den Kommunikationskanälen - (Watzlawick, Beavin & Jackson, 1969), aus der Gesprächstherapie - wie Einfühlung und gegenseitige Wertschätzung - (Rogers, 1972; 1975), aus der Gestalttherapie - wie die Wahrnehmung eigener Bedürfnisse - (Perls, 1976) und aus der Verhaltenstherapie - wie Einüben von Problemlösefertigkeiten - (D'Zurilla & Goldfried, 1971).

3.2. Forschungsthema: Geschlechtsspezifische Kommunikation

Ein interessanter Teilbereich der Kommunikationsforschung beschäftigt sich mit den Unterschieden zwischen „männlicher“ und „weiblicher“ Kommunikation. Viele Autoren und namentlich Autorinnen sehen in geschlechtsspezifischen Kommunikationsunterschieden eine zentrale Bedingung für heterosexuelle Beziehungsstörungen. Dem gegenüber sind Geschlechtsunterschiede im Kommunikationsverhalten von Paaren empirisch weitaus seltener belegt und insgesamt von geringerer Ausprägung (Hahlweg, 1986; 1991) als nach vielen populärwissenschaftlichen Veröffentlichungen zu erwarten wäre. Verallgemeinerungen sind deshalb mit großer Vorsicht zu behandeln. Dennoch scheinen einige in der Eheliteratur der letzten Jahrzehnte oft anekdotisch berichteten geschlechtsspezifischen Stereotypien für eine bestimmte Gruppe meist unglücklicher Paare zuzutreffen.

Henley (1984; 1988) konzentriert sich in ihrer Forschungsarbeit auf geschlechtsspezifische Unterschiede in der Körpersprache (Gestik, Mimik, Körperhaltung, Bewegung, Tonfall etc.) und stellt dabei fest: „Es sind auch Machtstrategien, die wir mit unserem Körper vollziehen. Körpersprache ist Politik“ (Henley, 1988, S. 7). Sie analysiert einfache alltägliche Handlungen in Hinblick auf Machtausübung und Unterwerfung von Männern gegenüber Frauen. Ihrer Beobachtung nach steht Frauen bei Interaktionen weniger Zeit zu als Männern, ihr Aktionsraum und ihre Berührungsaktivität sind eingeschränkter. Um zum Beispiel bei Diskussionen wahrgenommen und gehört zu werden, sind Unterwerfungsgesten den Männern gegenüber nötig. Dagegen verfügt nach ihrer Einschätzung das Dominanzgebaren von Männern über eine ganze Skala von Körperstrategien zum Verschaffen von Gehör und Ansehen.

Trömel-Plötz (1984) bestätigt dieses Ungleichgewicht zu Gunsten der Männer auch für den verbalen Bereich, was Gespräche in der Öffentlichkeit betrifft. Sie wertete in einer Studie Fernsehdiskussionen aus, um Kommunikationsunterschiede der Geschlechter bei Gesprächen mit offiziellen Anlässen aufzuzeigen, und konnte dabei folgende Hypothesen belegen:

1. Männer ergreifen öfter das Wort und reden länger als Frauen.
2. Männer unterbrechen Frauen systematisch; Frauen unterbrechen Männer kaum.
3. Frauen müssen um ihr Rederecht kämpfen und müssen kämpfen, es zu behalten.

4. Männer bestimmen das Gesprächsthema, und Frauen leisten die Gesprächsarbeit.

Männer kontrollieren nach ihrer Beobachtung das Gespräch, indem sie auf die Themen der Frauen nicht oder nur minimal reagieren und dadurch die Sprecherinnen nicht unterstützen. „Wenn dagegen ein Mann ein Thema einbringt, wird er von der Frau unterstützt, das Thema zu entwickeln. Frauen reagieren, stellen interessierte Fragen, machen bewundernde Einwürfe, hören aufmerksam zu, lächeln, ermuntern, vor allem unterbrechen sie nicht und lassen die Männer mit ihren Themen erfolgreich zu Ende kommen. Also Männer kontrollieren den Gesprächsverlauf, und Frauen leisten die Arbeit, um das Gespräch aufrechtzuerhalten" (Trömel-Plötz, 1984, S. 61). Weibliche Kommunikation hat nach Trömel-Plötz (1993) die Funktion Bezogenheit auf andere herzustellen. Insgesamt wirke sie schützend, nicht abwertend und fördernd auf den Sprecher, so daß dieser sich ernst genommen fühlen könne.

Tannen (1994) vertritt die These, daß die immer noch existierende Benachteiligung von Frauen am Arbeitsplatz nicht zuletzt auch auf die unterschiedlichen Kommunikationsstile zurückzuführen ist, die Mann und Frau im Arbeitsalltag zeigen. Sie fasst diese Unterschiede in 6 Thesen:

1. Frauen entschuldigen sich häufiger. Bei Männern entsteht so der Eindruck von Schwäche.
2. Frauen fragen öfter um Rat. Sie gelten deshalb bei Männern schnell als inkompetent.
3. Frauen sprechen von „wir", Männer von „ich". Die Eigenleistung von Frauen findet deshalb weniger Anerkennung.
4. Frauen „verkaufen" ihre Leistung schlechter. Deshalb verdienen sie weniger als Männer.
5. Frauen üben zu höflich Kritik. Männer verstehen deshalb oft nicht, um welchen Punkt es ihnen geht.
6. Frauen sagen nicht direkt, was sie wollen. Männer verstehen die Anweisungen oft nicht.

Doch geschlechtsspezifische Kommunikationsunterschiede sind nicht auf den öffentlichen und beruflichen Bereich beschränkt, sondern zeigen sich auch in privaten Paargesprächen.

Fishman (1984) wertete Tonbandaufnahmen von alltäglichen Unterhaltungen von 3 Paaren aus, die zugestimmt hatten, ein Tonbandgerät in ihren Wohnungen aufzustellen. Sie kam dabei zu recht ähnlichen Ergebnissen wie Trömel-Plötz (1984) bei ihrer Auswertung öffentlicher Diskussionen. Auch im privaten Bereich förderten Frauen ihre Sprecher durch konversationelle Arbeit, indem sie Fragen stellten und ihr Interesse durch kurze Einwürfe signalisierten. Die Männer dagegen reagierten kaum auf die Gesprächsbeiträge der Frauen, sodaß diese ihre Themen häufig aufgaben.

Margolin und Wampold (1981) fanden in einer Untersuchung, daß Frauen sich während einer Problemdiskussion mehr beklagten und mehr Kritik übten als ihre Männer. Umgekehrt entschuldigten sich die Männer mehr für ihr Verhalten. Frauen reagierten bei Levenson und Gottman (1983) mit höherer Wahrscheinlichkeit als ihre Ehemänner negativ auf vorangehende negative Gefühlsäußerungen ihrer Partner. Markman, Stanley und Blumberg (1994) kommen zu dem Schluß, daß Frauen negative Gefühle deutlich ausdrücken, wohingegen Männer Probleme im Umgang mit Konflikten zeigen. Generell kommunizieren Frauen nach Schaap (1982) in Konfliktsituationen emotionaler, während sich Männer distanzierter und sachlicher geben. In einer Studie von Hahlweg, Revenstorf und Schindler (1984) zeigten sowohl in belasteten wie auch in unbelasteten Beziehungen die Frauen mehr Selbstöffnung, mehr Kritik und weniger Rechtfertigung als die Männer. Notarius und Johnson (1982) fanden bei einer Studie an zufriedenen Paaren heraus, daß Frauen als Sprecherinnen weniger neutrales und mehr negatives Verhalten praktizierten als Männer. Beim positiven Sprecherverhalten unterschieden sie sich nicht. Dagegen zeigten Frauen mehr als drei mal so häufiges negatives Zuhörerverhalten als die Männer. Zudem verhielten sich die Frauen reziprok zu den positiven und negativen Verhaltensweisen der Männer, während die Männer auf positives Gesprächsverhalten ihrer Frauen neutral und auf negatives Verhalten nicht konsistent reagierten. Dadurch wirken Männer an der Interaktion weniger beteiligt als Frauen.

Unterschiedlich ist nach Gottman und Krokoff (1989) auch die Art und Weise, wie weibliche und männliche Partner an Paarkonflikte herangehen. Während Frauen versuchen Intimität und Verbundenheit zu schaffen, indem sie über ihre Sorgen und

Nöte sprechen, ziehen sich Männer eher zurück, um Konflikte zu vermeiden. Männer scheinen ihre Gefühle - vor allem ihre negativen Gefühle - aus Angst vor Konflikten nicht zu äußern. Gottman und Levenson (1986; 1988) erklären dieses Sich-Abschirmen der Männer auch durch ihre stärkeren physiologischen Reaktionen auf Ehestreß, die sie in Untersuchungen nachweisen konnten. Dieser verstärkte Rückzug von Männern aus Konfliktgesprächen wird von ihnen auf eine geschlechtsspezifische Reaktivität des autonomen Nervensystems zurückgeführt Sie fanden heraus, daß Männer autonome Erregung langsamer abbauen als Frauen. Wenn chronische Erregung als unangenehm empfunden wird, so Gottman (1994), dann sind Männer eher als Frauen veranlaßt, Situationen, die mit wiederholter autonomer Erregung verbunden sind, zu meiden und sich aus unangenehmen ehelichen Auseinandersetzungen zurückzuziehen, bzw. diese lieber rational als emotional zu führen. Blockten Männer während einer Auseinandersetzung ab, sank ihre autonome Erregung. Dieses Abblocken war jedoch wiederum mit einer höheren autonomen Erregung der Frauen korreliert. Diese stieg bei den Frauen auch, wenn sie selbst Vorwürfe und Kritik äußerten. Gottman stellte aufgrund der Ergebnisse seiner umfangreichen Interview- und Beobachtungsdaten, die auch aufwendige physiologische Messungen enthielten, diesbezüglich drei Hypothesen auf:

- Männer tendieren beim Aufkommen von stark negativen Affekten zum Rückzug, Frauen zum Einstieg in die Auseinandersetzung.
- Frauen können bei stark negativem Affekt viel kompetenter agieren als Männer.
- Männer versuchen bei Auseinandersetzungen lieber zu rationalisieren, um eine Eskalation zu vermeiden.

Tannen (1991; 1992) geht es darum, Mißverständnisse zwischen den Geschlechtern auszuräumen, indem sie - ohne zu werten - über die unterschiedlichen Gesprächsstile informieren will. Denn „selbst mit der besten Absicht wird der Versuch, das Problem durch ein Gespräch zu lösen, alles nur noch schlimmer machen, wenn die eigentliche Ursache der Schwierigkeiten ein unterschiedliches Gesprächsverhalten ist" (Tannen, 1991, S. 82). Sie bezeichnet das Gespräch zwischen Frau und Mann als „interkulturelle Kommunikation", weil die Lerngeschichten und dadurch die ganze Erlebniswelt von Mann und Frau häufig sehr unterschiedlich sind. Diese Unterschiedlichkeiten finden ihren Ausdruck in unterschiedlichem Gesprächsverhalten. Sie führt hierfür einige Beispiele an:

1. Frauen haben oft ein relativ größeres Bedürfnis nach Verbundenheit, Männer dagegen nach Unabhängigkeit. Verstanden zu werden, ohne genau zu sagen, was man eigentlich meint, bestärkt das Gefühl von Verbundenheit. Deshalb ist Frauen diese indirekte Gesprächsform besonders angenehm.
2. Männer neigen eher dazu, Fakten - zum Beispiel aus dem Beruf - zu erzählen. Frauen präferieren den Austausch über Alltagsgeschehnisse.
3. Männer haben mehr Interesse an technischen Details und können sich diese deshalb auch besser merken. Frauen sind zwischenmenschliche Beziehungen wichtiger und sie können bitter enttäuscht sein, wenn Männer sich an bestimmte Begebenheiten aus dem Freundeskreis oder sogar aus der eigenen Partnerschaft nicht mehr erinnern können.
4. Die meisten Frauen wollen in der Beziehung nur Vorschläge machen. Männer interpretieren diese häufig als Befehle und wehren sich dagegen.
5. Frauen wollen mit ihren Partnern Kompromisse erarbeiten und scheuen sich vor Konflikten. Männer gehen dagegen häufiger in deutliche Opposition.
6. Ein geäußertes „mhm“ auf Seiten des Zuhörers oder der Zuhörerin ist für Frauen nur ein Zeichen aufmerksamen Zuhörens, während Männer darin ein Zeichen für Zustimmung sehen.
7. Frauen, denen ein Problem erzählt wird, neigen dazu, den Sprecher zu bedauern, Verständnis für dessen Gefühle zu zeigen und Situationen, in denen es ihnen ähnlich erging, als Beispiele heranzuziehen. Männer dagegen neigen dazu, sofort Lösungen zu suchen und anzubieten, wenn ihnen ein Problem erzählt wird. Frauen fühlen sich durch diese „vorschnellen Lösungen“ in ihren Gefühlen oft nicht ernst genommen.

Ganz generell kann das Sich aussprechen und das Diskutieren von Problemen innerhalb einer Partnerschaft für Frau und Mann etwas völlig anderes bedeuten. „Viele Frauen finden, daß eine Beziehung funktioniert, solange man daran arbeitet und sich ausspricht. Viele Männer finden, daß eine Beziehung nicht funktioniert, wenn man dauernd daran arbeiten und sich aussprechen muß. Wenn die Frau versucht, das Gespräch in Gang zu halten, um die Beziehung zu pflegen, und der Mann das tunlichst vermeidet, um die Beziehung nicht zu gefährden, haben beide das Gefühl, daß der andere die Beziehung leichtfertig aufs Spiel setzt“ (Tannen, 1992, S. 171).

Tannen geht davon aus, daß das Wissen um unterschiedliche Gesprächsstile verständiger und toleranter macht. Die Empfindungen und Bedeutungen, die hinter diesen Stilen stecken, müssen dann allerdings möglichst offen und deutlich verbalisiert werden.

Leider wird aus Tannens Büchern nicht ersichtlich, inwieweit sich ihre Thesen auf empirische Forschungsergebnisse stützen. Die Analysen der „umfangreichen Gesprächstransskripte" (Tannen, 1994, S. 346), aus denen Tannen ihre Fallbeispiele konstruiert, werden nicht beschrieben, so daß offen bleibt, ob es sich um empirische oder qualitative Studien handelt und inwieweit deren Ergebnisse die oben vorgestellten umfassenden Thesen rechtfertigen.

Zusammenfassend scheint es so zu sein als ob Männer im Gespräch in der Öffentlichkeit Frauen dominieren, sich im privaten Bereich dagegen eher zurückhalten. Die eigentliche Beziehungsarbeit -wie zum Beispiel auch das Ansprechen negativer Gefühle - überlassen sie ihren Frauen. Frauen dagegen scheint es noch schwer zu fallen, sich in der öffentlichen Diskussion gegen Männer durchzusetzen. Im privaten Gespräch sind sie sicherer, emotionaler und tragen Konflikte offener aus als Männer. Durch ihre Neigung zur Kritikäußerung auf der einen Seite und die Neigung der Männer zum Rückzug auf der anderen Seite scheint ein geschlechtsspezifischer kommunikativer Teufelskreis bei vielen Paaren vorprogrammiert, dessen Auflösung großes gegenseitiges Verständnis erfordert.

3.3. Befunde zum Einfluß der Kommunikationsgüte auf die Beziehungsqualität

In der Ehe- und Partnerschaftsforschung lassen sich drei große Variablengruppen unterscheiden (Lewis & Spanier, 1979): 1. Demographische, soziale und ökonomische Merkmale (wie z.B. Alter, Schichtzugehörigkeit, Einkommen, Konfession etc.), 2. Psychologische Merkmale der Partner (wie z.B. Persönlichkeitsmerkmale, Überzeugungen, Werte etc.) und 3. Beziehungsmerkmale (wie z.B. Interaktions- und Kommunikationsmuster). Der geringe Erklärungswert der auf die ersten beiden Variablengruppen ausgerichteten Forschungsergebnisse einerseits und die sich komplexeren Untersuchungseinheiten zuwendende Psychologie andererseits waren die Hauptgründe für eine verstärkte Auseinandersetzung mit der Variablengruppe 'Beziehungsmerkmale', die auch heute noch im Mittelpunkt der Beschäftigung mit Ehe und Partnerschaft steht (Heil, 1991). Im folgenden soll speziell der Erforschung der Paarkommunikation besonderes Augenmerk gewidmet werden.

Schon eine Studie der Family Service Association of America (Beck & Jones, 1973) zeigte, daß nach Einschätzung amerikanischer Eheberater Defizite in der partnerschaftlichen Kommunikation die Hauptursache für die Beziehungsprobleme ihrer Beratungspaare seien. Umgekehrt beschrieb Navran (1967) als Korrelate mit Ehezufriedenheit Formen konstruktiven Gesprächsverhaltens wie: Viel miteinander reden, die Fähigkeit, den anderen wissen zu lassen, daß er verstanden wurde, Empfindsamkeit gegenüber den Gefühlen des anderen und positive nonverbale Kommunikation.

Markman (1979; 1981; 1984) gelang es als erstem, nachzuweisen, daß Kommunikationsvariablen den längerfristigen Verlauf einer Ehe vorhersagen können. In einer Langzeitstudie untersuchte er an ursprünglich 26 heiratswilligen Paaren die Bedeutung von Kommunikationsmustern zur Vorhersage der Ehequalität nach 2,5 Jahren (Markman, 1979) und nach 5,5 Jahren (Markman, 1981). Es zeigte sich, daß je positiver die Paare ihre gemeinsame Kommunikation zu Beginn der Studie einschätzten, sie 2,5 und 5,5 Jahre später um so zufriedener mit ihrer Beziehung waren. Umgekehrt sprechen die Ergebnisse dafür, daß ungünstige Kommunikationsmuster Beziehungsstörungen voraussagen können. Zudem erwies sich die Kommunikationsgüte der Paare bei allen Meßzeitpunkten als relativ stabil. Dies entspricht den grundle-

genden Annahmen der sozialen Lerntheorie, daß Kommunikations- und Problemlösedefizite für die Entwicklung und Aufrechterhaltung von Beziehungsstörungen zumindest mitverantwortlich sind.
Leider schränkte die kleine Stichprobe - lediglich von 9 Paaren lagen die Daten vollständig für jeden Meßzeitpunkt vor - die Generalisierbarkeit der gefundenen Ergebnisse ganz erheblich ein.

In einer späteren, sehr viel größeren Langzeitstudie an heiratswilligen Paaren kam Markman allerdings zu ähnlichen Ergebnissen (Markman & Hahlweg, 1993). Er teilte die Paare aus seiner Stichprobe in eine Gruppe der Zufriedenen und eine Gruppe der Unzufriedenen ein. Per definitionem hatte bei den unzufriedenen Paaren (n = 36 Paare) mindestens ein Partner im „Marital Adjustment Test MAT" (Locke & Wallace, 1959) zur 5-Jahres-Katamnese einen Gesamtscore von unter 100, und/oder das Paar war bis zu diesem Zeitpunkt getrennt oder geschieden. Bei den zufriedenen Paaren (n = 40 Paare) hatten beide Partner bis einschließlich zur 5-Jahres-Katamnese einen MAT-Gesamtscore von über 100. Beim Vergleich dieser beiden Gruppen hinsichtlich ihrer Kommunikationsgüte zu Beginn der Studie fand Markman, daß die besten Prädiktoren für spätere eheliche Unzufriedenheit und Trennung/Scheidung die Konfliktvermeidung auf Seiten der Männer und die negative Eskalation sind. Ein inadäquater Umgang der Männer mit negativen Gefühlen und Konflikten scheint also bedeutsamer für die Vorhersage von Beziehungsstörungen als die Art und Weise, wie Frauen mit Konflikten umgehen. Generell scheinen negative Gesprächsmuster der Beziehung mehr zu schaden als positive Paarkommunikation wieder ausgleichen kann (Notarius & Markman, 1996; Stanley, Markman, Peters & Leber, 1995). Die Qualität der vorehelichen Paarkommunikation -und hier vor allem die der Männer - als einer der besten Prädiktoren für den späteren Eheverlauf suggeriert, daß nicht die Unterschiedlichkeiten zwischen den beiden Partnern entscheidend sind, sondern die Art und Weise, wie sie mit diesen Unterschiedlichkeiten umgehen.

Zur Analyse partnerschaftlicher Interaktion untersuchte Hahlweg (1986) 60 Mittelschichtpaare mit hoher (12 Paare), mittlerer (24 Paare) und niedriger (24 Paare) Ehequalität. Dabei zeigte sich, daß weder sozio-ökonomische Variablen wie Alter, Altersdifferenz der Partner, Dauer der Ehe, Schulbildung, Beruf, Einkommen und

Kinderzahl noch individuelle Variablen wie Intelligenzquotient und Religiosität mit Ehequalität korrelierten, während alle Beziehungsvariablen wie Streitverhalten, Sexualität, Zärtlichkeit und Kommunikation deutliche Korrelationen zeigten.

Beim Vergleich der Kommunikationsmuster von Ehepaaren mit hoher und niedriger Ehequalität ergaben sich charakteristische Auffälligkeiten. Partner in Beziehungen mit hoher Ehequalität verhielten sich bei einer Diskussion über Probleme in ihrer Ehe nonverbal wesentlich positiver, sprachen häufiger über ihre eigenen Gedanken, Gefühle und Bedürfnisse und vermittelten dem Partner öfter, daß sie ihn und seine Äußerungen akzeptierten, als Personen in Beziehungen mit niedriger Ehequalität. Diese waren nonverbal wesentlich negativer zueinander, ein Ergebnis, wie es bereits Kahn (1970) finden konnte, kritisierten und werteten ihre Partner häufiger ab, stimmten deren Äußerungen seltener zu und rechtfertigten sich öfter als die erstgenannten, deren Problemdiskussion insgesamt neutraler verlief.

Deutlich unterschieden sich zufriedene und unzufriedene Paare auch bei negativen Eskalationen, also in Gesprächsabschnitten, in denen sich die Partner gegenseitig kritisieren, beschuldigen, Vorwürfe machen oder Vorschlägen des anderen Partners nicht zustimmen.

Paaren mit hoher Ehequalität gelang es, Eskalationen spätestens nach vier solcher oben beschriebenen Reaktionen abzubrechen, während Paare mittlerer Ehequalität erst spätestens nach acht aufeinanderfolgenden Reaktionen abbrachen. Hervorstechendes Merkmal der Paare mit niedriger Ehequalität war dagegen deren Unfähigkeit, sich überhaupt aus einem negativen Zirkel zu lösen; ein Phänomen, das häufig in der Literatur beschrieben wurde (siehe Gottman, 1979; Patterson, 1977; Patterson & Reid, 1979; Schaap, 1982; Schaap, Buunk & Kerkstra, 1988). Die Betrachtung des nonverbalen Verhaltens machte weiterhin deutlich, daß diese Paare die affektive Qualität der Gesprächssituation nur äußerst schwer ändern konnten: War die Atmosphäre einmal negativ, so blieb sie es auch mit sehr großer Wahrscheinlichkeit über einen langen Zeitraum. Demgegenüber zeigten Paare mit hoher Ehequalität keinerlei negative Eskalation im Bereich des nonverbalen Gesprächsverhaltens (Hahlweg, 1991).

Diese Befunde scheinen auch für Paare aus unteren sozialen Schichten und nicht nur für Mittelschichtspaare Gültigkeit zu haben (Krokoff, Gottman & Roy, 1988).

Die genannten Ergebnisse zur negativen Eskalation können möglicherweise erklären, warum es bei Paaren mit hoher Konflikthäufigkeit häufig zu physischen Aggressionen kommen kann. Die Eskalation läuft zeitlich meist sehr schnell ab und steigert sich auf ein hohes Niveau gegenseitiger Beschuldigungen, Verdächtigungen oder Kritik, so daß ein Abbruch des negativen Zirkels verbal und passiv nonverbal manchmal unmöglich erscheinen mag. Um die Auseinandersetzung zu beenden, bleibt dann für einen oder beide Partner subjektiv nur noch der Ausweg, physische Gewalt anzuwenden. Außerdem führen häufige verbale Auseinandersetzungen auch zu einer Gewöhnung der Partner, durch aversive Reize eine Verhaltensänderung des anderen zu erzwingen.

Aus den Ergebnissen wird deutlich, daß den Beziehungsvariablen - und hier wiederum dem Kommunikations- und Problemlöseverhalten der Partner - zur Erklärung von Ehequalität die größte Bedeutung zukommt. Sie stützen somit erneut die Annahmen der sozialen Lerntheorie, nach der Partner in erfolglosen Beziehungen vor allem Defizite im Bereich der Kommunikation und des Problemlösens aufweisen.

Gottman (1994) konnte mittels seiner Forschungen vier kommunikative Warnsignale ausmachen: **Kritik, Verachtung, Abwehr, Abblocken**. Er nennt sie die vier „apokalyptischen Reiter", die eine Ehe zerstören können, weil sie die Kommunikation in eine destruktive Richtung lenken. Unter Kritik sind verallgemeinernde Vorwürfe zu verstehen, die die ganze Person angreifen. Zur Verachtung zählen Beleidigungen und Schimpfworte, die den Angesprochenen abwerten. Die Abwehr besteht aus sofortigen Gegenvorwürfen oder Rechtfertigungen, da sich der Abwehrer ausschließlich als Opfer des anderen wahrnimmt. Abblocken schließlich äußert sich in Nicht-Reagieren, eisigem Schweigen, starrer Körperhaltung und versteinerter Mimik, weshalb Gottman auch von „Stonewalling" spricht. Diese extreme Form der Gesprächsverweigerung konnte Gottman vor allem bei Männern beobachten, die sich dadurch, so seine Theorie, vor einer zu großen inneren Erregung schützen, unter der sie bei einem offenen Streit leiden würden (vergl. auch Gottman & Levenson, 1986).

Die Anwendung dieser vier apokalyptischen Reiter im Gespräch mit dem eigenen Partner ist wiederum ein deutlicher Hinweis für einen Mangel an adäquaten kommunikativen Fertigkeiten, der eine konstruktive Auseinandersetzung verunmöglicht.

Bodenmann, Perrez und Gottman (1994) führten an 70 jungen (das durchschnittliche Alter der Versuchspersonen betrug 29.65 Jahre) und mit ihrer Partnerschaft zufriedenen Paaren eine Untersuchung mit experimentell induzierten Stressoren durch. Die Ergebnisse zeigten, daß Personen mit adäquaten Copingmustern unter Streß günstiger mit ihrem Partner interagierten. Bei der Begleitung dieser Paarstichprobe über zwei Jahre hinweg (Bodenmann, 1995) erwiesen sich neben körperlichen Streßsymptomen einige Kommunikationsmuster als Prädiktoren für Paarkrisen: Negativität im nonverbalen Ausdruck, gleichzeitig wenig verbale positive Verstärkung für den Partner, wenig Selbstöffnung hinsichtlich des eigenen Stresses, kein Eingehen auf emotionale Streßsignale des Partners und kein Verbalisieren des eigenen Ärgers.

Wie die Quintessenz aus den aufgeführten Studien muten die Erkenntnisse von Notarius und Markman (1996) über die Voraussetzungen einer erfolgreichen Partnerschaft an. Sie resümieren, daß die Art und Weise, wie Partner mit Konflikten umgehen, viel entscheidender für die Beziehung sei als die eigentliche Partnerwahl. Dementsprechend sei die Persönlichkeit der Partner für den Erfolg und die Stabilität einer Partnerschaft nur von geringer Bedeutung. Der Umgang mit Unstimmigkeiten sei demnach für ein Paar auch wichtiger als möglichst viele Übereinstimmungen zu haben. Auftauchende Probleme müßten in der Beziehung rasch angegangen werden, damit sie sich nicht verfestigten. Liebe und guter Wille schließlich reichten nicht aus, um eine Partnerschaft auf Dauer zu erhalten, sondern die Partner müßten lernen, mit Konflikten richtig umzugehen.

4. Präventive Partnerschaftsprogramme

Weng und Revenstorf (1987) stellten in einer Übersichtsarbeit fest, daß es - vorwiegend im englisch- und deutschsprachigen Raum - etwa 40 bis 50 einigermaßen standardisierte Programme gibt; die zahlreichen Variationen dieser Programme nicht mitgerechnet. Die Verbreitung solcher standardisierter Kursformen ist in Deutschland allerdings im Vergleich zu Amerika eher gering. Eine Übersicht über das breite amerikanische Präventionsangebot geben Guerney, Guerney und Cooney (1985) und Levant (1986).

Die Ziele dieser Programme können je nach Anbieter unterschiedlich sein. In erster Linie geht es um Prävention von Eheproblemen und die Vermittlung eines bestimmten Eheideales. Es sind in erster Linie Paare angesprochen, die mit ihrer Beziehung weitgehend zufrieden sind, diese aber noch zufriedener gestalten, bzw. auftauchenden Störungen vorbeugen wollen (Mace & Mace, 1976).

Wie die Ziele unterscheiden sich auch die Inhalte und die Methoden dieser Kurse. Nach Weng und Revenstorf (1987) enthalten fast alle Informationseinheiten über rechtliche Fragen, Sexualität und über die Bedingungen einer guten Ehe. Etliche Programme versuchen Kommunikations- und Problemlösefertigkeiten zu vermitteln. Des weiteren sind häufig Themen wie Rollenverhalten, Bereicherung der sexuellen Beziehung, Erklärungsmodelle für Partnerschaft, Erwartungen an und Idealvorstellungen über die Ehe, Partnerwahl und Eheentscheidung sowie unterschiedliche Selbsterfahrungselemente vorgesehen.

Je nach Programm lassen sich unterschiedlichste Methoden beobachten, vom Frontalunterricht vor 80 und mehr Teilnehmern über das Sammeln und Erarbeiten von Information in Form von Diskussionen bis hin zum praktischen Üben in Kleingruppen oder sogar spezifischer Paararbeit.

Generell bemängeln Weng und Revenstorf an diesen präventiven Programmen die fehlende Langzeitevaluation und heben als einzige Ausnahme das weiter unten noch genauer zu beschreibende PREP (Premarital Relationship Enhancement Program) von Markman (Markman, Floyd, Stanley & Jamieson, 1984) hervor.

4.1. Kommunikationstrainings als präventive Paar- und Familienprogramme

In der Verhaltenstherapie und speziell der verhaltenstherapeutischen Ehetherapie im amerikanischen wie im deutschsprachigen Raum ist das Kommunikationstraining ein wichtiger Faktor (Hahlweg et al., 1982; Hahlweg & Schröder, 1993; Revenstorf, 1985) und die große Effektivität dieser Therapieform (Hahlweg, 1991; Hahlweg & Markman, 1988) dürfte nicht zuletzt auf den Einsatz von Kommunikations- und Problemlösefertigkeiten zurückzuführen sein (Jacobson & Addis, 1993). Im deutschsprachigen Bereich formulierten zum Beispiel Mandel und Mandel schon sehr früh „Prinzipien und Techniken des Kommunikationslernens" (Mandel &Mandel, 1971, S. 124) für die verhaltenstherapeutische Paartherapie.

Dagegen fanden in Deutschland Paarkommunikationstrainings im rein präventiven Bereich erstaunlich wenig Anklang. Ganz im Gegensatz zu Amerika, wo die große Bedeutung präventiver Paar- und Familienprogramme längst erkannt wurde (vergl. Bond & Wagner, 1988). Das mag zum Teil auch an einer generell zu beobachtenden „Ambivalenz von Paartherapeuten gegenüber der Prävention von Ehekonflikten" (Riehl-Emde & Willi, 1993, S. 79) liegen, die die Autoren in einigen Vorurteilen gegenüber präventiven Paarprogrammen begründet sehen. So sei es für viele Paartherapeuten fraglich, ob Interventionen, die bereits zu einem Zeitpunkt erfolgen, an dem Paare mit ihrer Beziehung noch relativ zufrieden sind, überhaupt wirksam sein können. Beziehungskrisen präventiv zu begegnen werde deshalb nicht akzeptiert, weil man Menschen damit die Freiheit zu Lebenskrisen, die ja auch Reifungskrisen sein könnten, absprechen wolle. Die Vermittlung von Kommunikationsfertigkeiten gehöre im Sinne allgemeiner lebenspraktischer Fertigkeiten eher in die Schule und nicht erst an den Beginn einer Ehe. Schließlich seien die Anbieter von Paarprogrammen Anwälte der Institution Ehe. Angesichts der nachgewiesenen Wirksamkeit einiger präventiver Paarprogramme wie zum Beispiel dem hier vorgestellten EPL und angesichts des erheblichen Leids durch gescheiterte Beziehungen sprechen diese Kritikpunkte lediglich für einen ignoranten bzw. zynischen Umgang mit der Thematik.

Anfang der siebziger Jahre fanden dennoch einige präventive Paarprogramme in Deutschland eine gewisse Verbreitung. Allerdings handelte es sich dabei in erster Linie um Konzepte amerikanischer Autoren wie Lederer und Jackson (1972), die in ihrem Buch „Ehe als Lernprozeß" konkrete Paarkommunikationsübungen vorstellten, oder Berlin, der einen programmierten Kommunikationskurs für Paare, „die das Gefühl haben, eine verbesserte Kommunikation könne ihrer Ehe gut tun" (Berlin, 1975, S. 11), veröffentlichte, sowie Bach und Wyden, die den Schwerpunkt ihrer Kommunikationstrainings auf die Streitkultur der Paare legten, da für sie der Streit zwischen

Intimpartnern „nicht nur annehmbar, sondern sogar konstruktiv und höchst wünschenswert" (Bach & Wyden, 1970, S. 15) war. Die größte Resonanz aber fand Gordon (1972) mit einem kommunikativen Familienprogramm. Der deutsche Titel seines Buches „Familienkonferenz" wurde zu einem stehenden Begriff in der Erwachsenenbildung. Die in Amerika durchgeführten empirischen Effektivitätsprüfungen dieses Gordon-Elterntrainings zeigten nach Heekerens (1993) durchaus positive Ergebnisse, vor allem auf der Eltern- und weniger auf der Kindebene.

Als deutsche Autoren sind vor allem Vopel und Vopel (1977) mit ihrem spielerisch aufgebauten „Kommunikationstraining für Partner" zu nennen, das ebenfalls in der Erwachsenenbildung häufig zur Anwendung kam. Der präventive Charakter dieses Trainings wird gleich im Einleitungssatz deutlich: „Wir nehmen an, daß Sie dieses Buch ausgewählt haben, weil Sie eine liebevolle Beziehung zu einem anderen Menschen haben, der für Sie sehr wichtig ist, und weil Sie und Ihr Partner einander noch mehr bedeuten könnten, wenn sie offener, lebendiger und genauer miteinander kommunizierten" (Vopel & Vopel, 1977, S. 5). Tatsächlich werden die Paare angeleitet, miteinander über unterschiedlichste Themen zu sprechen und über die dabei gesammelten Erfahrungen gemeinsam zu reflektieren. Der Schwerpunkt liegt jedoch auf der daraus resultierenden Selbsterfahrung und nicht auf dem Einüben konstruktiver Kommunikationsregeln. Sehr viel deutlicher wurde der eigentliche Trainingscharakter bei dem „Programm zur Verbesserung der Kommunikation in Paarbeziehungen" von Schwäbisch und Siems (1974). Neben einer sehr ausführlichen theoretischen Hinführung bieten die Autoren ein strukturiertes Paarkommunikationstraining unter der Vorgabe von 11 speziellen Kommunikationsregeln an: „1. Äußere deine Interessen." „2. Experimentiere mit dir" (gemeint ist damit die Bereitschaft, neue kommunikative Verhaltensweisen auszuprobieren). „3. Störungen haben Vorrang." „4. Bitte bei defensiver Kommunikation um eine Pause." „5. Eigene Meinungen statt Fragen." „6. Ich statt man oder wir." „7. Keine Vorwürfe." „8. Keine alten Hüte." „9. Versuche, partnerzentriert zu reagieren, bevor du deine eigene Meinung sagst." „10. Gib Feed-back, wenn du das Bedürfnis hast." „11. Wenn du Feed-back erhältst, hör ruhig zu." (siehe Schwäbisch & Siems, 1974, S. 161-163). Darüber hinaus entwickelten sie Kommunikationsprogramme für Arbeits- und Wohngruppen, eine Idee, die durchaus auf Interesse stieß (vergl. Reuben, Wiech & Zimmer, 1981; Zöchbauer & Hoekstra, 1974).

Abgesehen davon, daß die genannten Programme in Deutschland nicht auf ihre Effektivität hin überprüft wurden, wurden sie auch beinahe ausschließlich nur in Buchform zum Selbststudium angeboten. Es fehlte an der institutionellen Einbindung, die die gesamte Organisation und vor allem die Aus- und Fortbildung professioneller Kursbegleiter hätte übernehmen können. Deshalb gerieten die teilweise bemerkenswerten Ansätze wieder in Vergessenheit und sind heute keiner größeren Anzahl von Paaren mehr zugänglich.

In jüngster Zeit versucht Bodenmann (1996) in der Schweiz ein präventives Paartraining zu etablieren. Das Programm, das auf EPL basiert, beinhaltet neben der Vermittlung von Kommunikationsfertigkeiten als zweiten Schwerpunkt das Thema Streßbewältigung. Seine Wirksamkeit muß sich allerdings erst in einer geplanten zweijährigen Längsschnittuntersuchung mit fünf Meßzeitpunkten erweisen.

4.2. Evaluierte präventive Paarprogramme in Amerika

In den USA sind bereits mehrere Ehevorbereitungsprogramme - oder allgemeiner - präventive Partnerschaftsprogramme empirisch untersucht worden (Fournier & Olson, 1986), wobei die meisten davon große Mängel im wissenschaftlichen Design aufweisen (Fowers & Olson, 1986; Olson, 1990). Drei rühmliche Ausnahmen gibt es jedoch (Fowers, Montel & Olson, 1996). Diese drei am besten untersuchten Programme sind das „Minnesota Couples Communication Program“ (MCCP; Miller, Nunnally & Wackman, 1976), das „Conjugal Relationship Enhancement“ (CRE; Guerney, 1977) und das „Premarital Relationship Enhancement Program“ (PREP; Markman et al., 1984). Den drei Programmen ist gemeinsam, daß es sich um strukturierte Kommunikationstrainings handelt. Allerdings unterscheiden sie sich sehr wohl in ihrem Strukturiertheitsgrad, ihrer Methodik und ihrer Evaluation. Am wenigsten intensiv und strukturiert ist das MCCP, am strukturiertesten und lernintensivsten das PREP. Eine Metaanalyse zeigt, daß diese Ehevorbereitungsprogramme im Vergleich zu Kontrollgruppen kurzfristig effektiv sind (Hahlweg & Markman, 1988). Leider bestehen vier der insgesamt neun Literaturangaben über die acht Studien, die in die Metaanalyse eingegangen sind, aus unveröffentlichten Manuskripten (Blew, Filsinger & Cuddeby, 1986; Blew & Trapold, 1982; Markman, Floyd, Stanley & Stephen, 1981) bzw. einer unveröffentlichten Doktorarbeit (Schlein, 1971). Die noch verbleibenden veröffentlichten Studien werden neben einigen anderen weiter unten kurz vorgestellt.

Das Minnesota Couples Communication Program (MCCP) von Miller, Nunnaly und Wackman (1976):

Die Ziele dieses kommunikations- und systemtheoretisch orientierten Programmes bestehen darin, die Fähigkeit des Paares zu erhöhen, seine Interaktionen innerhalb der Beziehung besser wahrzunehmen und zu reflektieren, sowie dem Paar Fertigkeiten für eine offene, direkte und klare Kommunikation zu vermitteln und Metakommunikation anzuregen.

Die MCCP-Gruppen bestehen aus drei bis sieben Paaren und einem Trainerteam. Die Gruppe trifft sich wöchentlich für drei Stunden vier Wochen lang. Angeboten werden dabei strukturierte Informationsvermittlung und praktische Übungen zur Vermittlung kommunikativer Fertigkeiten.
An einer relativ kleinen Stichprobe (17 Experimental- und 15 Kontrollgruppenpaare) zeigte sich das MCCP als wirksames Instrument, die partnerschaftliche Kommunikation zu verbessern, und zwar bei vor der Hochzeit stehenden wie auch bei bereits verheirateten Paaren (Wampler & Sprenkle, 1980). Da keine Nacherhebungen durchgeführt wurden, können keine Aussagen über die Dauerhaftigkeit des Lernerfolges getroffen werden. Die kurze Dauer von nur vier Einheiten und der für diesen engen Zeitraum sehr komplexe Ansatz machen eine längerfristige Effektivität eher unwahrscheinlich (vergl. Wampler, 1982; Hahlweg, 1986).
Nichtsdestotrotz erfreut sich das MCCP in Amerika sowohl bei Ehevorbereitern als auch bei den Paaren größter Beliebtheit und erfährt eine beeindruckende Verbreitung (Brock & Joanning, 1983). Nach Schätzungen von Oliver und Miller (1994) sollen bisher mehr als 300.000 Paare das Programm besucht haben.

Das Conjugal Relationship Enhancement (CRE) von Guerney (1977):

Ziel dieses Programmes auf gesprächspsychotherapeutischer Grundlage ist die Verbesserung der "verstehenden Wertschätzung" beider Partner. Dies soll über ein intensives Kommunikationstraining erreicht werden, in dem Selbstöffnung und empathisches Eingehen auf den Partner geübt werden (siehe auch Rappaport, 1976).

Mit 3 Paaren und 2 Trainern sind die CRE-Gruppen auffallend klein, der Teilnehmer-Trainer-Schlüssel sehr günstig für eine optimale Betreuung. Desweiteren dürfte sich auch die Kurslänge positiv bemerkbar machen. Neben mittlerweile zahlreichen anderen Kursformaten besteht der klassische CRE-Kurs aus zehn 2-stündigen, in wöchentlichem Abstand angebotenen Einheiten. Die kommunikativen Fertigeiten werden in praktischen Übungen, die mit wachsender Sicherheit der Teilnehmer an Schwierigkeit zunehmen, nach den Prinzipien des Modellernens und der sozialen Verstärkung vermittelt.

In etlichen Studien konnte die kurzfristige Effektivität des Programmes hinsichtlich einer Verbesserung der Kommunikation sowie der Zufriedenheit mit der Partnerschaft nachgewiesen werden (siehe Hahlweg, 1986).

Exemplarisch hierfür sei die Studie von Avery, Ridley, Leslie und Milholland (1980) bzw. von Ridley, Jorgensen, Morgan und Avery (1982) vorgestellt. Die teilnehmenden Paare rekrutierten sich hauptsächlich aus Studenten einer Universität im Südwesten Amerikas. Von 54 unverheirateten Paaren wurden nach dem Zufallsprinzip 25 der Experimental- und 29 der Kontrollgruppe zugeteilt. Die Experimentalgruppe erhielt einen sich über acht Sitzungen erstreckenden CRE-Kurs, während die Paare der Kontrollgruppe an einer Diskussionsgruppe über Beziehungen teilnahm. Zu den Meßzeitpunkten wurde jeweils ein 20-minütiges Gespräch zwischen den beiden Partnern auf Tonband aufgezeichnet, in dem jeder der beiden 10 Minuten lang die Sprecher- und 10 Minuten lang die Zuhörerrolle einnahm. Im Vergleich zur Kontrollgruppe zeigten die CRE-Paare zwischen der Prä- und Post-Messung eine signifikant größere Verbesserung ihrer Sprecher- und Zuhörerfertigkeiten (Ridley et al., 1982). An der Erhebung sechs Monate nach dem Training nahmen noch 19 CRE-Paare und 18 Kontrollgruppenpaare teil. Für diese reduzierte Stichprobe konnte erneut die Überlegenheit der Experimentalgruppe nachgewiesen werden. Im Vergleich zur Kontrollgruppe zeigte sie erneut auch zwischen der Prä- und der Follow up-Messung sechs Monate später eine signifikant größere Verbesserung der Sprecher- und Zuhörerfertigkeiten (Avery et al., 1980).

Brock und Joanning (1983) verglichen in einer Studie mit jeweils 26 Experimentalpaaren und einer kleinen Kontrollgruppe von 8 Paaren die mittelfristige Effektivität des MCCP und des CRE. Beim Follow Up 3 Monate nach Durchführung der Trainings erwies sich das CRE dem MCCP als überlegen hinsichtlich der Verbesserung der Kommunikation, und zwar sowohl in der Selbsteinschätzung der Teilnehmer als auch beim beobachtbaren Gesprächsverhalten, und hinsichtlich der Verbesserung der Ehezufriedenheit.

Eine echte Langzeituntersuchung mit Nacherhebungen über mehrere Jahre kann in Amerika allerdings nur das nächste Ehevorbereitungsprogramm nachweisen.

Das Premarital Relationship Enhancement Program (PREP) von Markman

Da das EPL explizit auf dem amerikanischen PREP aufbaut, soll dieses Programm im folgenden etwas ausführlicher beschrieben werden. Markman geht von 3 Hauptaspekten eines effektiven und umfassenden präventiven Programmes aus: Der Entwicklung und Einübung von konstruktiven Kommunikations- und Problemlösefertigkeiten; der Klärung und Modifikation von beziehungsrelevanten Einstellungen und Erwartungen; der Erweiterung sexuell-sinnlicher Kenntnisse und Einstellungen (Markman, Floyd, Stanley & Jamieson, 1984; Markman, Floyd, Stanley & Lewis, 1987). Genau diese Aspekte setzt er auch in seinem kognitiv-verhaltenstherapeutischen Programm für die Paare um. Wichtigstes Ziel ist dabei die Vermittlung von Fertigkeiten, die das Paar in die Lage versetzen sollen, zukünftig auftretende Konflikte erfolgreich zu lösen.

Das PREP umfaßt fünf ca. zweistündige Sitzungen, die in wöchentlichem Abstand abgehalten werden. Die Gruppe besteht aus drei bis fünf Paaren, die von ebenso vielen Trainern intensiv begleitet werden. Vorträge, Videodemonstrationen, praktische Übungen, Hausaufgaben und schriftliches Material werden zur Wissensvermittlung eingesetzt. Wesentlich für diese Vermittlung ist, daß sie standardisiert erfolgt, durch professionelle Kursleiter (in der Regel Psychologen) und gezielt ausgebildete, halbprofessionelle Mitarbeiter. Erstere leiten die inhaltlichen Teile des Programmes (Wie z.B. die Vorträge) und übernehmen die Aus- und ständige Weiterbildung sowie die Supervision der übrigen Mitarbeiter. Das Vorgehen dieser Trainer bei den Kursen zeichnet sich durch folgende drei Variablen aus:

Die Interventionen sind kompetenzorientiert. D.h.: Die Trainer legen bei der Leitung der praktischen Übungen den Schwerpunkt auf die Kompetenzerweiterung der Paare. Anstelle von Diskussionen über bestehende oder wahrgenommene Schwächen lenken sie die Aufmerksamkeit des Paares auf festgestellte Stärken.

Die Trainer halten einen „Prozeßfokus" aufrecht, indem sie versuchen, die Interventionen auf den Interaktionsprozeß - z.B. Kompromißvorschläge der beiden Partner beim Problemlösen - zu richten und nicht auf den inhaltlichen Aspekt des momentanen Stressors.

Die Trainer übernehmen eine Lehrerrolle beim praktischen Ausprobieren der vermittelten Inhalte, indem sie den Paaren z.B. durch gezielte Ratschläge ermöglichen, alle erlernten Kommunikationsfertigkeiten anzuwenden und so zu vertiefen.

Erste Sitzung: Nach der Begrüßung und einer kurzen gegenseitigen Kennenlernrunde werden den Teilnehmern die Grundlagen, die Ziele und der Ablauf des Programmes vorgestellt. Dabei wird verdeutlicht, daß der Arbeitsschwerpunkt mehr auf der Beziehung als auf den Individuen liegt, und in erster Linie ein konstruktiver Umgang miteinander gelernt und eingeübt werden soll, um in der Ehe auftauchende Probleme besser meistern zu können. Hierzu werden die häufigsten Kommunikationsfehler und konstruktive Alternativen demonstriert und besprochen. In den anschließenden Übungseinheiten haben die Paare Gelegenheit, diese mit Hilfe ihrer Trainer selbst auszuprobieren.

Zweite Sitzung: die neu gelernten Kommunikationsfertigkeiten werden vertieft, indem jedes Paar mit seinem Trainer ein von ihnen vor dem Kurs geführtes und auf Video aufgezeichnetes Problemgespräch nach Fehlern und förderlichem Gesprächsverhalten analysiert und zu verbessern sucht. In einem Vortrag werden die Kommunikationsfertigkeiten gesammelt vorgestellt, die positiv dazu beitragen, Probleme fair zu diskutieren und wenn möglich zu lösen. Ein wichtiger Bestandteil sind dabei die „XYZ-Aussagen", mit denen mitgeteilt werden kann, welches spezielle Verhalten des Partners (X), in welcher Situation gezeigt (Y), welche Gefühle (Z) in mir auslöst. In der folgenden Übung veränden die Paare anhand vorgegebener Sätze unspezifische negative Aussagen in spezifische XYZ-Aussagen. Schwerpunkt dieser zweiten Sitzung ist also der angemessene Ausdruck positiver wie auch negativer Gefühle.

Dritte Sitzung: In dieser Sitzung steht die Vermittlung von Problemlösefertigkeiten im Mittelpunkt, die den Paaren mit Hilfe eines Problemlösespiels nahegebracht werden. Dabei werden die einzelnen Phasen der Problemlösung demonstriert und eingeübt: Problemdefinition, Zielbestimmung (In Form von Wunschäußerung), Sammeln von Lösungsvorschlägen, Entwicklung von Lösungsalternativen, Kompromißfindung, Umsetzung der Lösung in Einzelschritte. Im letzten Teil dieser Sitzung wird, bereits als Vorbereitung auf die vierte Sitzung, die Bedeutung der gegenseitigen Erwartungen an die Beziehung thematisiert. Die Paare füllen bis zur nächsten Woche einen Erwartungsfragebogen aus, der als Arbeitsmaterial für die nächste Sitzung dient.

Vierte Sitzung: Nach einem kurzen Vortrag über die Bedeutung von Erwartungen für die Partnerschaft sprechen die Partner unter Anleitung ihrer Trainer über ihre Erwartungen, Wünsche und Ziele hinsichtlich ihrer Ehe. Wichtig ist dabei die Einhaltung der gelernten Kommunikationsfertigkeiten, vor allem dann, wenn enttäuschende Diskrepanzen in den Vorstellungen der beiden deutlich werden. Anzustreben ist auch die Erarbeitung gemeinsamer Werte, die formend für die Beziehung sind und in Krisensituationen als übergeordnete Maßstäbe das Handeln der Partner leiten können.

Fünfte Sitzung: Die Sitzung beginnt mit einem sehr ausführlichen Vortrag über das menschliche Sexualverhalten und Möglichkeiten seiner Bereicherung sowie über Prävention von sexuellen Problemen. Nach einer Diskussion in der Gruppe sprechen die Partner über ihre Empfindungen bei einer Streichelübung. Ziel ist, daß die Teilnehmer die große Bedeutung offener, regelgemäßer Kommunikation im sexuellen Bereich erfahren können. Das Programm schließt dann mit einer längeren Diskussion über die Erfahrungen der Paare mit dem PREP ab.

PREP findet in Amerika breite Anwendung. Vor allem in den letzten Jahren wird es auch zunehmend als kirchliches Angebot der Ehevorbereitung genutzt (siehe Stanley & Trathen, 1994).

Neben EPL ist bisher nur das PREP in seiner Langzeitwirkung untersucht worden. Aus einer ursprünglichen Gesamtstichprobe von 135 Paaren, die eine Heirat planten, wurden nach Zufall schließlich 49 Paare der Kontrollgruppe zugeteilt, während insgesamt 33 Paare das PREP vollständig durchliefen (Markman, Duncan, Storaasli & Howes, 1987). Die Ergebnisse nach dem Training (Post-Messung) zeigten, daß die PREP-Paare ihre Kommunikations- und Problemlösefertigkeiten deutlich verbessern konnten, während sich wie erwartet bei den Kontrollpaaren keine Verbesserung zeigte. Die PREP-Paare hatten also offensichtlich neues positiveres Gesprächsverhalten im Kurs gelernt und konnten dieses auch anwenden. Die subjektive Zufriedenheit mit der Partnerschaft war bei beiden Gruppen, auch wie erwartet, unverändert gleich hoch. Um der Frage nachzugehen, ob sich die Qualität der Paarkommunikation und der Ehezufriedenheit auch längerfristig durch das PREP beeinflussen läßt, führten Markman, Floyd, Stanley und Storaasli (1988) an je 21 PREP- und Kontrollpaaren eine 1.5- und 3-Jahreskatamnese durch. Bei diesen Nachkontrollen blieb die subjektive Zufriedenheit mit der Partnerschaft in der PREP-Gruppe auf dem hohen Niveau der Ausgangsmessung, während sich die Kontrollgruppenpaare kontinuierlich verschlechterten. Darüberhinaus war die Trennungs- und Scheidungsrate bei den Kontrollgruppenpaaren signifikant höher als bei der PREP-Gruppe. Diese Ergebnisse sprechen für die stabilisierende Wirkung des Programmes.

Auch die 4- und die 5-Jahreskatamnese (Markman, Renick, Floyd, Stanley & Clements., 1993) zeigt noch respektable Ergebnisse. Die 4-Jahreskatamnese wurde an 15 PREP- und 24 Kontrollpaaren erhoben, die 5-Jahreskatamnese an 12 PREP- und 18 Kontrollpaaren. Die zwischenzeitlich stattgefundenen Trennungen sind zu beiden Meßzeitpunkten bei der PREP-Gruppe signifikant geringer als bei der Kontrollgruppe, während sich die neu hinzugekommenen Scheidungsfälle zu beiden Meßzeitpunkten hinsichtlich der beiden Gruppen nicht mehr signifikant unterscheiden. In den Werten der Ehezufriedenheit unterscheiden sich zur 4-Jahreskatamnese die beiden Gruppen nicht voneinander. Zur 5-Jahreskatamnese sind die Männer der Kontrollgruppe unzufriedener als die Männer der PREP-Gruppe. Zur 4-Jahreskatamnese zeigen PREP-Paare signifikant häufiger positive und signifikant seltener negative Kommunikationskategorien als die Kontrollpaare. Zur 5-Jahreskatamnese zeigen nur noch die Männer der PREP-Gruppe gegenüber den Männern der Kontrollgruppe signifikant häufiger positive Kommunikationskategorien. Die von den Partnern angegebene Gewaltrate in der Familie innerhalb eines Jahres ist zu beiden Meßzeitpunkten bei der PREP-Gruppe signifikant geringer.

Auch wenn die Programmeffekte 5 Jahre nach der Intervention nachzulassen scheinen, interpretieren Markman et al. (1993) die genannten Ergebnisse als deutliche Zeichen für eine positive Auswirkung des PREP auch noch nach Jahren. Und die Katamnesen von 7 bis 12 Jahren nach dem Training (Stanley et al., 1995) scheinen ihnen recht zu geben. Nach 12 Jahren ist die Trennungs-und Scheidungsrate mit 19% bei den PREP-Paaren gegenüber den 28% der Kontrollpaare immer noch deutlich geringer wenn auch nicht mehr statistisch signifikant. Die Gewaltrate der PREP-Paare war auch nach 12 Jahren erneut signifikant geringer als die der Kontrollgruppe.

4.3. Ehevorbereitung in Deutschland

In Deutschland werden unter dem Begriff „Ehevorbereitung“ Veranstaltungen von unterschiedlicher Zeitdauer und Intensität für „heiratswillige“ Paare verstanden, die beinahe ausschließlich von der katholischen Kirche angeboten werden.

4.3.1. Ehevorbereitung als traditionelle Einrichtung der katholischen Kirche

Das Ziel der Ehevorbereitung ist die Erziehung zur Partnerfähigkeit. Zu unterscheiden ist die allgemeine oder entfernte Ehevorbereitung von der unmittelbaren oder direkten Ehevorbereitung (siehe Schulz, 1983). Aus kirchlicher Sicht wird das gesamte Leben als allgemeine Ehevorbereitung betrachtet. Ihr vorrangiger Ort ist die Familie. Weiterhin haben Schule, und hier vor allem der Religionsunterricht, sowie die außerschulische Jugend- und Erwachsenenbildung große Bedeutung für die allgemeine Ehevorbereitung. Für Siegers (1983a) umfaßt die allgemeine oder entfernte Ehevorbereitung drei Zielgruppen: Die Jugendlichen, die ihre ersten Freundschaften zu andersgeschlechtlichen Partnern aufnehmen, junge Paare, die eine feste Freundschaft eingegangen sind, ohne sich jedoch schon endgültig füreinander entschieden zu haben, und unverheiratet zusammenlebende Paare. „ Entfernte Ehevorbereitung meint also nicht nur den in Jahren gemessenen, sondern auch den inneren bzw. einstellungsmäßigen Abstand eines Menschen bzw. eines Paares zur Ehe“ (Siegers, 1983a, S. 35). Die unmittelbare oder direkte Ehevorbereitung dagegen „beginnt mit dem Zeitpunkt, an dem sich zwei Partner endgültig füreinander entschieden haben. Man ist bereit zu heiraten, selbst wenn man sich nicht vorstellen kann, daß durch die Trauung etwas an der beiderseitigen Beziehung verändert wird“ (Siegers, 1983b, S. 49). Diese deutliche Trennung des Zielklientels ließ sich allerdings im EPL nicht einhalten, da auch Paare ohne ernsthafte Heiratsabsichten unsere Kurse besuchten.
Im folgenden sind unter Ehevorbereitungsseminaren Veranstaltungen zur direkten Ehevorbereitung zu verstehen.

In Deutschland haben vor allem in der katholischen Kirche sogenannte "Ehevorbereitungsseminare" eine Tradition, die bis in die sechziger Jahre zurückreicht. Zuvor „begnügte sich die Kirche mit zwei Vorschriften, die wohl mehr dem juridischen Sicherheitsdenken gegenüber der Institution Ehe als der pastoralen Sorge um die Gatten entsprangen. Im einzelnen waren dies: 1. Das Ausfüllen des Brautexamensprotokolls, das - wie es schon der Name andeutet - mit dem Feststellen des Ledigenstandes und dem Erfragen des rechten Ehewillens sein Genügen

fand. 2. Das Erteilen des Brautunterrichts, bei dem der Seelsorger die Brautleute zur christlichen Lebensführung für den Ehe- und Familienalltag anzuhalten hatte" Schulz, 1983, S. 7). Nach Schulz waren es vor allem der Ende der sechziger Jahre in Deutschland heftig einsetzende „Niedergang der Kirchlichkeit" und das damit einhergehende neuartige Phänomen der „Ehe ohne Trauschein", die die Kirche bewogen, differenziertere pastorale Angebote gerade für junge Menschen zur Vefügung zu stellen. Seither hat sich eine Vielzahl von unterschiedlichen Ehevorbereitungsformen entwickelt. Die Spanne reicht von den sogenannten Brautleutetagen, bei denen ein oder mehrere Referenten einen oder auch nur einen halben Tag lang bis zu 40 und mehr Paaren im Frontalunterricht Informationen über eine christlich geführte Ehe zukommen lassen, bis hin zu 5-tägigen Ehevorbereitungsseminaren mit relativ kleinen Gruppengrößen (selten mehr als 12 Paare) und mehreren Referenten, die mit unterschiedlichsten didaktischen Mitteln arbeiten.
Mit Ausnahme des EPL erfolgte bisher keine Evaluation der deutschen Ehevorbereitungsseminare, nicht zuletzt wohl auch deshalb, weil die je nach Referent individuelle Gestaltung solcher Kurse eine empirische Begleitung erheblich erschwert.

4.3.2. Ziele, Inhalte und Methoden von Ehevorbereitungsseminaren

Zielsetzung der Ehevorbereitungsseminare:

Hauptaufgabe dieser Seminare ist es, „in einen Dialog einzutreten zwischen heutiger Lebenswirklichkeit der Paare und der Zusage Gottes für das Gelingen von Partnerschaft, die unserer tiefverwurzelten Sehnsucht nach Annahme und Geborgenheit in einer dauerhaften Beziehung entspricht. Dabei wird es manches Mal auch neu zu entdecken sein, wie und wo christlicher Glaube Hilfe zum Gelingen von Partnerschaft und Ehe ist" (Deutscher Katecheten-Verein, 1993, S. 20). Es soll „exemplarisch, d. h. am Beispiel Ehe, das Fundamentale des Glaubens (Lebenshabitus des Vertrauens zu sein) eröffnet werden und umgekehrt aus dem Glauben die Ermutigung und Befähigung zur Ehe erfolgen" (Belok, 1993, S. 241). Die zitierte „Lebenswirklichkeit der Paare" einerseits und die „Zusage Gottes für das Gelingen von Partnerschaft" andererseits geben die Themen der Seminare vor. Zum einen wird auf unterschiedliche Art und Weise versucht, heiratswilligen Paaren die Sakramentalität der Ehe zu erläutern, zum anderen ihnen weitere Werte, Inhalte und Fertigkeiten zu vermitteln, die für das Gelingen einer Ehe im Alltag als wesentlich erachtet werden. Immer wieder auftauchende Themen sind dabei die unterschiedlichen Erfahrungen der Partner aus ihrer jeweiligen Primärfamilie, die Abklärung von Erwartungen, die Diskussion eigener Charakterzüge und die des jeweiligen Part-

ners, Vorstellungen über christlich gelebte Ehe (Mandel, Mandel & Stadter, 1972; Struck, 1967). Es fällt auf, daß gerade in den gut ausgearbeiteten Kursen der partnerschaftlichen Kommunikation ein wichtiger Stellenwert eingeräumt wird (Clinebell, 1976; Deutscher Katecheten-Verein, 1993; Drewes & Drewes, 1982; Geißler, 1986a, 1986b; Kümmel, 1976; Milleg, 1974; Siegers, 1991; Wittmann, 1993; Zulehner, Baumgartner & Mühlek, 1978). Die Paare werden deshalb aufgefordert, die Themen in der Gruppe, aber auch mit dem eigenen Partner ausführlich zu besprechen. Allerdings werden dabei Kommunikationsregeln nur selten explizit eingeführt und schon gar nicht in ihrer Anwendung durch die Kursleiter systematisch unterstützt und kontrolliert.
Auch eine Dreiteilung der Aufgaben direkter Ehevorbereitung in Partnerschafts-, Glaubens- und Gesellschaftsaspekte wird vorgeschlagen, um die enorme Fülle an Zielen, die die Anbieter solcher Seminare verfolgen, zu systematisieren (siehe Bistum Aachen, 1987). Ein Blick auf die folgende Auflistung macht deutlich, daß auch mehrtägige Veranstaltungen mit mehreren, gut ausgebildeten Referenten und klein gehaltener Teilnehmerzahl nur einen Bruchteil der an sie gestellten Erwartungen erfüllen können.

Methodik:

In vielen Ehevorbereitungsseminaren werden die unten genannten und ähnliche Themen in einer Art Setzbaukasten-Verfahren je nach den von den jeweiligen Referenten gesetzten oder auch von den Teilnehmern gewünschten Schwerpunkten eingebracht. Die angewandten Methoden sind dabei sehr vielfältig und abhängig von den Vorlieben und Fertigkeiten der einzelnen Seminarleiter. Sie beinhalten Vorträge, Gruppendiskussionen, Kleingruppenarbeit (häufig aufgeteilt in Männer- und Frauengruppen), mehr oder weniger angeleitete Paargespräche, Rollenspiele, Selbstreflexionsübungen, Körperübungen, Briefe an den Partner schreiben sowie Malen und Tanzen. An Materialien finden Bilder, Lieder, Texte (häufig Bibeltexte), Arbeitsblätter (häufig in Form von Fragebögen) und seltener Filme Anwendung.

Übersicht über die Ziele der direkten Ehevorbereitung

Partnerschaft	Glaube	Gesellschaft
• Die Voraussetzungen und Grundlagen einer partnerschaftlich geführten Ehe kennenlernen • Erkennen, daß Liebe Grundlage, Weg und Ziel der ehelichen Partnerschaft ist • Die wesentlichen Aufgaben, Möglichkeiten und Schwierigkeiten einer Ehe kennenlernen • Ursachen von Konflikten in der Ehe kennenlernen und zur konstruktiven Konfliktlösug befähigt werden	• Sich der religiösen Dimension einer partnerschaftlichen Beziehung bewußt werden • Das christliche Verständnis von Ehe und Familie kennen- und vertiefen lernen • Die Bedeutung des Sakramentcharakters der Ehe erkennen und die Bedingungen, Voraussetzungen und Wirkungen dieses Sakramentes kennenlernen • Den Entschluß zur kirchlichen Eheschließung als Glaubensentscheidung erkennen • Die Erwartungen an die kirchliche Eheschließung abklären können • Motiviert werden, in der Kraft des Glaubens die Ehe als gleichberechtigte, dauerhafte und ausschließliche Ehepartner zu leben • Möglichkeiten entdecken und verdeutlichen, miteinander und füreinander als Christen in Ehe und Familie zu leben	• Die Ehe verstehen als eine auf Dauer angelegte, gesellschaftlich anerkannte, staatlich geschützte und gesetzlich geregelte Bindung an einen andersgeschlechtlichen Partner • Die gesellschaftlichen Faktoren kennelernen, die eine eheliche Beziehung beeinflussen und verändern • Die Mitverantwortung für gesellschaftliche Prozesse und Entwicklungen in Staat und Kirche erkennen • Den Zusammenhang von Ehe und Familie erkennen und die Bereitschaft zum Kind als einen grundlegenden Wert der Ehe verstehen lernen • Die öffentlich deklarierte und rechtlich fixierte Entscheidung füreinander und die institutionellen Rahmenbedingungen der Ehe als Entlastung und Hilfe erfahren, durch die Kräfte freigesetzt werden für die gemeinsame Lebensgestaltung • Bereit werden, sich in Beruf, Familie und Öffentlichkeit nach den eigenen Fähigkeiten für die Verbesserung der gesellschaftlichen Verhältnisse einzusetzen

Ausbildung und Begleitung der Referenten:

Als Referenten sind häufig Fachleute wie Ärzte, Juristen und Geistliche anwesend, die über Fragen der Ehehygiene, des Rechtsstatus der Ehe sowie über Sakramentalität der Ehe und christliche Lebensführung referieren. Geleitet werden die mehrtägigen Veranstaltungen jedoch meistens von einem Ehepaar, das eine Art Vorbildcharakter für die jungen Paare bekommen soll. Das persönliche Engagement dieser Ehevorbereitungsreferenten, die häufig teils ehrenamtlich teils für ein geringes Honorar arbeiten, ist in aller Regel sehr hoch. Nach Angaben des Deutschen Katecheten-Vereines (1993, S. 20) sind allerdings Defizite in den methodisch-didaktischen Kenntnissen und Fähigkeiten mancher Referenten -gerade dann, wenn sie über keine berufliche Vorbildung in diesem Bereich verfügen - nicht zu übersehen. Diese Beobachtung wirft die Frage nach der Ausbildung und der anschließenden Begleitung der Seminarleiter auf. Die Notwendigkeit einer sorgfältigen Referentenschulung ist seit langem bekannt. Ausbildungen in Didaktik und Methodik, in Rhetorik und in Gruppendynamik wurden schon sehr früh vorgeschlagen (Jakli, 1970). Doch wird dieser wichtige Bereich in den einzelnen Diözesen unterschiedlich intensiv gehandhabt. Angaben über Ausbildungsveranstaltungen sind - wenn überhaupt vorhanden - eher wage. Der Deutsche Katecheten-Verein empfiehlt einen Einführungskurs, optimalerweise an einem Wochenende oder in Form einer Veranstaltungsreihe von mehreren Abenden. Häufig würden neue Mitarbeiter auch während einiger Ehevorbereitungskurse erfahrene Kollegen begleiten und auf diese Weise ausgebildet werden (Deutscher Katecheten-Verein, 1993). Ansonsten sind für ihn „Aufrichtigkeit" und „Echtheit" die wichtigsten Anforderungen an die Mitarbeiter in der Ehevorbereitung. „Aufrichtigkeit und Echtheit können eine große Herausforderung sein, wenn Konflikte im Leitungsteam oder in der Kommunikation von leitenden Paaren zutage treten. Daher sind Reflexionszeiten für das Leitungsteam äußerst wichtig. Die geforderte Echtheit gilt auch für die MitarbeiterInnen als Glaubenszeugen. Der (Glaubens)Weg der MitarbeiterInnen zeigt den Paaren, wie Glaube heute gelebt werden kann" (Deutscher Katecheten-Verein, 1993, S. 29).

Konkreter wird die Ausbildung in Geißlers Programm „Für eine glückliche Ehe" (Geißler, 1986a und 1986b) thematisiert. Hier durchlaufen die angehenden Kursleiter zusammen mit ihren Ehepartnern in der Ausbildung via Selbsterfahrung die Einheiten des Programmes, unterbrochen von Diskussions- und Auswertungsrunden. Fachwissen zum Bereich Ehe/Partnerschaft wird vermittelt, die Anleitungen zu Spielen und Übungen im Kurs werden explizit vorgestellt (Geißler, 1986a). Allerdings gibt es keine klaren Instruktionen zur Begleitung der Paargespräche. Es wird zwar aufgeführt, was der Gesprächsleiter zu tun hat, aber nicht aufgezeigt wie er dies tun könnte. Geißler schreibt: „Mein Arbeitsstil als Gesprächsleiter:

- Zu Beginn jeder Arbeitsphase steht die Einladung zum paarorientierten Gespräch.
- Wichtig sind die Ergebnisse des Paares, der Familie.
- Wichtig ist, was das Paar mit den Arbeitsergebnissen tut.
- Als Gesprächsleiter schütze ich die Intimsphäre des Paares. Ich verspreche ihnen, daß sie ihre Gesprächsergebnisse für sich behalten dürfen.
- In die Gesamtgruppe soll immer nur das und soviel eingebracht werden, was das Paar vorher untereinander ausgemacht hat.
- Als Gesprächsleiter bin ich Impulsgeber, aber kein Hauptredner; Erklärer aber kein Besserwisser; Ermunterer und Lobender, aber kein Ringkampfleiter.
- Ich erläutere das Arbeitsmaterial.
- Ich gebe Hinweise, mache Vorschläge, wie mit dem Material umgegangen werden kann.
- Ich regle die Arbeitszeiten.
- Ich mache Vorschläge, welche Arbeitsinhalte auch in der Gruppe diskutiert werden könnten.
- Ich kläre Mißverständnisse auf.
- ich leite die Gruppengespräche.
- Ich respektiere die Ergebnisse.
- Ich beachte die Sitzordnung, den Arbeitsplatz des Paares, damit ungestört gearbeitet werden kann.
- Ich nehme für ein Seminar im Höchstfall 10 Paare (bei Familien 30 Personen). Ich benötige möglichst schnell Kontakte zu allen Teilnehmern.
- Ich bemühe mich um eine lockere Arbeitsatmosphäre.
- Ich freue mich über jeden Vorschlag, über mitgeteilte eigene Erfahrungen, die zur Verbesserung meiner Ideen führen und in der Lage sind, das Arbeitsklima zu bereichern.
- Ich stelle sehr deutlich heraus, daß das Arbeitstempo und die Arbeitsmenge von jedem Teilnehmer, von jedem Paar selbst entschieden werden und daß ich dafür keine Verantwortung übernehme" (Geißler, 1986a, S. 19 f).

Unter dem Titel „Für eine wachstumsorientierte Ehe und Partnerschaft" wurde in der Erzdiözese München und Freising ein Referentenkurs entwickelt (Wittmann, 1994), in dem die zukünftigen Seminarleiter, ähnlich wie bei Geißler, zusammen mit ihren Ehepartnern mit typischen Inhalten und Materialien der Ehevorbereitung vertraut gemacht werden. Über den Weg der Selbsterfahrung setzen sich die Teilnehmer an drei Wochenenden mit den Themen „Grundfragen der Partnerschaft", „Mit Konflikten umgehen lernen" und „Partnerschaft und Intimität" auseinander.

Die anschließende Begleitung der Ehevorbereitungsreferenten wird ebenfalls sehr unterschiedlich gehandhabt. In den Diözesen, in denen die Ehevorbereitung über eine gut strukturierte Anbindung an die Organisation der Pastoral verfügt, findet die Referentenbegleitung in Form von Mitarbeitertreffen mit deren Familien, aber auch in Form von Weiterbildungsveranstaltungen ein bis zwei mal im Jahr, meist als Wochenendkurse, statt. Während dieser Veranstaltungen werden neue Inhalte und Arbeitsmaterialien vorgestellt und diskutiert, bzw. in Workshops gemeinsam erarbeitet. Eine Supervision im engeren Sinne findet allerdings außerhalb des EPL nicht statt.

Beispielhafter Verlauf eines mehrtägigen Ehevorbereitungsseminares:

Am Beispiel des in der Erzdiözese München und Freising entwickelten und durchgeführten zweitägigen Ehevorbereitungsseminares „Ehe bauen" (Wittmann, 1993) soll der Verlauf einer gut ausgearbeiteten Paarveranstaltung skizziert werden.
In der Regel dauert das Seminar von Freitag Abend gegen 19.00 Uhr bis ca. 22.00 Uhr und Samstags von 9.00 Uhr bis ca. 17.00 Uhr und länger. Die Teilnehmerzahl beläuft sich auf mindestens 4 und höchstens 12 Paare. Das Referententeam besteht aus einem Ehepaar, das den Kurs leitet, einem Theologen oder dem örtlichen Pfarrer und einem Arzt oder einem Mitarbeiter aus der Eheberatung. Als Veranstaltungsort dienen einladende Pfarrheime. Der Freitag Abend dient der Einführung in das Thema. Als Einstieg wird meist die Übung „Ehehaus" gewählt. Dabei werden den Teilnehmern 20 Wertekarten - sogenannte Bausteine - vorgegeben, die bestimmte Einstellungen und Überzeugungen zur Ehe enthalten (z.B.: Sich immer aufeinander verlassen können, auf eigenen Wünschen bestehen, ein Leben lang die Treue halten, dem anderen alles sagen, Kinder haben wollen etc.). Die Fragestellung an die Teilnehmer ist dabei, welche Bausteine nach eigener Einschätzung in das Fundament, in tragende Wände oder überhaupt nicht in das Ehehaus gehören, und welche Bausteine noch verändert bzw. ergänzt werden müßten. Die Ehehäuser werden dann entweder von den beiden Partnern oder in Kleingruppen, häufig auch nach Männern und Frauen getrennt, „gebaut" und anschließend in der Großgruppe vorgestellt. Während der so entstehenden Gruppendiskussion kann das Leitungsteam die eigenen Erfahrungen und Sichtweisen einbringen. Auf diese Weise soll den Paaren verdeutlicht werden, daß ihre Ansichten ernst genommen werden und ihre Fragen Platz haben. Der Samstag Vormittag ist dem Themenkomplex „Grundfragen der Partnerschaft" gewidmet, wobei hier die einzelnen Teams unterschiedliche Schwerpunkte setzen können. Nach Wittmanns (1993) Erfahrungen handelt es sich meist um die Themen „Problemlösende Gespräche/Partnerschaftliche Konfliktlösung", „Das Erbe der Herkunftsfamilien" oder

„Partnerschaft und Sexualität". Zur Bearbeitung des letzten Themas wird zum Beispiel ein Fragebogen eingesetzt, mit dessen Hilfe Wertungen, Einstellungen und Sichtweisen bezüglich Sexualität deutlich werden können. Zunächst beantwortet jeder der Teilnehmer den Fragebogen für sich. Dann sprechen die Partner über die Ergebnisse und darüber, was sie davon in der Großgruppe mitteilen wollen. Ein Gespräch in der Großgruppe schließt sich an, in dem auf die Fragen der Paare eingegangen wird. Häufig wird dabei der Themenkreis Familienplanung bearbeitet. Am Samstag Nachmittag schließlich wird unter dem Thema „Die Ehe sakramental leben" der Trauritus von den Paaren durchgelesen, um dann zu überlegen, wie und wo dessen Inhalte konkret im Alltag gelebt werden können. „Der Trauritus ist eine Zusammenfassung dessen, was christliche Ehe ist. Er ist auch die Zusammenfassung der Gespräche und Impulse, seit Beginn des Kurses. Was an Erfahrungen, Hoffnungen, Wünschen, Befürchtungen und Sehnsüchten alles zur Sprache gekommen ist, das kann im Trauritus entdeckt werden" (Wittmann, 1993, S. 243). Die anschließenden Gespräche über die Ehe als Sakrament und den Trauritus werden ergänzt durch Hinweise und Hilfen zur Gestaltung des Hochzeitsgottesdienstes. Den Abschluß des Seminares bildet ein Gruppengottesdienst oder ein gemeinsamer Abendgottesdienst mit der Gemeinde, in der das Seminar stattfindet.

Quantitative Angaben zu den Ehevorbereitungsveranstaltungen:

Die folgenden Angaben beziehen sich auf Veranstaltungen innerhalb der Erzdiözese München und Freising und sind den Jahresstatistiken des Fachbereiches Ehevorbereitung (1995) entnommen.
Gut ein Drittel der Paare, die in der Diözese kirchlich heiraten, nehmen an einem Ehevorbereitungskurs teil. Davon wählt ein Großteil die eintägige Kursform, den sogenannten „Ehevorbereitungstag". Im Jahr 1994 zum Beispiel besuchten insgesamt 4.034 Teilnehmer eine Ehevorbereitungsveranstaltung, davon 2.805 einen eintägigen, 565 einen knapp zweitägigen, 218 einen Wochenend-, 180 einen EPL-Kurs und 266 einen Kurs speziell für konfessionsverschiedene Paare. Generell ist allerdings die letzten Jahre bei den Ehevorbereitungstagen ein Rückgang, umgekehrt bei den mehrtägigen Kursen eine Zunahme der Teilnehmerzahlen zu registrieren.

4.4. Das EPL-Projekt

Ab 1988 wurde bis 1994 am Institut für Forschung und Ausbildung in Kommunikationstherapie in München das Projekt „Ehevorbereitung - Ein Partnerschaftliches Lernprogramm" (EPL) durchgeführt (Hahlweg, Thurmaier, Engl, Eckert & Markman, 1993; Thurmaier, 1990; Thurmaier, Engl, Eckert & Hahlweg, 1992; 1993). Das EPL wurde in Anlehnung an das „Premarital Relationship Enhancement Program" (PREP) von Markman (Markman et al., 1984; Markman et al., 1987) entwickelt. Die Kurse werden im Rahmen kirchlicher Ehevorbereitung angeboten und von speziell ausgebildeten Kursleitern durchgeführt. Dabei treffen jeweils 2 Kursleiter auf 4 Paare, die in 6 aufeinander aufbauenden, jeweils 2 1/2-stündigen übungsintensiven Kurseinheiten abwechselnd betreut werden.

4.4.1. Ziele des EPL-Projektes

Didaktische Ziele und Zielgruppe:
Mit den EPL-Kursen sollen jungen Paaren frühzeitig Gesprächs- und Problemlösefertigkeiten intensiv vermittelt werden, mit deren Hilfe sie sich in ihrer Unterschiedlichkeit besser verständigen und ihre Konflikte, die im Verlauf einer Ehe unweigerlich auftreten, erfolgreicher lösen und damit ihre Beziehung befriedigender gestalten können. Die Zielgruppe setzt sich aus Paaren zusammen, die bereits eine feste Beziehung miteinander haben, die bald heiraten oder die jung (bis zu 2 Jahren) verheiratet sind.

Empirische Überprüfung der Effektivität:
Im EPL-Projekt sollte zum ersten Mal im deutschsprachigen Raum ein Ehevorbereitungsprogramm mittels einer Langzeitstudie auf seine kurz- und langfristige Effektivität empirisch überprüft werden. Mittlerweile konnten von den teilnehmenden Paaren sowie von einer Kontrollgruppe über fünf Jahre hinweg Daten zum Verlauf der Ehezufriedenheit und der Kommunikationsgüte erhoben werden.

Etablierung des EPL in der Ehevorbereitung:

Auch nachweislich wirksame Konzepte und Programme finden oft nach der wissenschaftlichen Erprobung keine weitere Anwendung. Deshalb wurde die Übertragung des Forschungsprogrammes EPL in den Anwendungsalltag von Anfang an sorgfältig geplant und schrittweise durchgeführt. Das große Interesse kirchlicher Erwachsenenbildner an dem Programm, das bald nach dessen Konzeption einsetzte, spiegelt sich in zahlreichen Artikeln in kirchlichen Fachzeitschriften wider (siehe auch Fischer, 1993; Gruber, 1989; Mazzola, 1993; Wemhöhner-Knoch, 1989).

Mittlerweile verfügt das EPL über mehr als 1.000 ausgebildete Kursleiter aus allen alten Bundesländern, aus Luxemburg, Österreich und Südtirol. Die Kurse sind inzwischen weitgehend in das kirchliche Ehevorbereitungsangebot integriert und werden durch regelmäßige Supervision für die Kursleiter begleitet.

4.4.2. Inhalte des Programmes

Die ersten 3 EPL-Sitzungen sind schwerpunktmäßig dem Erlernen von Kommunikations- und Problemlösefertigkeiten gewidmet, während die nachfolgenden 3 Einheiten der thematischen Anwendung des Gelernten dienen (siehe Abbildung Nr. 4.4.2.1.). Die Paare ernten in den thematischen Sitzungen 4-6 sozusagen die Früchte der ersten 3 Einheiten, da hier kein neuer Lernstoff mehr hinzu kommt. Häufig entsteht gerade in diesen längeren Paargesprächen, z.B. über Erwartungen an die Ehe, die eigenen Wünsche zur sexuellen Begegnung und die persönlichen Vorstellungen zu christlich gelebter Ehe, zusätzliche Neugier und Anziehung zwischen den Partnern.

Abbildung Nr. 4.4.2.1. Systematischer Aufbau der 6 EPL-Sitzungen:

Vermitteln und Einüben der grundlegenden Kommunikations- und Problemlösefertigkeiten

1. Sitzung
Sprecher- und Zuhörerfertigkeiten

↓

2. Sitzung
Äußern negativer Gefühle

↓

3.Sitzung
Problemelösen
(Problemlöseschema)

↓

Anwendung der erlernten Fertigkeiten an speziellen Themenkreisen

4. Sitzung
Erwartungen an die Ehe
(Erwartungsfragebogen)

↓

5. Sitzung
Sexualität
(Wertekarten Sexualität)

↓

6. Sitzung
Christliche Ehe
(Trauritus)

Wie bei Markmans PREP, das ausgeht von einem Verhaltenskompetenzen-Modell des Eheerfolges, steht auch beim EPL die Vermittlung und Einübung von Kommunikations- und Problemlösekompetenzen im Mittelpunkt. Ebenso ergeben sich auch die Inhalte der 4. (Erwartungen an die Ehe) und 5. (Sexualität) EPL-Sitzung aus der PREP-Vorlage. Postuliert doch Markman „drei Hauptpunkte für ein effektives und umfassendes präventives Programm. Diese sind:

a) die Entwicklung und Einübung von konstruktiven Kommunikations- und Problemlösefertigkeiten,
b) die Klärung und Modifikation von beziehungsrelevanten Einstellungen und Erwartungen,
c) die Erweiterung sexuell-sinnlicher Kenntnisse und Einstellungen" (Markman et al., 1987, S. 131f).

Die Inhalte der 6. EPL-Sitzung (christliche Ehe) ergeben sich aus der Einbettung des Programmes in die kirchliche Ehevorbereitung.
Im folgenden soll die Notwendigkeit der drei thematischen EPL-Sitzungen (Sitzungen 4-6) mit deutschsprachiger Literatur untermauert werden.

Begründung des Themas: Erwartungen an die Ehe (4. Sitzung):
Den Erwartungen an die Ehe/Partnerschaft wird in der Literatur ein hoher Stellenwert hinsichtlich des Verlaufs der Beziehung eingeräumt (vergl. Schneewind & Vaskovics, 1992). So resümiert zum Beispiel Nave-Herz, „daß durch die gestiegenen psychischen Anforderungen an die Ehe und durch die hohen affektiv-emotionalen Ansprüche an den Ehepartner häufig das Scheitern vorprogrammiert ist. nicht ein Bedeutungsverlust der Ehe, (...) sondern die idealisierten Vorstellungen von einer Ehe und die Ansprüche an eine bestimmte Qualität einer ehelichen Paarbeziehung führen häufiger schneller zu unerfüllten Bedürfnissen und damit zu Spannungen in den ehelichen Beziehungen" (Nave-Herz, 1990, S. 138).

Ungebrochen ist zum Beispiel der hohe Konsensanspruch junger Paare. Das heißt, daß sie größten Wert darauf legen, in möglichst vielen Dingen gleicher Meinung zu sein. In einer Studie von Vaskovics (1995) an 1.500 jungen Ehepaaren und 900 Paaren, die unverheiratet zusammenlebten, gaben 90% der Frauen und 80% der Männer an, daß ein hoher Grad an Übereinstimmung und Harmonie in der Ehe herrschen sollte. Lazarus (1988) stellt fest: „Die meisten Paare gehen mit Wunschträumen und unrealistischen Erwartungen in die Ehe" (Lazarus, 1988, S. 9).

Jellouschek (1989; 1992) spricht von einem „neoromantischen Beziehungsideal", dem viele Paare anhängen. Dieses beinhaltet gefährliche Fehlerwartungen, mit denen die Beziehung überfrachtet, der Partner überfordert wird. Er beschreibt sieben solcher typischen Fehlerwartungen und ihre entsprechenden konstruktiven Alternativen:

- Religiöse Mystifizierung vs. dem Akzeptieren der Begrenztheit und Endlichkeit der Beziehung.
- Gleichsetzung von Liebe und Verliebtheit (ewiges Glücksgefühl) vs. der Einsicht, daß Beziehung gemeinsame Entwicklung und Übung bedeutet.
- Gleichsetzung von Liebe und Verschmelzung (symbiotische Nähe) vs. dem Akzeptieren der Notwendigkeit des Getrenntseins.
- Ein hedonistisches Beziehungsideal (Überbetonung der Erotik) vs. dem Schaffen anderer gemeinsamer Ziele.
- Die Fixierung aller Ansprüche auf den Partner vs. dem Aufbau eines tragfähigen sozialen Netzes.
- Eine Entscheidungs- und Definitionsvermeidung der Beziehung vs. der Definition der und dem Bekennen zur Beziehung.
- Ein übersteigertes Autonomieideal vs. der Einsicht, daß Beziehung aus Führen und Führen lassen besteht.

Offene Paargespräche über die eigenen Erwartungen, wie sie in der 4. Sitzung des EPL stattfinden, sollen helfen, Fehlerwartungen an die Partnerschaft und an den Partner zu korrigieren. Denn offene Kommunikation „ entmythologisiert und entidealisiert zwar den Partner, macht seine Realität sichtbar, verstärkt aber gleichermaßen die kritische Selbstwahrnehmung und damit die Fähigkeit, den anderen in seiner Andersartigkeit und in seiner Problematik zu ertragen, zu verstehen und ihm zu verzeihen, ihn nicht als Eigentum zur Befriedigung ausschließlich der eigenen Wünsche zu betrachten. Andererseits steigert sie die realen Möglichkeiten gegenseitiger Befriedigung, die in einer individuellen Partnerschaft liegen, weil individuelle Wünsche und Verstärkerreize bekannt und Verwirklichungschancen diskutiert werden."(Mandel & Mandel, 1971, S. 46).

Begründung des Themas: Sexualität (5. Sitzung):
Ein wenig anders als bei Markman, der beim Thema Sexualität vor allem auf Information für die jungen Paare setzt (vergl. Markman et al., 1987), steht auch in der 5. EPL-Sitzung das angeleitete Paargespräch im Mittelpunkt, wird also nach Loewits These „Sexualität als partnerschaftliche Kommunikation“ (Loewit, 1996, S. 86) betrachtet . Ähnlich wie in der Erwartungssitzung sollen die Partner über ihre Wünsche und Befürchtungen hinsichtlich ihrer gemeinsamen Sexualität miteinander ins Gespräch kommen. Denn zahlreiche Schwierigkeiten in diesem Bereich erschweren einen befriedigenden Umgang miteinander.

So fanden Schröder, Hahlweg, Hank und Klann (1994) bei einer Untersuchung an Paaren in Eheberatung und Paaren, die mit ihrer Beziehung zufrieden waren, heraus, daß von den in glücklichen Partnerschaften lebenden Männern 30% und von den Frauen immerhin 18% in einem Fragebogen zur Zufriedenheit mit dem sexuellen Verhalten und Erleben schlechtere Werte erzielten als sie im Mittel bei den Eheberatungsklienten erhoben wurden. Damit bestätigen sie auch für den deutschsprachigen Raum die Befunde von Frank, Anderson und Rubinstein (1978), in deren Studie an Paaren, die mit ihrer Beziehung zufrieden waren, 33% der Männer und 21% der Frauen angegeben hatten, mit ihrer partnerschaftlichen Sexualität unzufrieden zu sein.

Schnabl (1994), der die anamnestischen Fragebogendaten von 2.200 Klienten einer Ehe- und Sexualberatungsstelle auswertete, stellt ein signifikantes Absinken der durchschnittlichen Koitusfrequenzen im Verlauf der Ehe fest. Da dieser Trend schon nach wenigen Ehejahren einsetzt, erklärt er sich für Schnabl nicht durch das Altern der Ehepartner sondern vielmehr durch Faktoren des ehelichen Zusammenlebens. Als markantes Beispiel nennt er den Zusammenhang zwischen dem Absinken gleichhäufiger Zärtlichkeitswünsche und dem Ehealter, wobei dieses Absinken bereits ab dem zweiten Jahr deutlich wird. Dabei fällt ihm auf, „daß beide Partner zunehmend seltenere Zärtlichkeitswünsche des anderen beklagen. Sie signalisieren damit mangelnde gegenseitige Kommunikation der Bedürfnisse. Man kennt die des Partners zu wenig und unterschätzt sie“ (Schnabl, 1994, S. 218).
In einer erweiterten Erhebung an insgesamt 4.200 Personen fand Schnabl (1995) heraus, daß nur bei jedem zweiten Paar die Partner sexuell gut übereinstimmten. In

fast der Hälfte der Partnerschaften divergierten die Vorstellungen und Wünsche der beiden. Diese Dissonanzen können als quälender Frust beim einen, bzw. als Überforderung beim anderen Partner erlebt werden, was die Partnerschaft in der Regel stark belastet. „Am gravierendsten wirken erhebliche Unterschiede der Häufigkeit des Begehrens, während Diskordanzen der Art des Sex meist leichter toleriert oder kompensiert werden“ (Schnabl, 1995, S. 86).

Aufgrund eigener Studien sowie einer eingehenden Literatursichtung führt von Sydow (1993) vier zentrale Geschlechtsunterschiede bei den sexuellen Vorstellungen von Partnern an. So scheint Frauen während ihres ganzen Erwachsenenalters Zärtlichkeit wichtiger zu sein als Männern. Sie präferieren den Geschlechtsverkehr weniger stark als Männer und legen dafür mehr Wert auf andere Formen der Stimulation. Die emotionale Qualität einer Beziehung scheint für die meisten Frauen viel bedeutender zu sein als als die Qualität der sexuellen Interaktion. Schließlich seien Frauen in sexuell-genitaler Hinsicht im Vergleich zu Männern Spätentwicklerinnen. Gekoppelt mit der von von Sydow „konstatierten sexuellen Dominanz“ der Ehemänner tragen diese Geschlechtsunterschiede wesentlich zur sexuellen Unzufriedenheit der Frauen bei. So stellt sie fest, „daß die Quantität des sexuellen Kontakts sowohl im frühen als auch im mittleren/späten Erwachsenenalter oftmals von den weiblichen Wünschen abweicht: Junge Ehefrauen sind tendenziell häufiger sexuell aktiv, als sie eigentlich wollen, ältere sind es seltener. Auch qualitative Eigenheiten der ehelichen Sexualität orientieren sich tendenziell stärker an männlichen als an weiblichen Wünschen. das gilt insbesondere auf die - in weiblichen Augen - zum Teil geringe Zärtlichkeit und die starke Fokussierung auf den Geschlechtsverkehr“ (von Sydow, 1993, S. 51).

Für Schnabl steht fest: „Sexuelle Unzufriedenheit ist zwar selten alleiniger oder Hauptgrund für Partnerwechsel und Trennung, spielt aber häufiger als die Betroffenen glauben oder zugeben eine wesentliche Rolle dabei“ (Schnabl, 1994, S. 218). Schröder et al. plädieren deshalb dafür, „sich mehr Gedanken über die Prävention von sexueller Unzufriedenheit bei jungen Paaren zu machen, um einer nur schwer zu verändernden Verfestigung von sexuellen Problemen und den daraus folgenden partnerschaftlichen Konflikten so früh wie möglich entgegenzuwirken“ (Schröder et al., 1994, S. 187).

Begründung des Themas: Christliche Ehe (6. Sitzung):

Das Spezifische der christlichen Ehe ist ihre ethische und sakramentale Gestalt. „Die Ehe und die Eheleute haben als Konkretion und Zeichen des Bundes Gottes mit den Menschen Anteil am ewigen Heil. Deren Liebe erscheint dadurch in einem neuen Licht, im Licht von Hoffnung und Heil" (Gruber, 1994, S. 329). Dennoch muß das Wort „Liebe" von den Paaren in den (Ehe-) Alltag übersetzt werden, um den zahlreichen Anforderungen, die an eine Ehe gestellt werden, standhalten zu können (vergl. Faller, 1995). Im EPL besprechen die beiden Partner anhand des katholischen bzw. evangelischen Trauritus ganz konkret ihre Vorstellungen von einer christlich geführten Ehe, indem sie die zahlreichen Symbole und Gesten dieses liturgischen Textes für sich aufschlüsseln. Dabei zeigt sich, daß Glaubensfragen oft noch mit einem größeren Tabu belegt sind als sexuelle Fragen. Häufig werden den heiratswilligen Paaren erst bei dieser Arbeit Verständnisschwierigkeiten bewußt, mit denen sie sich dann gezielt an den sie trauenden Geistlichen wenden können.

5. Fragestellungen

In dieser Arbeit soll neben einer Darstellung der Methodik und der Inhalte des EPL auch dessen Effektivität untersucht werden. Effektivität wird definiert als Verbesserung bzw. Stabilisierung des Kommunikationsverhaltens sowie Verbesserung bzw. Stabilisierung von Ehezufriedenheitswerten der EPL-Paare im Vergleich zu Kontrollpaaren. Dabei soll sowohl die kurzfristige Effektivität (Effekte kurz nach der Teilnahme am Programm) als auch die langfristige Effektivität (Effekte zu den Nacherhebungen, eineinhalb, drei und fünf Jahre nach der Teilnahme am Programm) berücksichtigt werden.

Ausgehend von den Ergebnissen von Markmans PREP-Studien (Markman et al., 1987; 1988; 1993), die der Konzeption des EPL als Vorlage dienten, werden folgende Hypothesen aufgestellt:

- EPL-Paare zeigen kurz nach dem Kurs eine eindeutige Verbesserung ihres partnerschaftlichen Kommunikationsverhaltens und übertreffen hierin deutlich die Kontrollgruppe.

- Das Kommunikationsniveau der EPL-Gruppe zum Meßzeitpunkt vor dem Kurs stabilisiert sich über die Zeit, während es bei der Kontrollgruppe absinkt. Die Überlegenheit der EPL-Gruppe in ihrem partnerschaftlichen Kommunikationsverhalten gegenüber der Kontrollgruppe bleibt demnach auch zu den drei Nacherhebungszeitpunkten erhalten.

- Die Ehezufriedenheitswerte ändern sich kurzfristig nicht. Langfristig (zu den Nacherhebungen) bleiben sie in der EPL-Gruppe stabil während sie in der Kontrollgruppe leicht absinken.

- Zu den Nacherhebungen weist die EPL-Gruppe eine deutlich geringere Trennungs- und Scheidungsrate auf als die Kontrollgruppe.

Zusätzlich soll noch folgenden Fragen hinsichtlich differenzierterer Ergebnisse zum kurzfristigen Lernerfolg der EPL-Teilnehmer nachgegangen werden:

- Ist der Lernerfolg abhängig von sozioökonomischen Faktoren wie z.B. Schulbildung, Alter, Dauer der Beziehung?

- Ist der Lernerfolg abhängig von der anfänglichen Zufriedenheit mit der Partnerschaft?

- Gibt es Zusammenhänge zwischen dem Lernerfolg und den Erwartungen an die Partnerschaft?

- Gibt es Unterschiede im Lernerfolg zwischen ursprünglich „guten und schlechten Kommunizierern"?

- Profitieren Männer und Frauen gleichermaßen von EPL, oder gibt es quantitative und/oder qualitative Unterschiede im Lernerfolg?

- Profitieren Paare in belastenden Lebenssituationen mehr von konstruktiven Kommunikationsfertigkeiten als in nicht belastenden?

6. Methode

In den folgenden Kapiteln sollen das Programm „Ehevorbereitung - Ein Partnerschaftliches Lernprogramm (EPL)“ in seinem Aufbau und seiner Methodik sowie die Konzeption der gesamten EPL-Studie detailliert geschildert werden

6.1. Das EPL

Im EPL sollen heiratswilligen oder jung verheirateten Paaren frühzeitig Gesprächs- und Problemlösefertigkeiten vermittelt werden, mit deren Hilfe sie sich in ihrer Unterschiedlichkeit besser verständigen und ihre Konflikte, die im Verlauf einer Ehe unweigerlich auftreten werden, erfolgreicher lösen und damit ihre Beziehung befriedigender gestalten können. Es geht um ein Bewußtmachen, Erlernen und Einüben von für die Beziehung förderlichen Verhaltensweisen. Im Vordergrund steht dabei das Gesprächsverhalten der Partner. Durch eine Verbesserung ihrer Gesprächsfertigkeiten sollen die Paare befähigt werden, die Prinzipien offener partnerschaftlicher Kommunikation zu erkennen und zu praktizieren.

6.1.1. Theoretischer Rahmen

Wie schon das amerikanische Vorläuferprogramm „PREP (Premarital Relationship Enhancement Program)“ (siehe Kap. 4.2.) geht auch die Konzeption des EPL von einem „Verhaltenskompetenzen-Modell des Eheerfolges“ (Markman et al., 1987) aus. Demnach verfügen mit ihrer Beziehung zufriedene Ehepaare über bestimmte soziale Kompetenzen, die bei unzufriedenen Paaren nicht oder in geringerem Maße anzutreffen sind. Zahlreiche Befunde (siehe Kap. 3.4.) sprechen dafür, daß dies in erster Linie Kommunikations- und Problemlösekompetenzen sind. Genau diese Kompetenzen auszubauen ist das Ziel von PREP wie von EPL, damit der wechselseitige Austausch der beiden Partner auf Dauer positiver gestaltet, also eine positive „Reziprozität“ (siehe Kap. 2.3.) erhalten, und ein „Zwangsprozeß“ (siehe Kap. 2.4.) verhindert werden kann.

In einer amerikanischen Studie, in der unterschiedliche „Enrichment-Programme" nach ihrer kurzfristigen Effektivität verglichen wurden, zeigten sich folgende Kriterien als besonders wirksam: Hohe Strukturiertheit des Programmes, Vermittlung partnerschaftlicher Kommunikation, reichlich Zeit zum Einüben dieser Fertigkeiten, paarzentriertes Arbeiten ohne gleichzeitige Beteiligung der Kinder (Giblin, Sprenkle & Sheehan, 1985). Alle diese Kriterien wurden in das EPL aufgenommen und bilden die Grundlage der EPL-Methodik. Zudem wurde versucht, einen Rahmen angstfreien und intensiven Lernens zu schaffen. Die Paare dürfen nicht belehrt oder bevormundet werden. Unangenehme Erlebnisse (z.B. beschämt zu werden) sollen vermieden, positive Erfahrungen systematisch herbeigeführt werden. Die Paare sollen selbst erleben können, wie fruchtbar das offene Gespräch für ihre Beziehung ist. Nur so werden sie neues verbessertes Gesprächsverhalten auch nach den Kursen in ihrem Ehealltag aufrechterhalten.

EPL orientiert sich an folgenden Überlegungen:

1. Die positiven Aspekte, die beim Übergang von der Partnerschaft zur Ehe vorhanden sind, werden gezielt genutzt. In der Regel sind die Partner optimistisch und voller Elan in Bezug auf ihre gemeinsame Zukunft und spüren die Notwendigkeit, neue partnerschaftliche Fähigkeiten zu erwerben.

2. EPL als präventives Programm konzentriert sich darauf, den Partnern kommunikative Fertigkeiten zu vermitteln, die ihnen helfen können, mit zukünftigen Differenzen befriedigend umzugehen. Für eine erfolgreiche Ehe ist entscheidend, wie die Partner mit Differenzen hinsichtlich ihrer Vorstellungen und den daraus resultierenden Enttäuschungen produktiv umgehen können.

3. Die knapp bemessene Zeit, die für Ehevorbereitung zur Verfügung steht, wird für das Training solcher kommunikativer Fertigkeiten verwendet. Sollten sich bei einem Paar dauerhafte und tiefer liegende Probleme herausstellen, so werden die Betroffenen bei der Durchführung des Programms an Eheberatungsstellen vermittelt.

4. Das Training der kommunikativen Fertigkeiten erfolgt graduell, indem zuerst positive und nur wenig konfliktauslösende Situationen benutzt werden. Die Anforderun-

gen und das Schwierigkeitsniveau der Themen steigern sich langsam bis hin zur Bearbeitung von von den Paaren selbst gewählten Konfliktthemen.

5. Das Training fokussiert auf Paar-Arbeit, nicht auf Gruppenerlebnisse.

6. Die Lernerfahrungen des Paares werden nach Möglichkeit positiv und belohnend gehalten. Die Partner sollen erfahren, daß das "Arbeiten" an der Beziehung positive Konsequenzen für beide hat, und daß dadurch das gegenseitige Verbundenheitsgefühl verstärkt wird. Darüber hinaus sollten die Paare erfahren, daß sie die Fähigkeit zur Lösung von Problemen besitzen, die in der Zukunft auftreten mögen.

Um dies alles umzusetzen, sind sämtliche Kursleiterinterventionen sowie der gesamte Kursaufbau nach folgenden Lernprinzipien ausgerichtet:

1. Lernen durch Motivierung: Durch anregende spielerische Elemente, das Schaffen von Spannungsbögen zwischen Kurzreferaten und Paarübungen oder zwischen verschiedenen Paarübungen, den systematischen Aufbau der Sitzungen und durch das Anbieten von interessanten Themen folgen die Paare dem Programm hochmotiviert.

2. Lernen am Modell: Sämtliche Verhaltensweisen der Kursleiter haben Modellcharakter. Das bedeutet, daß sie auch auf Äußerungen aus der Gruppe im Sinne der EPL-Gesprächsregeln eingehen (z.B. Argumente etc. zusammenfassen). Einzelne Lerninhalte werden auf die Ziele des EPL hin erklärt. Jeweils beide Partner werden sowohl innerhalb der Gruppe als auch bei der Einzelpaarbetreuung einbezogen, motiviert und verstärkt.

3. Lernen durch gezieltes Üben: Der systematische Aufbau der Gesprächsübungen sowie die detaillierten Übungsanleitungen sorgen dafür, daß die Paare durch die Aufgaben weder über- noch unterfordert werden. Das EPL legt den absoluten Schwerpunkt auf das Einüben konstruktiver Paargespräche mithilfe einer intensiven Betreuung durch die Kursleiter.

4.Lernen durch positive Erfahrungen: Die Teilnehmer werden zum Austausch von Erfolgserlebnissen im offenen Paargespräch angeregt. Die Kursleiter achten mit schützenden und fördernden Interventionen auf einen positiven Gesprächsverlauf.

Thomann und Schulz von Thun (1988) bezeichnen die Unterstützung eines Gespräches durch einen fachmännischen Dritten, wie dies zum Beispiel auch in Paar- und Gruppentherapien häufig der Fall ist, als „Klärungshilfe". Diesen Vorgang verdeutlichen sie mittels eines Vier-Felder-Modelles (siehe Abbildung Nr. 6.1.1.1.).

Abbildung Nr. 6.1.1.1. Die vier Klärungsfelder

	PROZESS	STRUKTUR
INDIVIDUUM	Selbstklärung	Persönlichkeitsklärung
SYSTEM	Kommunikationsklärung	Systemklärung

Aus: Thomann und Schulz von Thun (1988, S. 27)

Unter dem Stichwort „Prozeß" fassen die Autoren Vorgänge zusammen, die sich punktuell im „Hier und Jetzt" oder auch in der Rückbetrachtung wichtiger Schlüsselszenen ereignen oder ereigneten. Unter „Struktur" verstehen sie über Jahre hinweg geronnene Prozesse, die sich in Persönlichkeitscharakteristika und Interaktionsmustern verfestigt haben. Der Quadrant „Selbstklärung" betrifft den Prozeß des einzelnen. Hier stehen Fragen im Vordergrund wie zum Beispiel: Was geht genau in mir vor? Was will, was wünsche ich mir eigentlich? Aufgabe des Klärungshelfers ist hierbei, den Betreffenden wieder in Kontakt mit sich selbst zu bringen. Im Quadranten „Kommunikationsklärung" ist der Prozeß nicht mehr auf den einzelnen sondern auf die Beziehung gerichtet. Hier geht es um die Frage: Wie kann ich das, was ich für mich selbst klar habe, dem anderen vermitteln? Die Aufgabe für den Klärungshelfer besteht folglich in der Förderung des Kontaktes zwischen den Klienten und deren zwischenmenschlichem Dialog. Der Quadrant „Persönlichkeitsklärung" steht für die Aufhellung der Persönlichkeitsstruktur und der individuellen Eigenarten. Fragen wie - Was bin ich für einer? Wie bin ich zu dem geworden? - werden hier bearbeitet. Wesentlich ist dabei, daß der anwesende Partner mehr über die Person des Betreffenden erfährt, denn das Wissen um die persönlichen Eigenarten und Bedürfnisse des anderen erleichtert es, nicht alles auf sich zu beziehen. Aufgabe des Klärungshelfers ist es hier, regelhaft wiederkehrende Verhaltens- und Erlebensmuster des

Individuums aufzuzeigen. Im Quadranten „Systemklärung" schließlich geht es um die Interaktionsstruktur, die sich im Laufe der Zeit eingespielt und verfestigt hat. Wesentliche Fragen sind hier: Was läuft regelmäßig zwischen uns ab? Gibt es bei uns immer wiederkehrende Wenn-dann-Zusammenhänge? Für den Klärungshelfer stellt sich hier die Aufgabe, solche regelhaft wiederkehrenden Interaktionsmuster zu erkennen und für die Betroffenen in verständlicher Weise zu benennen.

Wird dieses Vier-Felder-Modell auf EPL übertragen, so zeigt sich, daß der Schwerpunkt von EPL auf den ersten beiden „prozeßhaften" Quadranten liegt. Die Interventionen der EPL-Trainer dienen vor allem der Förderung des Paardialoges (Kommunikationsklärung) aber auch der vertieften Selbstreflexion des jeweiligen Sprechers (Selbstklärung). Die „strukturhaften" Quadranten Persönlichkeits- und Systemklärung werden häufig von den Paaren im offenen Dialog selbst erarbeitet, bzw. werden explizit, wenn der Trainer auf der Meta-Ebene in Form eines Kurzreferates zum Beispiel paarspezifische Teufelskreise verdeutlicht.

6.1.2. Aufbau und Methodik

Die Wirksamkeit der EPL-Kurse entsteht nach unserem Dafürhalten aus dem systematischen Kursaufbau, der die Selbsterfahrung im intensiven Paargespräch optimal fördert. Die Kursleiter schützen und unterstützen diesen Prozeß durch ihre unmittelbaren und nicht inhaltlichen Interventionen, indem sie z.B. bei verletzenden Vorwürfen das Gespräch anhalten und alternative Äußerungen anbieten. Es erfolgt also ein unmittelbarer Lerntransfer durch das Zusammenwirken mehrerer methodischer und personaler Faktoren. Diese Möglichkeit positiver Selbsterfahrung im Paargespräch muß vorbereitet (Vorträge, Videodemonstrationen, graduelle Steigerung) und nachbereitet werden (Auswertungsrunden, Anregungen für häusliche Übungen etc.). Dies alles geschieht im EPL sehr sorgfältig.
Ein wesentliches Wirkkriterium des EPL-Kurses scheint uns auch der graduelle Aufbau seiner Paarübungen, innerhalb dessen den Paaren alle zentralen Gesprächsfertigkeiten zuerst spielerisch vermittelt werden, um sie dann in zahlreichen Rollenspielen und echten Paargesprächen unter der formalen Begleitung durch die EPL-Kursleiter einüben zu lassen.

In den ersten beiden Sitzungen werden den Paaren die Themen größtenteils noch vorgegeben. Auf diese Weise werden konfliktauslösende Situationen zunächst vermieden, da sie das Einüben der Kommunikationsfertigkeiten behindern würden. Paarkonflikte rücken mit der dritten Einheit, ab der die Paare sich ihre Themen selbst auswählen, mehr in den Vordergrund. Die Teilnehmer können diese dann mit Hilfe der vorher erlernten Regeln angehen und zu lösen versuchen.
Die Gespräche zwischen den beiden Partnern, die auch den größten zeitlichen Umfang im EPL einnehmen, und die sie unmittelbar begleitenden Interventionen der Kursleiter, dürften jedoch die entscheidenden Wirkfaktoren sein.
Alle methodischen (Kursaufbau) und personalen (Kursleiterinterventionen) "Elemente" unterstützen sich also in ihrem Einfluß gegenseitig und sorgen dafür, daß die einzelnen Teilnehmer:

- Einsicht in die Konsequenzen von negativen und positiven Umgangsmöglichkeiten mit dem Partner erlangen,

- eigene Kommunikationsfehler schnell bemerken,

- konstruktive Kommunikationsmöglichkeiten mit ihrem individuellen Stil verbinden und dauerhaft in ihr Verhaltensrepertoire übernehmen,

- die Zeit für den partnerschaftlichen Austausch in den Übungen nutzen können, um den Partner, seine Erwartungen und Wünsche, seine Vorstellungs- - und Gefühlswelt noch besser kennen zu lernen. (Dies geschieht häufig in den letzten 3 Sitzungen, nachdem die Kommunikationsregeln in Verbindung mit Konflikt- und Problemlöseübungen bereits gelernt wurden. Die Paare ernten in den thematischen Sitzungen 4-6 sozusagen die Früchte der ersten 3 Einheiten, da hier kein neuer Lernstoff mehr hinzu kommt).

Die ersten 3 EPL-Sitzungen sind schwerpunktmäßig dem Erlernen von Kommunikations-, Konflikt- und Problemlösefertigkeiten gewidmet, während die nachfolgenden 3 Einheiten der thematischen Anwendung des Gelernten dienen. Es sollten daher immer alle aufeinander aufbauenden Einheiten zum Einsatz kommen.

Die straff organisierte Durchführung des Programmes zeigt sich nicht nur im inhaltlichen Vorgehen. Auch der äußere Rahmen und die Gestaltung der Übungsituationen sind klar festgelegt. Fast alle Übungen erfolgen in Form von Paargesprächen mit dem eigenen Partner. Diese Paargespräche, die den größten Teil des Kurses einnehmen, werden weitgehend von den Trainern begleitet. Jedes Paar erhält für seine Gespräche einen eigenen Raum, in dem es ungestört und unbeobachtet von den anderen sprechen kann. Die Partner sitzen dabei einander gegenüber. Sie werden auch aufgefordert, diese Sitzposition beizubehalten, damit sie während des Gespräches nicht etwa spazierengehen oder ihren Raum erkunden. Die Unmittelbarkeit der Gesprächssituation, die Konzentration auf sich und den anderen sowie das Einander-zugewandt-sein sollen hiermit auch rein äußerlich gewährleistet werden, denn nur so sind Blickkontakt und nonverbale positive Verstärkung des Partners - z.B. durch Anlächeln - möglich. Dieses Insistieren auf eine bestimmte Sitzordnung erfolgt auch im Hinblick auf das Lernziel, den Paaren bewußt werden zu lassen, daß ein Gespräch durch die körperliche unmittelbare Zugewandtheit der Partner intensiver und effektiver wird.

Das wiederholte Zusammenkommen in der Großgruppe hat ausschließlich den Zweck, die im Paargespräch gesammelten Erfahrungen auszutauschen und neue Informationen für die nächste Übung zu erhalten. Eine intensive Gruppenarbeit ist im EPL nicht vorgesehen.

Aus all den genannten Gründen erscheint das EPL weder teilbar noch kürzbar, sondern nur in seiner vollständigen Anwendung sinnvoll und effektiv.

6.1.3. Kursleiterverhalten

Die Wirksamkeit der EPL-Kurse hängt unseren Ermessens nach wesentlich von den Kursleiterfertigkeiten ab, den Paaren grundlegende Kommunikations- und Problemlösefertigkeiten in relativ kurzer Zeit nahezubringen und in zahlreichen praktischen Übungen im richtigen Moment auf angemessene Art und Weise zu intervenieren.

6.1.3.1. Aufgaben der Kursleiter

Die Aufgaben der Kursleiter lassen sich in die Bereiche Informationsvermittlung, Leitung der Gruppengespräche und formale Begleitung der Paargespräche gliedern (siehe Thurmaier, 1989; Thurmaier et al., 1993).

1. Informationsvermittlung

Der Aufgabenbereich Informationsvermittlung umfaßt im einzelnen Einführungen in den jeweiligen Themenkreis durch Kurzvorträge, Demonstrationen in Form von Rollenspielen und präzise Übungsanleitungen.

Die Einführung in die jeweiligen Themenkreise wird eher knapp gehalten, um den Paaren möglichst viel Zeit für ihre Gesprächsübungen einzuräumen. In den Kurzvorträgen, die nicht länger als fünf Minuten dauern, werden nur die notwendigsten Zusammenhänge verdeutlicht. Bei den Demonstrationen handelt es sich um kurze Rollenspiele, die den Teilnehmernn plakativ typische Fehler im Gespräch als auch die anschließend einzuübenden Kommunikationsfertigkeiten veranschaulichen sollen. Die jeweiligen Übungsanleitungen müssen kurz und präzise gegeben werden, damit Sinn und Vorgehen der Übungen den Paaren verständlich werden.

2. Leitung der Gruppengespräche

Nach jeder Paarübung trifft sich die Gruppe zu einem kurzen Austausch, bei dem jeder Teilnehmer Gelegenheit bekommt, seine Erfahrungen mit der vorangegangenen Aufgabe mitzuteilen. Das EPL-Konzept erfordert eine relativ straffe Leitung dieser Gruppengespräche, da ein allgemeiner Austausch aller Kursteilnehmer über Partnerschaftserfahrungen weder zeitlich noch inhaltlich Raum im Programm hat. Deshalb achten die Kursleiter darauf, daß die Teilnehmer lediglich spezifische Rückmeldung zu ihren Erfahrungen mit den gelernten Regeln geben können und nicht etwa von der Gruppe gedrängt werden, Inhalte des persönlichen Gespräches preiszugeben. Sie strukturieren das Gruppengespräch, indem sie auch in der Gruppe auf Regeleinhaltung achten und selbst durch regelgemäßes Verhalten, wie zum Beispiel durch "Aufnehmendes Zuhören" und "Zusammenfassen" der Rückmeldungen, Modellfunktion für die Kursteilnehmer übernehmen.

3. Formale Begleitung der Paargespräche:

Die wichtigste und zugleich schwierigste Aufgabe der EPL-Kursleiter besteht in der formalen Begleitung der Paargespräche. Jeder Kursleiter betreut dabei abwechselnd zwei Paare. Die Gespräche zwischen den beiden Partnern, die auch den größten zeitlichen Umfang im EPL einnehmen, werden als die wesentlichen Wirkfaktoren erachtet. Hier müssen die Paare unmittelbar positive Erfahrungen mit dem neuen Gesprächsverhalten sammeln können, Gespräche nach den Regeln mit ihrem individuellen Stil verbinden, sodaß ein langfristiger Lerntransfer ermöglicht wird. Deshalb sorgen die Kursleiter zunächst für einen geschützten Gesprächsrahmen, in dem jedes Paar ungestört und unbeobachtet von den anderen miteinander sprechen kann und negative Gesprächserfahrungen mit dem eigenen Partner, wie z.B. Vorwürfe, Kränkungen etc., weitestgehend ausgeschlossen sind. Dazu gehört, daß die Kursleiter zum Gesprächsinhalt nicht Stellung nehmen, indem sie z.B. werten und dadurch Gefahr laufen, als "Schiedsrichter" oder "Verbündeter" eines der beiden Partner zu erscheinen. Die Kursleiter gehen darum ausschließlich auf die Form des Gesprächs ein, indem sie die Einhaltung der Gesprächsregeln verstärken, Regelverletzungen sofort korrigieren und alternativ dazu den Regeln entsprechendes Verhalten vorschlagen.

6.1.3.2. Interventionsmöglichkeiten

Folgende Interventionsmöglichkeiten stehen den ausgebildeten Kursleitern für die Leitung der Gruppengespräche, vor allem aber für die formale Begleitung der Paargespräche zur Verfügung (siehe auch Hahlweg et al., 1982):

1. Kontingente Verstärkung

Durch kurze verbale Einwürfe ("ja", "gut") und nonverbale Gesten (Nicken) gibt der Kursleiter für die gesamte Gesprächsdauer unmittelbare Rückmeldung für den gelungenen Einsatz der Gesprächsfertigkeiten, ohne den Gesprächsverlauf zu stören (kontingent steht hier für den unmittelbaren zeitlichen Zusammenhang).

2. Coaching

Während des gesamten Gespräches, und zwar an Stellen, an denen Kommunikationsfehler geäußert werden oder Stockungen eintreten, kann "gecoacht" werden, d.h. der Kursleiter bietet dem Partner mit leiser Stimme Hinweise auf in diesem Moment förderliche Gesprächsregeln:

- Auf fördernde Reaktionen hinweisen ("Fassen Sie bitte zusammen", "Schauen Sie ihren Partner an", "Fragen Sie, wie er sich dabei gefühlt hat")
- Kurze Direktiven geben ("Zusammenfassen", "Bei sich bleiben", "Konkret" "Gefühle")
- Gesten, mit denen der Kursleiter auf Blickkontakt und Körperhaltung hinweist, den Sprecher auffordert, nicht zum Kursleiter sondern zum Partner zu sprechen oder ihn unterbricht, um dem Zuhörer Gelegenheit zu geben, zusammenzufassen
- Auf einen Wechsel der Sprecher-/Zuhörerrolle hinweisen

3. Soufflieren

Wenn die Gesprächspartner Schwierigkeiten haben, die vorgeschlagenen Gesprächsregeln für sich umzusetzen oder wenn wiederholtes gleichartiges Coachen in der Gefahr steht, bestrafend zu wirken, kann der Kursleiter dem Partner - ohne das Gespräch zu unterbrechen und mit leiser Stimme - Formulierungen anbieten:

- Anstelle der Anweisung "Ich-Gebrauch" nur leise ins Gespräch hinein: "Ich"
- Geeignete Satzanfänge: "Ich fühle mich ...", "und dabei geht es mir...")
- Direkte Gefühlsäußerungen anbieten ("Ich bin verletzt oder ich bin ärgerlich oder ...., was für Sie paßt") In diesem Fall ist es günstig, mehrere verschiedene Alternativen vorzuschlagen, um deutlich zu machen, daß es nicht um eine inhaltliche Stellungnahme, sondern nur um eine Unterstützung bei der Regelumsetzung geht.

4. Schnitt

Wenn Coachen oder Soufflieren als Eingriff nicht ausreichen, oder wenn der Kursleiter Gelegenheit zu einem gezielten Hinweis auf die Übungsanleitung haben will, kann er das Gespräch an dieser Stelle anhalten und

- das Paar für eingesetzte Fertigkeiten verstärken, konstruktive Momente im Gesprächsverlauf (durch Regelanwendung) verdeutlichen,

- eine Instruktion für das weitere Vorgehen geben: "Bitte teilen Sie Ihrem Partner jetzt Ihre konkreten Wünsche mit",
- eventuell Alternativen bzw. den Wiedereinstieg ins Gespräch modellhaft vorspielen (vgl. Soufflieren).

Verstärkt werden soll besonders deutlich, sobald die Anregung umgesetzt wird.
Es sollte nicht zu häufig unterbrochen und neu begonnen werden, da dies ermüdend oder bestrafend für die Partner wirkt. Vorrangig sollten die ersten drei Interventionstechniken eingesetzt weden.

5. Feedback

Am Ende jedes Paargesprächs, oder wenn er zum anderen Paar wechselt, gibt der Kursleiter den beiden Partnern eine kurze aber detaillierte Rückmeldung:

- Er macht sie aufmerksam auf die gelungene Einhaltung der Regeln und verstärkt sie dafür.
- Mängel werden als Verbesserungsvorschläge formuliert: "Eine weitere Hilfe für das Gespräch ist es, wenn Sie nachfragen." "... damit können Sie sich noch mehr Klarheit über die Bedürfnisse Ihres Partners verschaffen."
- Ein kurzer Ausblick auf den weiteren Ablauf des Gesprächs im Sinne der Übungsanweisung kann hilfreich sein. ("Nach einiger Zeit sollten Sie dann auch an einen Sprecherwechsel denken.", "Wenn Sie als Sprecherin Ihre Gefühle geäußert haben, können Sie in einem weiteren Schritt Ihren Wunsch an Ihren Partner formulieren.")

6.1.3.3. Ausbildung und Supervision

Bis zum Abschluß der 5-Jahres-Katamnese wurden im deutschsprachigen Raum knapp 900 EPL-KursleiterInnen ausgebildet. Bei den meisten handelt es sich um kirchen- und gemeindenahe Akademiker mit sozialen und psychosozialen Grundberufen. Fast alle besitzen Vorerfahrungen im Umgang mit Gruppen.

Wichtigste Lernziele der Ausbildung sind das schnelle Erfassen von Gesprächsverläufen und rasches direktives Eingreifen in das Paargespräch. Unsere Kursleiter durchlaufen deshalb eine intensive sechstägige Ausbildung zum EPL-

Kommunikationstrainer. In zwei Drei-Tages-Blöcken werden mit Hilfe von Kurzreferaten, Videodemonstrationen und zahlreichen Kommunikationsübungen die für diese Kursform nötigen Gesprächsregeln, Verhaltensmuster und Interventionstechniken gelernt und eingeübt, entsprechend den Inhalten und dem besonderen Aufbau der EPL-Kurse.

Inhaltlich werden mithilfe des Handbuches für Kursleiter (Thurmaier, Engl & Hahlweg, 1995) die sechs EPL-Einheiten ausführlich vorgestellt. Die wichtigsten Aussagen der Kurzvorträge werden diskutiert, mit dem Hinweis, daß die Teilnehmer diese selbst ausformulieren sollen. Die Anleitungen für die einzelnen Übungen werden detailliert durchgesprochen und in die Kleingruppenübungen einbezogen. Die Paargesprächsübungen der einzelnen Einheiten werden im Rollenspiel in Kleingruppen (drei bis vier Teilnehmer) durchgeführt. Für den Teilnehmer, der sich jeweils gerade in der Kursleiterrolle befindet, ist dies die beste Gelegenheit, sich mit den Übungsanleitungen und den Interventionsmöglichkeiten vertraut zu machen. Die Ausbilder achten deshalb auf häufigen Rollenwechsel, damit jeder ausreichend üben kann. Nach jeder Übungseinheit geben sie der Kleingruppe detailliertes Feedback. Nach jeder Arbeitseinheit wird der Großgruppe Gelegenheit gegeben, über das Erarbeitete zu sprechen. Besonders wichtig sind Diskussionen nach der Kleingruppenarbeit, in denen die Teilnehmer ihre Erfahrungen mit den Regeln und Interventionen untereinander austauschen. Dabei gilt allerdings, daß Übung wichtiger ist als Diskussion. Die Ausbilder betonen dies, wenn die Gruppengespräche auszuufern drohen. Erfahrungsgemäß lösen sich viele Kritikpunkte im Verlauf des Ausbildungskurses von selbst auf. Dis Ausbilder gehen deshalb gerade anfangs mit negativen Äußerungen von Teilnehmern abwartend um und versuchen nicht, sie um jeden Preis zu widerlegen. Sie achten darauf, daß es während der Gruppendiskussionen nicht zu verbalen Verletzungen der Teilnehmer untereinander kommt. Wenn dies geschieht, machen sie den Regelverstoß auf der Metaebene zum Thema. Die Kommunikation der Ausbilder hat Modellcharakter. Deshalb loben sie die Leistungen der Teilnehmer, wo immer es möglich ist. Sie formulieren keine Kritik, sondern bringen konkrete Verbesserungsvorschläge. Am Ende des ersten Dreitagesblockes wird schriftlich festgelegt, welche Teilnehmer welche EPL-Einheit während der zweiten Ausbildungshälfte selbständig durchführen werden. Je zwei bis drei Teilnehmer bereiten eine Einheit vor.

Im zweiten Ausbildungsblock wird nun zusätzlich die selbständige Durchführung eines EPL-Kurses geübt und besprochen. Schwierigkeiten einzelner Teilnehmer in der praktischen Abhaltung von Kurseinheiten werden so erkannt und können noch beseitigt werden. Der Schwerpunkt liegt allerdings erneut auf dem Einüben der Interventionstechniken im Paargespräch. Ein kurzer Erfahrungsaustausch über die dazwischenliegende Vorbereitungszeit schafft Platz für eventuelle Fragen oder die Klärung von Unsicherheiten bezüglich der gestellten Aufgaben. Die zwei bis drei Teilnehmer, die eine Einheit vorbereitet haben, führen diese in der Rolle von Kursleitern durch, während die anderen Teilnehmer den Part von Paaren übernehmen. Nach jeder Arbeitseinheit geben die Teilnehmer und die Ausbilder den Vortragenden detailliertes Feedback. Dabei kann es leicht zu ausufernden Diskussionen kommen. Die Ausbilder müssen hier versuchen, die wesentlichen Punkte zusammenzufassen, spezielle Schwierigkeiten von Teilnehmern zu beseitigen und die Gruppe wieder auf die EPL-Einheit zurückzuführen. Die Paargesprächsübungen werden wiederum in Kleingruppen durchgeführt, wobei alle Teilnehmer via Rollentausch möglichst häufig die Aufgaben des Kursleiters übernehmen sollen.

Am Ende der Ausbildung sind häufig noch technische Details zu klären, wie zum Beispiel die Frage nach Supervisionsmöglichkeiten vorort, die Handhabung und Vervielfältigung der Kursmaterialien, Fragen zur Werbung in den jeweiligen Regionen etc.. Wenn nicht bereits besprochen, sollte diesen Anliegen zum Schluß noch ausreichend Platz eingeräumt werden.

Neben den bereits genannten muß der Ausbilder noch zusätzliche Aufgaben wahrnehmen. So sind Einzelgespräche mit sämtlichen Teilnehmern vorgesehen, in denen diese ausführlich über ihre Stärken und noch vorhandenen Mängel und Unsicherheiten als EPL-Kursleiter aufgeklärt werden. Um den Teilnehmern ein möglichst objektives Feeback geben zu können, werden die während der Übungen gesammelten Eindrücke mit den anderen Ausbildern besprochen. Zu diesem Zweck führt jeder Ausbilder für jeden Teilnehmer eine Verhaltensbeobachtungsliste, mit deren Hilfe er sich zweimal täglich mit seinen Kollegen über die Fortschritte und Schwierigkeiten der Teilnehmer austauscht. Die Teilnehmer werden von den Ausbildern noch vor deren erstem Rollenspiel informiert, daß ihre Fertigkeiten als EPL-Kursleiter bewertet werden und daß bei nicht beseitigbaren Defiziten in diesen Fertigkeiten das Zertifikat zum EPL-Kursleiter nicht ausgehändigt werden kann.

Dieses Ausbildungsprogramm ist in der angegebenen Zeit nur dann zu bewältigen, wenn die Kurstage sehr intensiv genutzt werden, z.B. auch in Arbeitseinheiten am Abend.

Eine erfolgreiche Teilnahme an dieser Ausbildung wird mit einem Zertifikat bestätigt, das zur Durchführung von EPL-Kursen berechtigt.
Das Zertifikat enthält auch die Verpflichtung zur Teilnahme an einer eintägigen Supervisionsveranstaltung (mindestens einmal jährlich). Diese wird von erfahrenen EPL-Kursleiter-Ausbildern angeboten und durchgeführt, die ihrerseits wieder zweimal pro Jahr von der Projektleitung supervidiert werden. Neben der Gelegenheit zum gegenseitigen Austausch von Kurserfahrungen und neuesten Informationen zum Programm werden vor allem wieder Übungen zum Auffrischen und Verfeinern der Interventionstechniken angeboten. Nur so können über die Zeit die Trainerkompetenzen, nämlich die Kommunikation der Paare während der Kursübungen optimal zu fördern, aufrechterhalten werden.

Als einen exakt ausgearbeiteten und verbindlichen Leitfaden durch das Programm bekommen die ausgebildeten Kursleiter ein 80 Seiten umfassendes Handbuch (Thurmaier et al., 1995) ausgehändigt. Dieses Manual ergänzt die Ausbildung der Kursleiterinnen und Kursleiter.
Es setzt voraus, daß diese unter intensiver Begleitung gelernt haben,
- die Paare durch Anwendung bestimmter Interventionen im Einsatz der vermittelten Kommunikationsfertigkeiten zu unterstützen,
- die Paare vor gegenseitigen Verletzungen in den Gesprächen zu schützen,
- ihre eigene Aufgabe als Begleiter des Gesprächs zu unterscheiden von der üblicheren Position eines Gesprächsteilnehmers,
- und in der Gruppe der Paare für eine vertrauensvolle und motivierende Atmosphäre zu sorgen.

Das Handbuch beinhaltet zusätzlich zahlreiche Informationen,Hinweise und Materialien, die den Kursleitern bei der Durchführung von EPL sehr von Nutzen sind:

- Hintergrundinformationen zur Situation von Ehe und Familie und zur Rolle der Kommunikation in der Partnerschaft,
- Hinweise zur Kursgestaltung und Überblicksschemata auf der Basis der bereits gesammelten Erfahrungen und empirischen Ergebnisse,
- den detaillierten Ablauf der einzelnen Sitzungen, um die Kursleiter in dieser Hinsicht zu entlasten und eine möglichst genaue Weitergabe der durch die Forschungsergebnisse gesicherten Wirksamkeit dieser Kursform zu gewährleisten,
- Arbeitshilfen (Überblick über Zeiteinteilung und benötigtes Material, Arbeitsblätter),
- Formulierungshilfen (Vorträge, Übungsanleitungen)
- Hinweise zur Anleitung, Gestaltung und Auswertung der einzelnen Kurselemente.

6.1.4. Inhalte des EPL

Ausgehend vom „Verhaltenskompetenzen-Modell des Eheerfolgs" (Markman et al., 1987) liegt der EPL-Konzeption die Annahme zugrunde, daß glücklich verheiratete Partner über bestimmte Kompetenzen - vor allem Kommunikations- und Problemlösekompetenzen - verfügen, die den weniger erfolgreichen Ehepaaren fehlen. Die schwerpunktmäßigen Inhalte des EPL lassen sich deshalb unter dem übergeordneten Begriff „Kommunikationsfertigkeiten" zusammenfassen. Im einzelnen sind dies Gesprächsfertigkeiten, die in leicht verständlichen Gesprächsregeln ihren Ausdruck finden, sowie Problemlösefertigkeiten, deren Abfolge mit einem übersichtlichen Schema den Paaren vermittelt wird. Außerdem werden Möglichkeiten aufgezeigt und Anregungen gegeben, den reziproken Austausch positiven Verhaltens im Alltag zu verwirklichen (siehe auch Menzinger-Gruber, 1992).

6.1.4.1. Die Gesprächsfertigkeiten

Sozusagen als Grundbausteine eines partnerschaftlichen Gespräches werden den Paaren insgesamt 10 Gesprächsregeln nahegebracht, in denen sich die wichtigsten konstruktiven Gesprächsverhaltensweisen konzentrieren (siehe auch Schindler et al., 1980). Es handelt sich dabei um je fünf Regeln, getrennt nach Sprecher- und Zuhörerrolle. Diese deutliche Trennung bewirkt bei vielen Teilnehmern die überraschend neue, aber sehr heilsame Einsicht, daß sie in einem gelungenen Gespräch zur gleichen Zeit immer nur jeweils eine Rolle einnehmen können. Die folgenden in Anführungszeichen gesetzten Gesprächsregeln sind dem „EPL-Handbuch für ausgebildete Trainer" (Thurmaier et al., 1995, S. 42 f) entnommen.

Fertigkeiten der Sprecherrolle

Durch die Anwendung der Sprecherregeln soll das Ziel erreicht werden, sich in offener und direkter Weise seinem Partner mitzuteilen. Es soll deutlich werden, daß es dem Sprecher um ein persönliches, das heißt, um ein seine Person wirklich betreffendes Anliegen geht. Ein positives Eingehen des Partners wird dadurch wahrscheinlicher. Die Kennzeichen einer direkten Form der Mitteilung, formuliert als Regeln, sind im einzelnen folgende.

„1. Ich-Gebrauch: Jeder Partner soll von seinen eigenen Gedanken und Gefühlen sprechen. Kennzeichen dafür ist der Ich-Gebrauch. Alle Aussagen werden dadurch persönlicher. Äußerungen, die nur auf den anderen gerichtet sind (Du-Sätze), sind meist Vorwürfe oder Anklagen, die als Auslöser für Gegenangriffe oder Rechtfertigungen wirken."

Du-Botschaften sind jedoch nicht nur bei unangenehmen Inhalten zu vermeiden, auch eine positive Botschaft gewinnt noch mehr an partnerschaftlichem Bezug und an Eindeutigkeit bzw. verleiht noch mehr Nähe und Echtheit, wenn die eigene Person des Sprechers dahinter deutlich wird.

„2. Konkrete Situation ansprechen: Jeder Partner soll konkrete Situationen oder Anlässe ansprechen, so daß Verallgemeinerungen (immer, nie) vermieden werden. Verallgemeinerungen rufen meist sofortigen Widerspruch hervor und lenken vom eigentlichen Inhalt - der konkreten Situation - völlig ab. Durch die Einhaltung dieser Regel werden die Aussagen für den Zuhörer anschaulicher."

Pauschalisierungen rufen deshalb Widerspruch hervor, weil sie in der Regel nicht der Realität entsprechen. Durch den Verweis auf ganz konkrete Situationen wird es dem Zuhörer deutlicher und verständlicher, was genau der Anlaß für den Unmut oder die Freude des Sprechers war. Die angesprochenen Inhalte werden durch ihre klare Eingrenzung überschaubarer.

„3. Konkretes Verhalten ansprechen: Jeder Partner soll von konkretem Verhalten in bestimmten Situationen sprechen, so daß vermieden wird, dem anderen negative Eigenschaften zuzuschreiben. Die Unterstellung negativer Eigenschaften ruft ebenfalls Widerspruch hervor. Kennzeichen solcher Äußerungen sind z.B. "typisch", "unfähig", "langweilig", "nie aktiv". Wer konkretes Verhalten benennt, erreicht eine bessere Nachvollziehbarkeit seiner Aussagen, nicht nur für den Partner, sondern auch für sich selbst."

Globale Typisierungen und negative Eigenschaftszuschreibungen wirken auf den Betroffenen kränkend, weil sie die ganze Person angreifen, anstatt ein ganz bestimmtes Verhalten anzusprechen. Sie wirken zudem entmutigend, denn wer traut sich schon zu, tief verwurzelte Persönlichkeitszüge zu verändern. Demgegenüber ist es sehr viel leichter, Kritik an einer ganz spezifischen Verhaltensweise zu akzeptieren, und wenn möglich und selbst gewünscht, dieses Verhalten dann auch zu ändern. Aber auch bei der Formulierung eigener Bedürfnisse, die der Partner erfüllen soll, ist die Regel „konkretes Verhalten ansprechen" von entscheidender Wichtigkeit. Je genauer und anschaulicher diese formuliert werden, desto besser kann sich der Partner darauf einstellen. Umgekehrt wird durch das konkrete Benennen von Verhalten dem Sprecher häufig erst klar, was genau ihn stört oder was er sich wünscht.

„4. Beim Thema bleiben: Jeder Partner soll vom Hier und Jetzt sprechen, da bei Rückgriffen auf die Vergangenheit das Gespräch Gefahr läuft, völlig vom eigentlichen Thema abzuweichen. Das eigene Anliegen wird dadurch klarer."

Vergangenes aufzugreifen ist nur dann sinnvoll, wenn es zur Veranschaulichung des aktuellen Problems dient, bzw. wenn das Problem aus der häufigen Wiederkehr eines bestimmten Verhaltens besteht. Ansonsten eröffnen sich durch das Aufgreifen von Geschehnissen aus der Vergangenheit nur noch mehr Probleme, weil z.B. alte

Verletzungen erneut zugefügt werden können. Geschehenes kann nicht mehr rückgängig gemacht werden. Gegenwärtige Probleme zukunftsorientiert anzugehen, ist schlichtweg effektiver.

„5. Sich öffnen: Jeder Partner soll sich öffnen und beschreiben, was in ihm vorgeht. Anklagen und Vorwürfe lassen sich vermeiden, wenn jeder seine Gefühle und Bedürfnisse direkt äußert. Dann kann auch ein weiterer häufiger Fehler, "das negative Gedankenlesen", vermieden werden. Hierunter versteht man Äußerungen, die die Reaktionen des Partners vorwegnehmen. Z.B.: "Auf andere Art kann man ja nicht mit Dir reden" oder "Ich würde was unternehmen, aber Du machst ja doch nicht mit". Der Sprecher sichert sich damit schon im voraus gegen eine mögliche Reaktion ab."

Sich öffnen heißt, ausführlich zu schildern, welche Gefühle, Empfindungen, Gedanken, Bilder etc. mit einem bestimmten Sachverhalt (Verhalten des Partners, bestimmte Situationen oder Ereignisse) verbunden werden. Die direkte Schilderung der eigenen Befindlichkeit schafft eine unmittelbare und vertrauensvolle Nähe zum Zuhörer. das Verstehen wird ihm erleichtert, weil er sich durch die genaue Kenntnis der Gefühlslage seines Gegenübers leichter in ihn hineinversetzen kann. Durch das konsequente Bei-sich-Bleiben des Sprechers kann der Zuhörer auch nicht vereinnahmt werden und muß sich nicht angegriffen fühlen.

Fertigkeiten der Zuhörerrolle

Wie für den Sprecher gelten auch für den Zuhörer fünf Regeln, in denen sich seine Aufgaben und Möglichkeiten für ein konstruktives Paargespräch zusammenfassen lassen. Direktes Äußern einerseits und positives Darauf-Eingehen andererseits ergänzen sich im offenen Gespräch. Die Kennzeichen aktiven Zuhörens und positiven Eingehens sind folgende, wiederum formuliert als Regeln:

„1. Aufnehmendes Zuhören: Der Partner soll dem Sprecher nonverbal (nichtsprachlich) deutlich zeigen, daß er ihm zuhört und Interesse an seinen Äußerungen hat. Dies kann z.B. durch unterstützende Gesten wie Nicken oder kurze Einwürfe wie "hm", "aha" geschehen. Wichtig ist neben dem Blickkontakt auch eine dem Partner zugewandte Körperhaltung. Ermutigungen, doch weiterzusprechen (z.B.: "Ich würde gern mehr darüber hören") verstärken den Partner für sein Erzählen."

Ein aufnehmender Zuhörer zeigt sein Interesse also in aktiver Form, dem Gegenteil von gelangweiltem Schweigen. Aber er fällt dem Sprecher nicht ins Wort, sondern ermuntert ihn weiterzuerzählen.

„2. Zusammenfassen: Der Partner soll die wesentlichen Äußerungen des Sprechers möglichst in eigenen Worten rückmelden, um deutlich zu machen, daß er ihn verstanden hat. Fällt es ihm schwer, die Äußerungen in eigene Worte zu kleiden, sollte er auch vor wörtlichen Wiederholungen nicht zurückschrecken. Gerade schwierige Gespräche gewinnen mit dieser Fertigkeit an Klarheit und Verständlichkeit."

Diese Form der Rückmeldung ist die sicherste Methode, zu überprüfen, ob das, was der Sprecher zum Ausdruck bringen wollte, auch richtig verstanden worden ist. Bei Mißverständnissen kann dann einfach nachkorrigiert werden. Das Zusammenfassen zwingt den Zuhörer auch dazu, den Ausführungen des Sprechers konzentriert zu folgen und schützt ihn dadurch, nicht zu schnell seinerseits wieder in die Sprecherrolle zu geraten. Der Sprecher hat umgekehrt durch das Zusammengefaßt-Werden die Gelegenheit, noch einmal über das Gesagte nachzudenken und es, wenn nötig, zu präzisieren oder zu ändern. Das gesamte Gespräch wird durch das Zusammenfassen verlangsamt, ein Effekt, der v.a. bei hitzigen Streitgesprächen sehr nützlich sein kann.

„3. Offene Fragen: Wenn der Partner im Verlauf der Unterhaltung den Eindruck hat, daß der Sprecher seine Gefühle und Wünsche nur indirekt äußert, und er nicht ganz sicher ist, was der Sprecher empfindet, soll er gezielt danach fragen. Hier ist zu beachten, daß keine Urteile und keine vorschnellen Interpretationen vorgenommen werden, z.B.: "Hast du dich unsicher gefühlt?" und nicht : "Das liegt an Deiner Unsicherheit!"
Im ersten Fall kann der Sprecher zustimmen oder ablehnen, also richtigstellen, im zweiten Fall muß er sich verteidigen."

Der Begriff „offene Frage“ ist hier zu verstehen als Frageform, auf die der Befragte wirklich so antworten kann, wie er es will. Die offene Frage steht in deutlicher Abgrenzung zur Suggestivfrage, die den Befragten in eine bestimmte Antwortrichtung drängen will. „Wie“- und „Was“-Fragen sind eine gute Möglichkeit, den Sprecher zu ausführlicherem Erzählen zu veranlassen, weil sie ihn dazu anregen, zu beschreiben, was in ihm vorgeht. „Warum-Fragen dagegen lenken auf die Ursachen. Da die kausalen Zusammenhänge seines Tuns oder Empfindens dem Betroffenen aber häufig selbst nicht voll bewußt sind, blockieren sie ihn eher, als daß sie ihn in seiner Selbstöffnung fördern.

„4. Lob für gutes Gesprächsverhalten: Der Partner soll den Sprecher für offene und verständliche Äußerungen verstärken (loben), damit dieser sich ermutigt fühlt, z.B.: "Das freut mich sehr, daß Du mir das so klar und offen gesagt hast." Natürlich kann auch der Sprecher gutes Zuhören des Partners loben.“

Die Anerkennung der Offenheit und Direktheit des Sprechers durch eine positive Rückmeldung, wie sie in der 4. Zuhörer-Regel zum Ausdruck kommt, trägt dazu bei, daß dieser die Folgen seiner Selbstöffnung als positiv erfährt. Er fühlt sich dadurch nicht ausgeliefert und angreifbar sondern akzeptiert und in seinem Bestreben nach offener Kommunikation gefördert.

„5. Rückmeldung des ausgelösten Gefühls: Es gibt Situationen, in denen es dem Zuhörer nicht möglich sein wird, mit Verständnis auf den Sprecher zu reagieren, etwa weil dessen Äußerungen ihn sehr aufgebracht haben. In einem solchen Fall sollten indirekte Aussagen vermieden werden, z.B.: "Aber das stimmt doch gar nicht!" Stattdessen meldet der Zuhörer besser seine eigenen Gefühle direkt zurück, z.B.: "Ich bin völlig verblüfft, daß Du das so siehst." Genauso wichtig ist es, auch aufkommende positive Gefühle rückzumelden, z.B.: "Mich freut es, daß du das mit mir gemeinsam machen willst."

Die eindeutige Rückmeldung verdeutlicht dem Sprecher, wie seine Aussagen auf den Zuhörer gewirkt und was sie in ihm ausgelöst haben. Auf diese Weise kann sich der Sprecher vielleicht ungewollt verletzende Formulierungen und/oder Inhalte noch einmal vergegenwärtigen und womöglich zurücknehmen. Die Rückmeldung der ausgelösten Gefühle bezieht sich jedoch nicht nur auf Unangenehmes, auch im Gespräch aufkommende angenehme Gefühle sollten dem Partner mitgeteilt werden. Nur so erhält der Sprecher Gewißheit darüber, daß das von ihm Gesagte positive Wirkung beim Zuhörer erzielt.

Entscheidend für einen günstigen Gesprächsverlauf ist, daß die 10 Regeln möglichst vollständig zur Anwendung kommen. Der isolierte Einsatz einzelner Regeln kann sogar die gegenteilige Auswirkung haben. So können z.B. mehrere hintereinander gestellte Fragen ohne ein abwechselndes Zusammenfassen oder eine Rückmeldung ausgelöster Gefühle vom Sprecher als bohrend empfunden werden, während die Konkretheitsregeln ohne Selbstöffnungen beim Zuhörer als langweiliges Aufzählen von Fakten ankommen werden.

6.1.4.2. Das Problemlösen

Nach dem Einüben der zehn Kommunikationsregeln steht als nächster Lernschritt für die Paare das Lösen von Problemen an. Die Teilnehmer sollen üben, in Diskussionen und Gesprächen ihre Einstellungen, Gefühle und Meinungen eindeutig zu äußern und zurückzumelden, besonders bei Konflikten, die auf unterschiedliche Wünsche zurückgehen. Sie sollen lernen, ihre Wünsche und Bedürfnisse zu spüren und sie deutlich anzumelden und sie sollen lernen, konsequent Schritte zu einer Lösung zu gehen. Dabei werden sie im EPL durch ein Problemlöseschema unterstützt, das in Anlehnung an die Schritte des Problemlösens nach D'Zurilla und Goldfried (1971) entwickelt wurde (siehe Anhang: EPL-Kursmaterialien). Solche Problemlösetrainingsmethoden, die sich alle in ihrer Struktur weitestgehend ähneln, nehmen in der Verhaltenstherapie eine immer größere Bedeutung ein (Liebeck, 1993).

Die folgenden 6 Punkte sind als Grundlage und Leitfaden für Problemlösegespräche gedacht. Es ist nicht zu erwarten, daß die Paare in aller Zukunft streng nach diesem Schema vorgehen werden. Aber die Merkmale einer gründlichen Aussprache, die zur Lösung von Konflikten und Problemen führt, können daraus gelernt werden - eine Alternative zu Streit um den eigenen Vorteil.

1. Punkt: Das Problem ansprechen (definieren)

Als erstes muß das Problem genau definiert werden, so daß beide Partner sich sicher sein können, auch wirklich vom selben Problem zu sprechen. Die Partner erzählen sich also, um welchen Konflikt es sich handelt, indem sie ihre Gefühle schildern, ihre Gedanken, Wünsche und Bedürfnisse verdeutlichen. Sie hören sich gegenseitig aufnehmend zu, fragen nach, fassen zusammen. Dabei werden Sprecher- und Zuhörer-Rolle so oft gewechselt, bis beide den Eindruck haben, genau zu verstehen, was im Partner vorgeht, und selbst genügend über das Problem gesagt zu haben. Am Ende der Problemdefinition äußern beide einen möglichst konkreten Wunsch und notieren das Gesprächsthema auf dem Schema. Auf diese Weise lernen die Paare, sich immer nur ein Thema zur Problemlösung vorzunehmen, dieses aber um so genauer einzugrenzen. Sie werden darauf hingewiesen, sich für diesen ersten Punkt viel Zeit zu nehmen, da die weiteren Punkte nur dann richtig bearbeitet werden können, wenn der erste sorgfältig behandelt wurde.

2. Punkt: Lösungsmöglichkeiten aufschreiben

Jeder Partner soll sich mindestens zwei Lösungsvorschläge überlegen und ebenfalls aufschreiben. Dabei findet kein Gespräch statt, und auch wenn sie anschließend ihre Lösungsmöglichkeiten einander gesammelt vortragen, dürfen diese nicht kommentiert werden. Jeder Einfall, auch solche, die im ersten Moment ein wenig abwegig erscheinen, soll fixiert werden. Denn oft sind es gerade die ungewöhnlichen Gedanken, die neue Lösungsmöglichkeiten eröffnen. Dieser Punkt entspricht dem "Brainstorming" in großen Organisationen, wenn es darum geht, neue kreative Ideen zu finden.

3. Punkt: Lösungsmöglichkeiten diskutieren

Jeder Vorschlag wird nun „nach allen Regeln der Kunst“ hinsichtlich seiner Vor- und Nachteile diskutiert. Dabei sollen die Teilnehmer lernen, alle Aspekte zu berücksichtigen und sich nicht vorschnell mit dem erstbesten Lösungsansatz zufrieden zu geben.

4. Punkt: Beste Lösungsmöglichkeit auswählen

Von den diskutierten Vorschlägen wird der am besten geeignete, oder auch eine Kombination aus mehreren Ideen, ausgewählt. Hier ist es entscheidend, daß die

Partner sich auf eine Lösung einigen, die von beiden akzeptiert und deshalb auch unterstützt werden kann. Angestrebt wird also ein „fairer" und kein „fauler" Kompromiß. Kann sich ein Paar nicht einigen, so wird das Lernziel darin bestehen, die - zumindest momentane - Unlösbarkeit des Problemes zu akzeptieren und mit dieser Spannung zu leben. Dies ist um so leichter möglich, je besser die Sichtweise des anderen mit Hilfe des offenen Gespräches erfaßt werden kann.

5. Punkt: Schritte zur Umsetzung in die Tat
Die Paare besprechen jetzt, wie die gefundene Lösung Schritt für Schritt in die Tat umgesetzt werden kann. Hierzu wird vereinbart und schriftlich festgelegt, „wer was wann wo und wie" zu tun hat. Die einzelnen Schritte werden der Reihe nach notiert. Denn ein Problemlösungsansatz ist nur dann erfolgreich, wenn er auch Konsequenzen im Alltag hat, das heißt, wenn eine konstruktive Veränderung nicht nur gedanklich erfaßt worden ist, sondern auch tatsächlich eintritt. Und die Chancen hierfür steigen, je konkreter die Partner die nötigen Einzelschritte vor sich sehen.

6. Punkt: Überprüfen der 5 Punkte des Schemas, Überprüfen der Einzelschritte
Der letzte Punkt des Problemlöseschemas dient der Erfolgskontrolle. Zum einen soll überprüft werden, ob alle fünf vorausgegangenen Punkte genügend Beachtung fanden, zum anderen soll nach einem gewissen zeitlichen Abstand überprüft werden, ob die erarbeiteten konkreten Einzelschritte zur Umsetzung in die Tat eingehalten wurden. Dem Paar soll bewußt werden, daß ein Problemlösungsansatz mit viel Sorgfalt verfolgt werden muß, wenn er auf Dauer erfolgreich sein soll.

6.1.4.3. Zusätzliche Anregungen zur reziproken Verstärkung

Gottman (1994) betont, daß es für die dauerhafte Stabilität der Ehezufriedenheit darauf ankommt, daß es zwischen den Partnern wesentlich mehr positiven Austausch wie negativen gibt, das heißt, daß im partnerschaftlichen Umgang Zuneigung und Respekt so deutlich überwiegen, daß ein negativerUmgang, wie z.B. abwertende Kritik oder Abblocken nicht seine beziehungszerstörende Wirkung entfalten kann. Ein wechselseitig positiver Umgang - nicht nur in Worten sondern auch in Taten - erhält letztlich die Liebe und die Achtung voreinander und die müssen auch bei

Auseinandersetzungen für beide Partner spürbar bleiben. Kleine Aufmerksamkeiten, Humor, ein liebes Wort, z.B. den Partner nicht "nur" zu lieben, sondern es ihm auch zu sagen, sind wenig aufwendige, dafür aber um so wichtigere Möglichkeiten der gegenseitigen Belohnung. Leider fällt das manchmal schwer oder gerät zunehmend in Vergessenheit. Was am Partner gefällt, kann schnell zur Gewohnheit werden und wird dadurch nicht mehr so leicht bemerkt und schon gar nicht mehr ausgesprochen.

Im EPL soll das Augenmerk auch auf die angenehmen Seiten des Partners gerichtet werden - und auf die eigenen Möglichkeiten gegenseitiger Anregung und Verwöhnung. Deshalb bietet es den Paaren auch Anregungen, wie sie in ihrem alltäglichen Umgang miteinander über befriedigende partnerschaftliche Gespräche hinaus eine positive Reziprozität fördern können. Hierzu werden ihnen Übungen vorgestellt, die die Wahrnehmung der Partner für die Stärken der Beziehung schulen und ihnen das Angenehme in der Partnerschaft bewußter machen sollen. Die Übungen, die auch einen gewissen Ausgleich für die teilweise belastenden Problemgespräche während der einzelnen EPL-Sitzungen darstellen, werden in Form von „Hausaufgaben" angeboten. Sie wurden dem Therapeutenmanual für das Reziprozitätstraining von Hahlweg et al. (1982) entnommen und für die EPL-Zielgruppe zugeschnitten.

Am Ende der zweiten Sitzung wird unter dem Motto „den anderen dabei erwischen, wie er mir etwas Gutes tut", die erste Übung vorgestellt. Beide sollen sich einen beliebigen Tag oder Abend vornehmen und den Partner intensiv (aber liebevoll) beobachten. Sie haben dabei die Aufgabe alle Verhaltensweisen des Partners zu registrieren, die ihnen gut tun, was sie schön oder nett an ihm oder an ihr finden. Dabei kommt es nicht auf das Außergewöhnliche an, vielmehr sind die kleinen Gesten, Verhaltensweisen oder Eigenarten gemeint, die so leicht im Alltag selbstverständlich werden. Im Anschluß der Beobachtungsübung tauschen sich die beiden über das Ergebnis aus.

Die Übung nach der dritten Sitzung läuft unter dem Begriff „Verwöhnungstage". Die Teilnehmer wählen sich einen Abend oder Tag aus, an dem Sie ihrem Partner besondere Aufmerksamkeit und Zuwendung entgegenbringen, ihn also verwöhnen werden. Sie sollen möglichst schriftlich fixieren, welche Verwöhner sie sich überlegt haben. Umgekehrt soll derjenige Partner, der verwöhnt wird, festhalten, was er als schön empfunden hat. Im Anschluß gibt es wieder einen Austausch darüber. Auch hier sind es vor allem wieder die Kleinigkeiten, die so leicht im Alltag übersehen werden und dennoch der Beziehung gut tun.

Nach der vierten Sitzung werden die bereits bekannten Verwöhnungstage noch um eine Variante erweitert. Die Partner sollen sich wieder je einen Verwöhnungstag wählen und sich zusätzlich eine "Schmankerldose" einrichten. Die Schmankerldose ist ein Zettelkasten, in den jeder Partner Verhaltensweisen zu seiner Verwöhnung, die er auf einem kleinen Zettel notiert hat, hineinlegt. So kann jeder Partner zusätzliche Anregungen für die Verwöhnungstage einholen, indem er sich einen solchen Zettel aus der Schmankerldose des anderen nimmt. Wichtig zu beachten ist dabei, daß Gesten der Zärtlichkeit sehr erfolgreiche Verwöhner sind, und sich sehr individuelle, ja eigenwillige Varianten erfinden lassen.

Auch nach der fünften Sitzung über das Thema Sexualität werden noch einmal „Verwöhnungstage" und „Schmankerldose" aufgegriffen und die Teilnehmer ermutigt, einige Wünsche ("Schmankerlzettel") zum Thema Sexualität in die Schmankerldose legen.

6.1.4.4. Beschreibung der sechs EPL-Einheiten

Die EPL-Einheiten sind in sich stark strukturiert und bauen in ihrer Abfolge systematisch aufeinander auf. So steht in den ersten drei Sitzungen das Vermitteln und Einüben der grundlegenden Kommunikations- und Problemlösefertigkeiten im Mittelpunkt. Speziell in den ersten beiden Sitzungen werden die bereits vorgestellten Sprecher- und Zuhörerfertigkeiten gelernt und trainiert.
Die dritte Sitzung dient dazu, Strategien für ein geeignetes Problemlösen zu vermitteln und in einer ausgedehnten Übung anzuwenden.
In den darauf folgenden Einheiten werden dann die erlernten Fertigkeiten an speziellen Themenkreisen angewandt und eingeübt. Im einzelnen sprechen hier die Paare darüber, was ihnen für ihre Ehe/Partnerschaft wichtig ist, welche konkreten Erwartungen sie an diese haben (4. Einheit), welche Wünsche sie im Bereich der

Sexualität aneinander haben (5. Einheit) und was für sie christlich gelebte Ehe bedeutet (6. Einheit).
Den EPL-Kursleitern steht ein ausführliches Handbuch (Thurmaier et al., 1995) zur Verfügung, in dem der genaue Verlauf der Einheiten, bis hin zu ausformulierten Kurzvorträgen und Übungsanleitungen, enthalten ist.

Die einzelnen Sitzungen sind prototypisch wie folgt aufgebaut:

- Begrüßung der Teilnehmer
- Erfahrungsaustausch in der Gruppe über die Übungen, die die Paare zwischen den Sitzungen zuhause ohne Kursleiterbegleitung durchgeführt haben (weitere Einübung der Kommunikationsfertigkeiten und ergänzende Anregungen zur Unterstützung eines - auch nonverbal - liebevollen Umgangs miteinander), evtl. Hilfen durch die Kursleiter
- Informierende und motivierende Hinführung zum Gegenstand der jeweiligen Sitzung durch themenbezogene Übungen und Kurzvorträge
- Anleitungen und methodische Hilfen zum Paargespräch
- Im Zentrum jeder Sitzung: Das Gespräch mit dem eigenen Partner (unter gelegentlicher Begleitung durch die Kursleiter, die zwei Paare gleichzeitig betreuen und so von vorneherein auf eine Unabhängigkeit der Paare von ihrer Person hinarbeiten)
- Erfahrungsaustausch in der Gruppe über das Paargespräch, evtl. Hilfen durch die Kursleiter
- Anregungen für die Umsetzung des Gelernten in Übungen zuhause
- Kurze Orientierung über die momentane Stimmungslage aller Teilnehmer, die einen gemeinsamen Abschluß schafft und den Kursleitern Hinweise auf zusätzlich nötige Unterstützung oder offene Fragen geben kann.

Somit ist jede Einheit an den Kriterien für Verhaltensveränderung von Maccoby und Solomon (1981) ausgerichtet: 1. Sensibilisierung für das Problem. 2. Wissensvermittlung. 3. Schaffung von Motivation. 4. Vermittlung der erforderlichen Kompetenzen. 5. Anleitung zur Performanz, zur Umsetzung dieser Kompetenzen im Beziehungsalltag. 6. Motivierung zur längerfristigen Aufrechterhaltung der erlernten Kompetenzen.

Der systematische Aufbau der sechs EPL-Einheiten legt eine Zweiteilung des Programmes nahe. Während in den ersten drei Sitzungen das Vermitteln und Einüben grundlegender Kommunikations- und Problemlösefertigkeiten im Vordergrund steht, geht es in den zweiten drei Sitzungen um das Anwenden der vorher erlernten Fertigkeiten an speziellen, für eine Partnerschaft als wichtig erachteten Themenkreisen.

Sitzung 1: Sprecher- und Zuhörerfertigkeiten

Mittelpunkt der ersten Sitzung ist die Darstellung (mittels Rollenspiel durch die Kursleiter oder Videodemonstration) einer Reihe von 'Kommunikationsfehlern', die ein Gespräch auch ohne jeden bösen Willen und oft aus harmlosen Anlässen heraus zu einer enttäuschenden oder sogar verletzenden Auseinandersetzung werden lassen. Aus den von den Paaren gemeinsam herausgefundenen Fehlern werden einfache Regeln der Mitteilung und des Zuhörens erarbeitet, die ein wesentlich besseres gemeinsames Verständnis ermöglichen. Die Teilnehmer werden hier bereits auf die notwendige Trennung der Sprecher- und Zuhörerrolle aufmerksam. Zur Veranschaulichung erfolgt eine zweite Demonstration der Kursleiter oder mit Video, diesmal jedoch gemäß den erarbeiteten Regeln als Beispiel für gelungene Paarkommunikation. Bereits in dieser ersten Sitzung bekommen die Paare Gelegenheit, diese konstruktiven Kommunikationsfertigkeiten (siehe Kap. 6.1.4.1. und Anhang) praktisch umzusetzen, das heißt bewußt im Gespräch anzuwenden. In der ersten Paargesprächsübung soll einer der beiden Partner über ein ihm angenehmes Thema sprechen, während der andere ausschließlich die Zuhörerrolle einnimmt und den Sprecher durch Anwendung der Zuhörerregeln unterstützt. Erst nach Beendigung des Gespräches wechseln in einem zweiten Durchgang die Rollen. Mit positiven Themen zu beginnen ist deshalb so wichtig, weil es für die Teilnehmer leichter ist, die neuen Verhaltensweisen an angenehmen Inhalten zu erlernen als an emotional bedrängenden.

Sitzung 2: Äußern negativer (unangenehmer) Gefühle

In der zweiten Sitzung setzen sich die Teilnehmer mit dem adäquaten Äußern negativer Gefühle auseinander. Zunächst geht es noch einmal darum, eine Gesprächsdemonstration im Kursleiterrollenspiel oder auf Video zu analysieren. In die Demonstration sind noch anfängliche Fehler eingebaut, dann nimmt das Gespräch durch die Einhaltung der Regeln eine konstruktive Wendung. Die Rollen sind dabei deutlich getrennt, und am Ende äußert der Sprecher dem Zuhörer gegenüber einen konkreten Wunsch. Die Kursteilnehmer haben die Aufgabe, auf den Gesprächsverlauf zu achten und die angewandten Regeln zu identifizieren. In drei folgenden Paargesprächsübungen bekommen dann die Teilnehmer Gelegenheit, das Äußern negativer Gefühle mit ihrem Partner schrittweise einzuüben. Die erste Übung besteht aus einem Rollenspiel über ein Gespräch mit konflikthaftem vorgegebenen Thema und fest verteilten Rollen, so daß sich die Gesprächspartner ohne emotionale Belastung durch ein eigenes Konfliktthema auf ihre jeweiligen Kommunikationsregeln konzentrieren können. In der nächsten Übung geht es wieder um ein Rollenspiel mit konflikthaftem vorgegebenen Thema, wobei diesmal die Sprecher- und Zuhörerrolle gewechselt werden soll. Um die Einübung dieses Wechsels zu erleichtern, wird dem ersten Sprecher das optische Hilfsmittel der 'Wortkarte' ausgehändigt. Der Zuhörer muß sich diese Karte und somit auch die Sprecherrolle verdienen, indem er erst seine Zuhörerrolle durch die Einhaltung der Zuhörerregeln vollständig ausfüllt. In der dritten und letzten Gesprächsübung der zweiten Sitzung schließlich werden die Paare ermutigt, das bisher Erlernte zum ersten Mal an einem eigenen konflikthaften Thema anzuwenden. Die Kursleiter weisen die Paare darauf hin, daß sie sich bei diesem ersten Versuch nicht gleich das schwierigste ihrer Partnerschaftsprobleme auswählen sollen. In den Instruktionen zu allen drei Gesprächsübungen wird betont, daß am Ende dieser Gespräche nicht eine Lösung in Form von schnell eingegangenen Kompromissen gefunden, sondern die sich gegenüberstehenden unterschiedlichen Sichtweisen, Gefühle, Bedürfnisse, Wünsche der beiden Partner deutlich werden sollen.

Sitzung 3: Probleme lösen

In der dritten Sitzung haben die Paare Gelegenheit, ein sie und ihre Partnerschaft belastendes Problemthema nicht „nur" anzusprechen, sondern - wenn möglich - auch zu lösen. Probleme häufen sich erfahrungsgemäß mit der Dauer einer Partnerschaft. Von großer Bedeutung für die Zufriedenheit in der Beziehung ist dann vor allem die Art und Weise, wie die beiden Partner damit umgehen. Üblicherweise wird beim Versuch ein Problem zu lösen die „Schuld" des Partners und was er verändern sollte, schneller und deutlicher gesehen, als die eigenen Anteile und Möglichkeiten. Die eigentlichen Bedürfnisse sind zum Teil nicht klar. Das Gespräch ist oft mehr auf die Vergangenheit als auf die Zukunft gerichtet. Und selbst wenn Lösungsvorschläge geäußert werden und über diese sogar Einigkeit erzielt wird, fällt oft deren Konkretisierung und Umsetzung unter den Tisch. In dieser dritten EPL-Sitzung wird den Paaren eine konstruktive Alternative angeboten. In einem Kurzvortrag und einer ausführlichen Übungsanleitung wird den Teilnehmern ein allgemeiner konstruktiver Problemlöseprozeß mit mehreren Einzelschritten in Form eines 'Problemlöseschemas' (siehe Kap. 6.1.4.2. und Anhang) vorgestellt. Mithilfe dieses Schemas und der gelernten Kommunikationsfertigkeiten versuchen die Paare in einer ausgiebigen Gesprächsübung ihr gewähltes Problem zu lösen.

Sitzung 4: Erwartungen an die Ehe/Partnerschaft

Im einführenden Kurzvortrag der vierten Sitzung informieren die Kursleiter darüber, daß erfahrungsgemäß jeder über seine eigenen Vorstellungen bezüglich seiner zukünftigen Ehe verfügt, von denen viele gar nicht an - oder ausgesprochen werden, die ihm aber trotzdem als selbstverständlich für eine gute Ehe erscheinen. Sie gehören für ihn quasi zum Ehevertrag. Dementsprechend erwartet er auch, daß sie vom Partner geteilt werden. Erfüllt der Partner unsere Erwartungen nicht, fühlen wir uns nicht nur enttäuscht, sondern richtiggehend getäuscht, wie von einem Vertragsbrüchigen. Und dieser so empfundene Ehevertragsbruch kann die Beziehung stark gefährden. Deshalb bietet EPL die Gelegenheit, schon im Voraus die eigenen Erwartungen an den Partner mitzuteilen, und von ihm zu hören, ob und inwieweit er diese teilt und erfüllen kann und will. Dabei kommt es nicht selten zu einer Ent-Täuschung über den Partner, aber das beziehungszerstörende Gefühl, getäuscht zu werden, wird dadurch verhindert. Umgekehrt werden beim Sprechen über die eigenen Erwartungen auch häufig Gemeinsamkeiten mit den Vorstellungen des Partners entdeckt. Oder die Teilnehmer erkennen, daß einige ihrer Überzeugungen gar nicht so unumstößlich sind und es nicht so schwer fällt, faire Kompromisse einzugehen. Solche positiven Erfahrungen können die Beziehung festigen und vertiefen. Die Kursleiter weisen auch darauf hin, daß sich Erwartungen im Laufe der Beziehung ändern können. Deshalb bleibt es wichtig, immer wieder über sie zu sprechen. Vor der folgenden Paargesprächsübung bekommen die Teilnehmer den Fragebogen „Erwartungen an die Ehe" ausgeteilt, den sie spontan ausfüllen sollen. In der Gesprächsübung sollen sie dann den Fragebogen der Reihe nach mit Ihrem Partner durchgehen, oder mit einem Begriff, der ihnen besonders wichtig erscheint, beginnen. Der jeweilige Sprecher erzählt nun seinem Partner genau, was er unter dem Begriff versteht, er bringt Beispiele, schildert seine Gefühle, Gedanken, Wünsche und Bedürfnisse. Der Partner hört aufnehmend zu, fragt nach, faßt zusammen. Dann wechseln die Rollen, und zwar so oft, bis beide den Eindruck haben, genau zu verstehen, was im Partner vorgeht, was er unter dem Begriff versteht, und selbst genügend über den Begriff gesagt zu haben. In dieser Übung sollen die Teilnehmer die eigenen Erwartungen und die des Partners wahrnehmen. Sie sollen Übereinstimmungen, Unterschiede und Widersprüche in den gegenseitigen Erwartungen erkennen und so stehenlassen können. Außerdem werden die Paare damit konfrontiert, daß nicht alle Erwartungen einlösbar sind (nicht sofort, nicht vollständig oder überhaupt nicht) und daß Unterschiede ausgehalten werden müssen und können.

Sitzung 5: Sexualität

Im Kurzvortrag wird thematisiert, daß auch in der Sexualität Wünsche und Bedürfnisse des Partners nur zum Teil "erfühlt" werden können. Schafft es ein Paar, sich über die gemeinsame Sexualität offen miteinander auszutauschen und aufeinander einzugehen, so kann nicht nur die Zufriedenheit mit der Partnerschaft gewahrt bleiben, auch die Gefühle der Liebe und der gegenseitigen Hingezogenheit werden noch weiter vertieft. Daß es in vielen Partnerschaften dennoch kaum etwas schwierigeres gibt, als über die eigene oder gemeinsame Sexualität zu sprechen, ist wohl auch gesellschaftlich bedingt. Hier finden sich über die Zeit hinweg immer wieder neue Extremvorstellungen, die dem einzelnen vorschreiben, was normal, was falsch und was richtig ist. Gemeinsam z.B. ist der rigiden Antisexualerziehung der vergangenen Jahrzehnte und dem mit der Sexwelle aufkommenden Leistungsdenken, daß beide zu irrationalen Ängsten führen und der Vielfalt der menschlichen Sexualität nicht im entferntesten gerecht werden. Im EPL soll nun nicht eine weitere Meinung zum besten gegeben werden, wie man mit Sexualität umzugehen hätte, vielmehr sollen die Teilnehmer dazu angeregt werden, miteinander, d.h. mit ihrem Partner, über ihre persönlichen Vorstellungen, Bedürfnisse und Wünsche in verschiedenen Bereichen der Sexualität zu sprechen. Denn die Tatsache, daß Sexualität in vielen Ehen als nicht so befriedigend erlebt wird, hängt oft mit der Scheu und mit der mangelhaften Fähigkeit zusammen, darüber offen miteinander zu sprechen. Denn auch bei aller Liebe und Rücksicht: der Partner kann nicht immer erfühlen, was in dem anderen vorgeht, welche Wünsche er hat, was ihm jetzt gerade möglich ist und was nicht. Für die folgende Gesprächsübung erhält jedes Paar einen Satz Wertekarten mit Begrifflichkeiten aus dem Bereich Sexualität (siehe Anhang) und zwei Leerkarten, in die jeder noch eigene Vorstellungen von Sexualität eintragen kann. Die Aufgabe der Partner ist es nun, sich darüber anhand der Regeln auszutauschen, was sie darunter verstehen, wie wichtig ihnen die Begriffe in ihrer Sexualität sind, welche Rolle sie in ihrer Sexualität spielen sollen. Von den Kursleitern wird betont, daß diese Wertigkeiten im Laufe der Zeit oder durch wichtige Ereignisse (z.B. Schwangerschaft) durchaus veränderbar sind.

Sitzung 6: Christliche Ehe

Den Abschluß des Kurses bildet eine Sitzung, die das Thema 'Kirchliche Heirat' und 'Christliche Ehe' zum Inhalt hat. Die Kursleiter gehen einleitend auf die symbolhafte Sprache des kirchlichen Trauritus ein. Symbole aber haben die Eigenschaft, daß sie vielfältige oder sogar konträre Vorstellungen und Gefühle auslösen können. Deshalb ist es für die Trauung hilfreich, mit dem Partner im Vorfeld darüber zu sprechen, wie beide die Symbole des Trauritus verstehen oder für sich interpretieren, so daß ihnen deutlich wird, was sie eigentlich mit den Worten und Gesten während der Trauung zum Ausdruck bringen. So könnte sich z.B. für den einen Partner "Sakrament der Ehe" darin zeigen, daß beide religiös aktiv leben sollen. Für den anderen Partner könnte es sich aber auch schon darin zeigen, daß er im EPL bereits fünf Sitzungen intensiv mit seinem Partner über wichtige Themen gesprochen hat. Letztlich geht es in dieser sechsten Einheit darum, sich mit dem Partner über die eigenen religiösen Vorstellungen und Erwartungen in Bezug auf die Partnerschaft auszutauschen. Aufgabe der Paare ist es, mit Hilfe der Kommunikationsregeln die Stellen im ihnen als Arbeitsmaterial ausgeteilten Trauritus miteinander zu besprechen, die für sie wichtig sind, das heißt, sie für sich konkret in ihren Alltag zu übersetzen.

6.2. Konzeption der EPL-Studie

Mit der EPL-Studie sollte in erster Linie die Effektivität des EPL hinsichtlich einer kurz- und langfristigen Verbesserung der Paarkommunikation sowie deren Auswirkungen auf den Verlauf der Ehezufriedenheit, insbesondere der Trennungs- und Scheidungsraten, untersucht werden.

6.2.1. Forschungsdesign

Bei der vorliegenden Untersuchung handelt es sich um eine Langzeitstudie mit systematischer Intervention für die Experimentalgruppe und Kontrollgruppendesign. Zur Evaluation wurden die Paare, die an EPL-Kursen teilnahmen (Experimentalgruppe) verglichen mit Paaren aus anderen Ehevorbereitungskursen und Paaren, die keinerlei Vorbereitung erhielten (Kontrollgruppe). Die Effektivität wurde kurzfristig (vor und nach dem Training) und langfristig (nach eineinhalb, nach drei und nach fünf Jahren) überprüft.

1. Messung (Prae):	Kurz vor dem jeweiligen Kurs.
2. Messung (Post):	Kurz nach dem jeweiligen Kurs (bis zu 2 Wochen danach), bei Kontrollpaaren ohne Intervention (2 - 4 Wochen nach der Prae-Messung)
3. Messung (Follow Up 1):	1,5 Jahre nach der Post-Messung
4. Messung (Follow Up 2):	3 Jahre nach der Post-Messung
5. Messung (Follow Up 3):	5 Jahre nach der Post-Messung

Zu den Meßzeitpunkten wurden "subjektive" und "objektive" Daten erhoben. Und zwar subjektive Daten mittels umfangreicher Fragebogeninventare, die zu den jeweiligen Meßzeitpunkten ausgeteilt wurden, und objektive Daten mittels Verhaltensbeobachtung bei Problemgesprächen. Auf Video aufgezeichnete Paargespräche wurden von eigens ausgebildeten und supervidierten "Ratern" auf zahlreiche Kommunikationsmerkmale nach dem "Kategoriensystem für partnerschaftliche Interaktion (KPI)" (Hahlweg, Feinstein & Müller, 1987; Hahlweg, Reisner, Kohli, Vollmer, Schindler & Revenstorf, 1984) eingeschätzt. Die Rater wußten weder um die Gruppenzugehörigkeit, noch um den Meßzeitpunkt der einzuschätzenden Gespräche.

6.2.2. Stichprobengewinnung

Insgesamt wurden 109 Paare in die erste Stichprobe aufgenommen. Davon entfielen auf die EPL-Gruppen 77 Paare, auf die Kontrollgruppe 32 Paare, die aus dem Münchner Raum und angrenzenden Landkreisen stammten. In einer später einsetzenden Replikationsstudie wurden außerdem noch 66 Paare (54 EPL- und 12 Kontrollpaare) aus anderen Regionen der alten Bundesländer und aus Luxemburg untersucht. In die Stichproben gingen nur heiratswillige oder jung verheiratete (bis zu 2 Jahren) Paare ein.

Die Anwerbung der teilnehmenden Paare für die in der Projektphase kostenlosen EPL-Kurse erfolgte einerseits über spezielle Ausschreibungen innerhalb der üblichen kirchlichen Ehevorbereitungsinformation (Plakate und Broschüren). Zum anderen wurde das große Interesse der Medien zu zahlreichen Rundfunk- und Fernsehinterviews und Artikeln in Tageszeitungen, Journalen und Magazinen genutzt, um EPL bekannt zu machen. Im weiteren Verlauf der Stichprobengewinnung zeigte sich, daß ein großer Anteil der EPL-Paare durch Mund-zu-Mund-Propaganda ehemaliger Teilnehmer zu den Kursen gestoßen war.

Es war geplant, Paare nach Zufall entweder der Experimental- oder Kontrollgruppe zuzuweisen. Diese Randomisierung scheiterte aus organisatorischen Gründen, da die Kurse langfristig ausgeschrieben wurden, und sich die Paare speziell für die einzelnen Veranstaltungen anmeldeten. Um Paare für die Kontrollgruppe zu gewinnen, die in ihrem Engagement für ihre Beziehung als ähnlich motiviert gelten konnten wie die EPL-Teilnehmer, wurden Paare angesprochen, die ein zeitlich ebenso aufwendiges Ehevorbereitungsseminar, sogenannte Brautleutewochenenden, besuchten. 18 Paare willigten ein, an den diagnostischen Untersuchungen teilzunehmen. Um nicht nur hochmotivierte Paare miteinander zu vergleichen, wurden 14 durch Zeitungsannoncen gewonnene Paare mit in die Kontrollgruppe aufgenommen, die keinerlei Ehevorbereitungskurse besucht hatten.

6.2.3. Stichprobenbeschreibung

Soziodemographische Variablen

In einem selbst entwickelten Fragebogen "Fragen zur Person" wurden zum einen wesentliche sozioökonomische Daten, wie Alter, Konfession, Schulbildung, Beruf, Dauer des Zusammenlebens u.a. erhoben und zum anderen nach dem Ausmaß an Religiosität, Verbundenheit mit der Kirche und der Einschätzung der Ehe der Eltern, bzw. Schwiegereltern sowie deren vermuteten Akzeptanz gegenüber dem/der Schwiegersohn/-tochter gefragt (siehe auch Thurmaier et al., 1992).

Die Partner waren im Mittel 27.8 Jahre alt (SD=5.2 Jahre), Frauen durchschnittlich 26.2 (SD=4.2), Männer 29.4 Jahre (SD=5.3). Es handelte sich überwiegend um Personen aus der Mittel- bzw. Oberschicht, wenn man die Schulabschlüsse berücksichtigt: 8.3% hatten Hauptschulabschluß, 17.4% Mittlere Reife, 8.7% Fachhochschulreife, 27.1% Abitur, 14.7% Fachschulabschluß und 23.9% Universitätsabschluß.
Die Berufe verteilten sich wie folgt: 6.4% Facharbeiter, 15.6% untere Beamte/Angestellte, 21.1% mittlere Beamte/-Angestellte, 25.7% höhere Beamte/Angestellte, 6.9% Selbständige und 20.2% Hausfrauen oder StudentInnen bzw. Personen in Ausbildung.
Auf dem Land wohnten 40% der Paare, 47% in Städten und bei 13% wohnte ein Partner in einer Stadt, der andere auf dem Land.
Katholisch waren 79.8%, 14.7% evangelisch und 5.5% waren ohne Konfession. 57.3% beschrieben sich als religiös, 28.4% als in mittlerem Ausmaß religiös und 14.2% als nicht religiös. Mit der Kirche fühlten sich 37.8% deutlich verbunden, 22.1% in mittlerem Ausmaß und 40.1% nicht oder überhaupt nicht.
Die Ehe ihrer Eltern schätzten 53.3% als glücklich bzw. sehr glücklich ein, 25.7% als weder glücklich noch unglücklich und 16.2% als unglücklich bzw. sehr unglücklich.
Der Partner wurde von den eigenen Eltern zu einem hohen Prozentsatz akzeptiert: Sehr positiv oder positiv dachten 80.4% der eigenen Eltern über den Partner, weder-noch 15.4% und 4.2% negativ. Die Einschätzung der zukünftigen Schwiegereltern war etwas weniger enthusiastisch: 59.1% waren ihnen gegenüber positiv eingestellt, 29.8% neutral und 10.7% negativ.

Daten zur Partnerschaft (zum ersten Erhebungszeitpunkt)

Im Mittel kannten sich die Partner 55.1 Monate (SD=37.2). Die Dauer variierte sehr stark und reichte von 4 Monaten bis zu 20 Jahren. Im Mittel "gingen" die Partner seit 42.3 Monaten miteinander (SD=26.0). Auch hier ist die Schwankungsbreite erheblich und reicht von 3 Monaten bis zu 10.8 Jahren. 58.3% der Paare lebten zusammen, dies im Mittel seit 23.0 Monaten (SD= 21.1) mit einer Variationsbreite von 1 Monat bis 8.3 Jahren. 6.9% waren schon einmal mit einem anderen Partner verheiratet. 20 Paare waren bereits verheiratet mit einer mittleren Ehedauer von 5.8 Monaten. Fast alle Partner waren sich sicher, den anderen zu heiraten: 68.3% vollkommen sicher, 19.7% sicher, 7.3% weder-noch und 4.6% unsicher. Der mittlere voraussichtliche Heiratstermin war in 4.8 Monaten (SD=5.7; Variationsbreite 0 bis 42 Monate).

Stichprobenunterschiede

Zwischen den Paaren der Interventions- und Kontrollgruppe, sowie zwischen Paaren aus dem städtischen und aus dem ländlichen Raum ergaben sich im wesentlichen keine signifikanten Unterschiede in den Variablen des Personenfragebogens.
Die Paare der Experimentalgruppe EPL unterschieden sich von denen der Kontrollgruppe durch eine bessere Schulbildung und einen signifikant höheren Berufsstatus. Die Paare der Kontrollgruppe (KG) lebten vom Trend her (signifikant auf dem 10% Niveau) länger mit ihrem Partner zusammen als die EPL-Paare (KG: 31 Monate, EPL: 20 Monate). In der Kontrollgruppe befinden sich auch mehr Paare aus dem ländlichen Bereich (61%) als in der EPL-Gruppe (39%).

6.2.4. Meßinstrumente

Zu den Erhebungen wurden die Paare eigens einbestellt und sorgfältig instruiert. Die Evaluation erfolgte mit einem umfassenden multimethodalen Instrumentarium, das Fragebögen und systematische Verhaltensbeobachtung beinhaltete. Die Fragebögen wurden von jedem Partner individuell ausgefüllt. Im folgenden sollen alle zur Anwendung gekommenen Fragebögen mit Ausnahme des bereits oben beschriebenen Fragebogens "Fragen zur Person" kurz vorgestellt werden, auch wenn im Ergebnisteil dieser Arbeit überwiegend nur auf die Fragebögen zur Ehezufriedenheit eingegangen wird.

Strukturiertes Interview

Das strukturierte Interview, das mit den Paaren zu Beginn der 1.5-, der 3- und der 5-Jahres-Katamnese durchgeführt wurde, besteht aus zwei Teilen.
Im ersten Teil ("Partnerschaft") werden die Paare nach der momentanen Form ihrer Partnerschaft befragt, wie z.B.: "Zusammenlebend und verheiratet", "Zusammenlebend, nicht verheiratet", Partnerschaft ohne Heirat und Zusammenleben" etc..
Im zweiten Teil ("Fragen zum EPL") werden die EPL-Paare gebeten, anzugeben, ob sie noch etwas von den im Programm vermittelten Fertigkeiten anwenden, und wenn ja, was davon und bei welcher Gelegenheit. Die EPL-Gesprächs- und Problemlösefertigkeiten wurden in folgende Antwortmöglichkeiten subsumiert: "Von mir und meinen Gefühlen sprechen", "Konkretes Sprechen", "Aufnehmendes Zuhören", "Offenes Nachfragen", "Zusammenfassen", "Loben", "Problemlöseschema". Die Gelegenheiten der Regelanwendung wurden unterteilt in: "Alltagsgespräche", "Persönliche Auseinandersetzungen", "Gespräche über Entscheidungen". Den Abschluß des Interviews bildet die Frage: "Für wie nützlich halten Sie das im Kurs Gelernte", mit den Antwortmöglichkeiten: "Überhaupt nicht", "Etwas", "Sehr".

Fragebögen zur Ehequalität

Zufriedenheit mit der Ehe/Partnerschaft (MAT)

Der Marital Adjustment Test (MAT, Locke & Wallace, 1959) liegt in deutscher Fassung bei Scholz (1978) vor. Bis Ende der 70-er Jahre wurde der MAT vor allem im angloamerikanischen Sprachraum am häufigsten zur Bestimmung von Kriteriengruppen nach Ehezufriedenheit und zur Therapieevaluation verwendet. Er besteht aus 15 Items, z.B.: "Kommt es vor, daß Sie sich wünschen, Ihren Partner nicht zu heiraten?", "Wie groß ist das Ausmaß an Übereinstimmung bzw. Nichtübereinstimmung zwischen Ihnen bezüglich der Bereiche: Finanzen, Freiheit, Affektivität, Freunde, Sexualität, Umgangsformen, Lebensphilosophie und Beziehung zu Verwandten?" (6 Antwortkategorien: "immer Übereinstimmung" - "nie Übereinstimmung"). Die Antworten werden gewichtet (unklar ist, wie diese Gewichtung bestimmt wurde) und aufaddiert, wobei der Bereich des Gesamtwertes zwischen 2 und 158 variieren kann. Zur Bestimmung der internen Konsistenz (r=0.90) wurde der Bogen 236 Personen vorgegeben; zur Validierung wurden zwei nach sozioökonomischen Gesichtspunkten parallelisierte Gruppen mit je 48 Personen gebildet: Partner, die entweder in Ehetherapie oder bereits geschieden waren und Partner, deren Ehe von Freunden als sehr glücklich eingeschätzt wurde. Die Mittelwerte beider Gruppen unterschieden sich hochsignifikant (M=71.1 versus M=135.9); da nur 17% der Nicht-Glücklichen, aber 96% der Glücklichen einen Wert größer 100 erzielten, gilt dieser seitdem als Grenzwert für gute Ehequalität.

Der Fragebogen wurde von uns noch um 5 Items erweitert, die den Grad der Zufriedenheit in den Bereichen Zärtlichkeit und Sexualität abfragen.

Der MAT wurde in der PREP-Studie (Markman et al., 1988) verwendet. Um die EPL-Ergebnisse vergleichen zu können, wurde der MAT hier ebenfalls eingesetzt. Bei den Nachkontrollen wurde zusätzlich der für den deutschen Sprachraum validierte und unten beschriebenen Partnerschaftsfragebogen PFB (Hahlweg, 1979) verwendet.

Bereiche des Zusammenlebens

Dieser Fragebogen geht auf die "Problemliste" (Hahlweg, Kraemer, Schindler & Revenstorf, 1980; Hahlweg et al., 1982) zurück, die in mehreren Studien für Eingangsdiagnostik, Verlaufs- und Veränderungsmessung von Paaren entwickelt wurde.

In dem Inventar "Bereiche des Zusammenlebens" sind 17 Bereiche aufgeführt (z.B. Umgang mit Geld, Freizeitgestaltung, Sexualität, Zuwendung des Partners, Verwandte), in denen es zu Konflikten kommen kann. Die Partner sollen angeben, ob es in diesen Bereichen zu Problemen kommt (0=keine, 1=manchmal, 2=häufig Probleme). Berechnet wird der Summenwert über alle 17 Bereiche, der als Ausdruck der Problembelastung gewertet wird.

In Ehetherapie befindliche Personen gaben in der „Problemliste“ im Mittel 7 Bereiche als problematisch an (Standardabweichung 3), während mit der Beziehung zufriedene Partner im Mittel nur einen Bereich als problematisch einschätzten (Hahlweg et al., 1980). Diese Unterschiede zeigten sich auch in anderen Untersuchungen (siehe

Hank, Hahlweg & Klann, 1990). Damit scheint eine ausreichende diskriminative Validität gegeben.
Auch dieser Bogen wurde für die EPL-Studie noch ergänzt, und zwar um 4 Items, die das Streitverhalten des Paares, wie z.B. Häufigkeit und auftretende Verhaltensweisen beim Streit, erfassen sollen.

Partnerschaftsfragebogen (PFB)

Der PFB (Hahlweg, 1979, 1996; Hahlweg, Schindler und Revenstorf, 1982) wurde in mehreren Studien mit über 700 Personen zur differentiellen Einschätzung von Ehequalität entwickelt und erfolgreich kreuzvalidiert. Die Fragen wurden möglichst verhaltensnah formuliert. In der EPL-Studie wurde er erst zu den drei Katamnesezeitpunkten eingesetzt.
Der Partnerschaftsfragebogen besteht aus 30 Items, die faktorenanalytisch drei Skalen zuzuordnen sind: Streitverhalten, Zärtlichkeit, Gemeinsamkeit/Kommunikation. Die Items sind nach der Häufigkeit ihres Auftretens zu beurteilen (Antwortkategorien: nie/sehr selten, selten, oft, sehr oft). Außerdem enthält der PFB eine Frage zur globalen Glückseinschätzung mit der Beziehung.

In der Skala "Streitverhalten" sind Verhaltensweisen beschrieben, die vom Partner während eines Konflikts oder Streits gezeigt werden und nicht der Konfliktlösung dienen. Hierzu gehören z.B. den Partner anschreien, beschimpfen, seine Aussagen ins Gegenteil verkehren, beim Streit kein Ende finden können, sich abfällig über die Meinung des anderen äußern, dem anderen die Schuld geben, wenn etwas schief geht. Beispiel: "Er/sie wirft mir Fehler vor, die ich in der Vergangenheit gemacht habe".

Die Skala "Zärtlichkeit" umfaßt Verhaltensweisen, die den direkten Körperkontakt der Partner zum Gegenstand haben, z.B. den Partner streicheln, ihn in den Arm nehmen, sich aneinanderschmiegen. Neben diesem physischen Ausdruck von Zärtlichkeit stehen verbale Äußerungen, in denen die Partner ihre positiven Gefühle umschreiben, z.B. sagen, daß der Partner körperlich attraktiv ist; mit ihm über sexuelle Wünsche sprechen, ihm Komplimente über sein Aussehen machen. Beispielitem: "Vor dem Einschlafen schmiegen wir uns aneinander".

In der Skala "Gemeinsamkeit/Kommunikation" werden Aktivitäten beschrieben, die von beiden Partnern gemeinsam ausgeführt werden, z.B. das Wochenende gemeinsam planen, Zukunfstspläne schmieden. Die Verbundenheit mit dem Partner steht im Vordergrund bei den Aussagen: Dinge aus dem Berufsleben besprechen, die Meinung des anderen hören wollen, sich die Wünsche des Partners merken. Den kommunizierenden Aspekt erfassen Verhaltensweisen wie: Erzählen, was man den Tag über gemacht hat, sich abends mindestens eine halbe Stunde unterhalten, dem anderen seine Gefühle offen mitteilen. Beispielitem: "Er/sie bespricht Dinge aus seinem/ihrem Berufsleben mit mir.

Der PFB besitzt gute diskriminative und prognostische Validität sowie eine gute Reliabilität. Die interne Konsistenz beträgt 0.93 für die Skala „Streitverhalten", 0.91 für die Skala „Zärtlichkeit", 0.88 für die Skala „Kommunikation" und 0.95 für den Gesamtwert. Die Retest-Reliabilität liegt bei 0.68, 0.74, 0.83 und 0.85 (Hahlweg, 1996).

Erwartungen an die Ehe/Partnerschaft (EP)

Der EP wurde von Trierweiller und Markman (1987) konzipiert und von uns für die EPL-Studie ins Deutsche übertragen.

Häufig zeigen sich in einer Partnerschaft Unstimmigkeiten oder Konflikte, die sich immer wieder an Kleinigkeiten entzünden, ohne daß sich beide Partner bewußt sind, daß diesen Unstimmigkeiten ganz unterschiedliche Erwartungen aneinander bzw. an die Partnerschaft zugrundeliegen. So können beispielsweise beim Thema "Geld" immer wieder Streitereien entstehen, weil beide Partner ein ganz unterschiedliches Ausmaß an Sicherheitsbedürfnis haben, ohne sich darüber im klaren zu sein, daß dies die eigentliche Ursache der Auseinandersetzungen ist. Diese unterschiedlichen Erwartungen können sich auf konkretes Verhalten (z.B. Umgang mit Freunden), aber auch auf Einstellungen (z.B. Vorstellung über Bedeutung von Selbständigkeit in der Partnerschaft) beziehen.

Im EP sind 22 Bereiche vorgegeben (z.B. "Verhältnis zur Verwandschaft"). Jeder Partner stuft auf einer 7-Punkte-Skala (von "überhaupt nicht wichtig" bis "sehr wichtig" ein, wie wichtig dieser Bereich seiner Meinung nach für seine Ehe ist. für jeden Bereich können die Angaben beider Partner miteinander verglichen und so Diskrepanzen, aber auch Übereinstimmungen bezüglich der einzelnen Bereiche deutlich gemacht werden.

Um die Zahl der Einzelauswertungen gering zu halten und zusammenfassende Aussagen machen zu können, wurde für die 22 Items des Erwartungsfragebogens eine Faktorenanalyse (Hauptkomponentenanalyse mit Varimaxrotation) gerechnet.
Diese bei der Prä-Messung vorgenommene Faktorenanalyse ergab folgende fünf Faktoren mit einem Eigenwert >1.0 mit einer Varianzaufklärung von insgesamt 56.7%: „Vertrauen und Wertschätzung"(Itemzahl: 5), „Religion" (Itemzahl: 2), „Gegenseitige Anregung" (Itemzahl: 4), „Sicherheit" (Itemzahl: 4), „Selbständigkeit" (Itemzahl: 3). Die innere Konsistenz dieser Faktoren beträgt 0.82, 0.88, 0.59, 0.52 und 0.64.

Veränderung in der Partnerschaft

Um die Veränderung der Partnerschaft innerhalb des Befragungszeitraumes erfassen zu können, haben wir einen von Schneewind, Beckmann und Engfer (1983) entwickelten Fragebogen von ursprünglich 14 auf 21 Items erweitert und den Paaren zu den Katamnesen vorgelegt
Diese Items sprechen unterschiedliche veränderungsanfällige Bereiche einer Partnerschaft an, wie z.B. Anregung bzw. Langeweile, Spannungen und Streit in der Partnerschaft oder Zufriedenheit in unterschiedlichen Lebensbereichen.
Die Paare wurden in den drei Follow-up-Erhebungen gebeten, anzukreuzen, wie sehr sich ihre Partnerschaft seit der letzten Befragung (jeweils ein Zeitraum von 1.5 bis 2 Jahren) bezüglich dieser Items verändert hat.
Es gibt fünf Antwortmöglichkeiten von "viel mehr"und "wenig mehr" über "gleich geblieben" bis zu "etwas weniger" und "viel weniger".

Aufgabenverteilung in der Partnerschaft

Um die Aufgabenverteilung und die Aufteilung bei der Entscheidungsfindung innerhalb der Partnerschaft zu erfassen, legten wir den Paaren zu den Katamnesen einen von Schneewind und Vaskovics (1992) ausgearbeiteten Fragebogen vor.

Dieser Bogen erfragt in 12 Items die Aufgabenverteilung in wichtigen Bereichen des partnerschaftlichen Alltags, wie z.B. der Haushaltsführung, der Einkommenssicherung und dem Kontakt zum Freundeskreis.

In weiteren 12 Items wird der Einfluß auf die Entscheidungsfindung innerhalb wesentlicher Bereiche der Partnerschaft, wie z.B. Entscheidungen über finanzielle Planungen, Freizeitgestaltung, politisches und kirchliches Engagement, genereller Umgang der beiden Partner miteinander etc. erfaßt.

Die Teilnehmer kreuzten für jedes der 24 Items einen Wert aus einer neunstufigen Skala (von 1: "ich mache/entscheide es allein" über 5: "wir beide machen/entscheiden es ungefähr zu gleichen Teilen" bis zu 9: "mein (Ehe-) Partner macht/entscheidet es allein") an. Dabei wurden sie gebeten, je einen Skalenwert für den Ist-Wert ("wie es jetzt zur Zeit ist") und für die eigene Wunschvorstellung ("wie Sie es sich wünschen würden") anzukreuzen. In zwei weiteren Items wurden die Teilnehmer mit Hilfe einer fünfstufigen Skala (von "sehr zufrieden" bis "sehr unzufrieden") über ihre generelle Zufriedenheit mit der Aufgabenverteilung bzw. mit ihrem Einfluß auf Entscheidungen innerhalb ihrer Partnerschaft befragt. In einem letzten Item schließlich schätzten die Teilnehmer auf einer dreistufigen Skala ("ich habe mehr Einfluß", "mein (Ehe-)Partner hat mehr Einfluß", "wir haben ungefähr gleichviel Einfluß") die Verteilung des Einflusses auf partnerschaftsrelevante Entscheidungen ein.

Broussardskala

Sogenannte "schwierige" Verhaltensweisen des Kindes können dessen Betreuung erheblich erschweren und die Partnerschaft zusätzlich belasten. Zur Erfassung dieser Verhaltensweisen legten wir den Eltern unter unseren Paaren die Broussard-Skala (Broussard & Hartner, 1970) vor.

Dieser aus zehn Items bestehende Fragebogen beinhaltet die Problembereiche "Probleme mit der Nahrungsaufnahme und der Etablierung biologischer Rhythmizität", "Schreien und Unruhe des Kindes", "Tröstbarkeit des Kindes" und "Schreckhaftigkeit des Kindes" (Engfer, 1984).

Brief Symptom Inventory (BSI)

Belastende psychische und/oder psychosomatische Symptome eines oder beider Partner können zu einem deutlichen Streßfaktor in der Beziehung werden. Um einerseits diese "Störvariable" in unserer Untersuchung nicht zu ignorieren und andererseits möglichen Zusammenhängen zwischen solchen Symptomen und der Zufriedenheit sowie der Kommunikation in der Partnerschaft nachgehen zu können, legten wir unseren Paaren den BSI-53 (Brief Symptom Inventory, Derogatis, 1976) vor.

Der BSI-53 ist eine verkürzte Version der SCL-90 (Symptom Check List) und erfaßt mit Hilfe von 53 Items neun Bereiche psychischer/psychosomatischer Symptome: "Somatisierung", "Zwanghaftigkeit", "Unsicherheit im Sozialkontakt", "Depressivität", "Ängstlichkeit", "Aggressivität und Feindseeligkeit", "Phobische Angst", "Paranoides Denken", "Psychotizismus". Die interne Konsistenz dieser Faktoren betrug 0.66, 0.67, 0.74, 0.79, 0.71, 0.61, 0.62, 0.75 und 0.65.

Auf einer fünf-stufigen Skala (von "überhaupt nicht" bis "sehr stark") kreuzen die Teilnehmer an, wie stark sie während des letzten halben Jahres durch diese Beschwerden gestört oder bedrängt worden sind.

Lebensereignisbogen „Wichtige Ereignisse“

Da sich gravierende äußere Einflüsse in Form von Stressoren - seien es negativ oder positiv erlebte - deutlich auf die subjektiv empfundene Zufriedenheit mit der Partnerschaft auswirken können, entwickelten wir in Anlehnung an die Live-Event-Forschung (siehe Filipp & Braukmann, 1990; Gräser, Esser & Saile, 1990) den Fragebogen "Wichtige Ereignisse".

Seine 13 Items fragen bedeutende Ereignisse wie Fehlgeburt, Schwangerschaft, Pflege- oder Todesfälle in der Familie, Beruflicher Auf- oder Abstieg, Veränderung der Wohnsituation etc. ab.

Kursbeurteilungsbogen „Fragen an das EPL“

Um festzustellen wie das EPL-Setting und das methodische Vorgehen des Kommunikationstrainings bei den Kursteilnehmern angenommen wird, entwickelten wir einen Fragebogen zur Rückmeldung. Das vorrangige Interesse bestand darin, mit

Hilfe des Fragebogens Anhaltspunkte zu gewinnen, wie der formale Ablauf des Kurses von den Teilnehmern empfunden wird.
Zu diesem Zweck stellten wir konkrete Fragen zur Zeiteinteilung, den Kurzvortägen, den Hausaufgaben und vor allem den Übungen. Darüberhinaus wollten wir einen Eindruck gewinnen, ob die Kursatmosphäre als positiv und das Kursleiterverhalten als angemessen empfunden wird. Zusätzlich hatten die Teilnehmer die Möglichkeit im Fragebogen anzugeben, was ihnen am Kurs besonders gut gefallen hat, welche Übungen sie als schwierig einschätzten und sich abschließend allgemein zum Kurs zu äußern unter der Rubrik "zusätzliche Bemerkung".
Insgesamt umfaßt der Fragebogen 10 offene Fragen. Der Fragebogen wurde am Ende eines Kurses allen Teilnehmern ausgehändigt mit der Bitte, die spontanen Eindrücke festzuhalten.

Verkürzter Fragebogensatz für getrennte/geschiedene Paare

Zu den Nachkontrollzeitpunkten 1.5 und 3 Jahre nach der Post-Messung legten wir den bereits getrennten/geschiedenen Paaren, deren Partner sich trotzdem noch bereit erklärten, an der Untersuchung teilzunehmen, einen verkürzten Fragebogensatz, bestehend aus den Bögen "Zufriedenheit mit der Partnerschaft" (MAT, Locke & Wallace, 1959), "Bereiche des Zusammenlebens" und dem BSI-53 vor, die sie rückwirkend, auf die Trennungsphase bezogen, ausfüllen sollten. Zusätzlich befragten wir diese Personen mittels eines standardisierten Interviews nach ihren Trennungsgründen.

Objektive Verhaltensbeobachtung

Um Veränderungen im partnerschaftlichen Kommunikations- und Problemlöseverhalten zu erfassen, ist es empfehlenswert, vor und nach der Interventionsmaßnahme eine Interaktionsstichprobe zu erheben, den fortlaufenden Interaktionsfluß von ausgebildeten Beobachtern (Ratern) kodieren zu lassen und dann hinsichtlich der für zentral erachteten Dimensionen die Ergebnisse der Messungen zu vergleichen.

Im EPL-Projekt wurden hierfür die Paare zu den Meßzeitpunkten gebeten, vor einer laufenden Videokamera ein Problem ihrer Beziehung zu diskutieren, ohne daß der Versuchsleiter anwesend war. Die Themen "mittlerer Schwierigkeit" wurden anhand

der Angaben des Paares aus dem Fragebogen "Bereiche des Zusammenlebens" ausgewählt. Während der Diskussion sollten sie ihre Gedanken und Gefühle zum Thema äußern und versuchen, zu einer Lösung des Konfliktes zu kommen. Im Anschluß besprach der Versuchsleiter die angerissenen Probleme, um die negativen Gefühle, die sich während des Konfliktgespräches eingestellt haben könnten, soweit wie möglich abzubauen.
Die Interaktionen wurden auf Videoband aufgenommen und mit Hilfe des "Kategoriensystems für Partnerschaftliche Interaktion (KPI)" (Hahlweg et al., 1984a; 1987) ausgewertet.

Das Kategoriensystem für Partnerschaftliche Interaktion (KPI)

Das KPI wurde zur systematischen Beobachtung dyadischer Interaktionen entwickelt und eignet sich besonders für die Analyse von Kommunikations- und Problemlöseprozessen. Von seiner Konstruktion her erfaßt es sowohl das verbale als auch das nonverbale Verhalten der Gesprächspartner.
Es erfüllt alle wichtigen psychometrischen Anforderungen, die an Kodierungssysteme gestellt werden (Hahlweg, 1988). Die inhaltliche Validität kann durch die exakte Beschreibung der dem Kategoriensystem zugrundeliegenden theoretischen Annahmen und den daraus abgeleiteten logischen Begründungen für die einzelnen Code-Definitionen als gegeben vorausgesetzt werden. Die Autoren gehen davon aus, daß es sich bei den folgenden Verhaltensweisen um kommunikationsförderliche Bedingungen handelt: Wenn der Sprecher Ich-Botschaften verwendet, wenn er spezifisches Verhalten in spezifischen Situationen beschreibt und wenn er im „Hier und Jetzt“ bleibt. Wenn der Zuhörer aktiv zuhört, das Gehörte zusammenfaßt, um zu prüfen, ob er alles richtig verstanden hat, wenn er offene Fragen stellt und wenn er positive Rückmeldungen gibt. Eine effektive Kommunikation setzt ihrer Ansicht nach auch einen Verzicht der Beteiligten auf einseitige Schuldzuweisungen, Kritik und Ablenkungsmanöver voraus und zeichnet sich aus durch gegenseitige Selbstöffnung in Form direkter Gefühls- und Meinungsäußerungen und durch akzeptierendes Eingehen auf die Äußerungen des anderen auch dann, wenn man inhaltlich nicht mit ihm übereinstimmt. Für eine erfolgreiche Problemlösung nennen die Autoren folgende Bedingungen: Das Generieren spezifischer, operationalisierbarer Änderungsvorschläge, die Verhandlung fairer Abmachungen, das Vereinbaren der Abmachungen und die Überprüfung der getroffenen Abmachungen.

Die verbalen Kategorien des KPI wurden analog zu den genannten Kommunikations- und Problemlösefertigkeiten konstruiert.

Die Kategorien des KPI

Das KPI umfaßt zehn verbale und drei nonverbale Kategorien, die den drei Bereichen „Positive Kommunikation“, „Negative Kommunikation“ und „Neutrale Kommunikation“ zuzuordnen sind. Die Verbalkategorien setzen sich aus 26 Subkategorien zusammen. Umgekehrt lassen sie sich unter drei sogenannten Gesamtkategorien (verbal positiv, verbal negativ, sowie verbal neutral) subsummieren.

Die erste Gruppe von Kategorien umfaßt positive Verbalkategorien für Sprecher- und Zuhörerfertigkeiten:

- Selbstöffnung (SO; z.B. direkter Ausdruck von Gefühlen, Wünschen und Bedürfnissen, wie "Ich fühle mich unbehaglich, wenn ich allein dahin gehe. Es wäre schön, wenn du mitkämst.").

- Positive Lösungsversuche in Form von konstruktiven Lösungsvorschlägen (PL; z.B. "Laß uns in Zukunft alle Ausgaben notieren.").

- Akzeptanz des Zuhörers, gekennzeichnet durch Interesse, Feedback und Verständnis für den anderen (AK; z.B. "Ich habe das Gefühl, du bist jetzt enttäuscht.").

- Zustimmung (ZU), entweder direkt inhaltlich ("Das finde ich auch.") oder als Annahme von Verantwortung ("Das hätte ich machen sollen.").

Die zweite Gruppe von Kategorien enthält negative Verbalkategorien:

- Kritik (KR) als Abwertung des Partners ("Du bist total geschmacklos.") oder als Äußerungen wie "Du knallst dich immer nur vor den Fernseher und hörst mir nie zu".

- Negative Lösungsvorschläge (NL), die nur scheinbare Lösungen sind wie "Dann lassen wir uns eben gleich scheiden" oder Forderungen nach Unterlassungen wie "Du sollst keine Arbeit mit nach Hause bringen".

- Nichtübereinstimmungen (NU) in direkter oder indirekter Form "Nein, das stimmt nicht" oder als Abblocken "Du hast recht und ich meine Ruhe".

- Rechtfertigung (RF) wie "Ich kann eben nicht freundlich sein, wenn du so auf mich losgehst" oder "Das war nicht meine Aufgabe".

Die dritte Gruppe von Kategorien beinhaltet neutrale KPI-Kategorien:

- Problembeschreibungen (PB), die sachlich einen Inhalt beschreiben oder auch sachliche Fragen wie "Welche Antwort hat er dir gegeben?".

- Metakommunikation (MK) z.B. zur Gesprächssteuerung und -klärung "Bei welchem Punkt sind wir?", "Darf ich dich mal kurz unterbrechen?".

Die 26 Subkategorien, aus denen sich die obigen verbalen Kategorien zusammensetzen, lauten:

- Direkter Ausdruck von Gefühlen (SOG)
- Direkter Ausdruck von Wünschen, Bedürfnissen und Interessen (SOW)
- Direkter Ausdruck von Meinungen, Einstellungen und eigenen Verhaltensweisen (SOM)
- Konstruktive Lösungsvorschläge (PLL)
- Kompromiß-Vorschläge (PLK)
- Paraphrasieren (AKP)
- Interessierte und offene Fragen (AKI)
- Verständnis für den anderen (AKV)
- Feedback (AKF)
- Direkte inhaltliche Zustimmung (ZUI)
- Annahme von Verantwortung (ZUA)
- Zustimmende Einwürfe (ZUE)
- Abwertung des Partners (KRA)
- Spezifische Kritik (KRS)
- Rechtfertigung des eigenen Verhaltens bezüglich bestimmter Vorfälle (RFE)
- Ablehnung der Verantwortung (RFA)
- Forderung nach Unterlassung (NLU)
- Scheinbarer Lösungsvorschlag (NLS)
- Direkte oder indirekte Nicht-Übereinstimmung (NUI)
- Ja-Aber-Sätze (NUJ)
- Ablehnende Einwürfe (NUE)
- Abblocken (NUA)
- Problembeschreibung (PBB)
- Sachliche Fragen (PBF)

- Gesprächssteuerung und -klärung (MKK)
- Themenvorschlag, -bezug (MKT)
- Aus vorwiegend technischen Gründen wurde noch eine Kategorie „Zuhören (ZH) eingeführt, um die Gesprächssequenzen kontinuierlich alternierend beibehalten zu können. Tritt beim Sprecher eine Folge von mehreren Kategorien hintereinander auf, so wird jeweils die Kodierung „ZH“ für den Zuhörer dazwischengefügt.

Außerdem wurde die von Gottman (1979) entwickelte Kodierung des nonverbalen Verhaltens in das KPI integriert. Dabei wird jede verbale Kategorie mit einer nonverbalen Qualifizierung versehen, die den affektiven Ausdruck des Sprechers oder Zuhörers charakterisiert. Die Ausprägung wird mit positiv, negativ oder neutral angegeben. Es werden dabei das Gesicht, der Tonfall und die Körperhaltung beachtet. Dazu als Beispiel:

	positiv	negativ
Gesicht :	lächeln, aufmerksamer einfühlender Ausdruck	gelangweilt, grinsen, zornig demonstrativ wegschauen
Tonfall :	warm, weich, zärtlich, heiter, aufmunternd	kalt, gespannt, ängstlich, anklagend, ungeduldig, wü tend
Körper :	berühren, vorbeugen, entspannt	drohende Armstellung, verspannt, grobe Gesten, abwenden

Die Kodierung im KPI

Die fortlaufende Kodierung des Gesprächsverhaltens erfolgt beim KPI nicht nach Zeit-, sondern nach Sinneinheiten. Als solche sind verbale Äußerungen definiert, die hinsichtlich des Inhalts konstant bleiben. Wechselt der Inhalt innerhalb einer Äußerung, dann wird für den Gesprächspartner die extra für diesen Fall vorgesehene Kategorie „Zuhören“ (versehen mit dem dazugehörigen Code für das nonverbale Verhalten) kodiert und erst anschließend die neue Sinneinheit für den Sprecher. Auf diese Weise bleibt die für Sequenzanalysen notwendige, zwischen den Gesprächspartnern abwechselnde Kodierung erhalten.

Gütekriterien des KPI

Zur Reliabilität des KPI liegen Daten aus einigen internationalen Studien vor. Sie zeigen Übereinstimmungen zwischen verschiedenen Beobachtern (Inter-Rater-Reliabilität) von mehr als 80 % für die verbalen und von über 75 % für die nonverbalen Kategorien (Hahlweg et al., 1987).

Im EPL-Projekt erfolgte die KPI-Auswertung durch vier weibliche und einen männlichen Beobachter, die in einem auf vier Termine verteilten 16-stündigen Beobachtertraining geschult wurden und anschließend regelmäßig Supervision besuchten. Die Beobachterübereinstimmung, die dreimal im Jahr erhoben wurde, lag - bezogen auf die Gesamtmatrix - zwischen 72% und 84%. Die Beobachter waren "blind" hinsichtlich der Gruppenzugehörigkeit der beurteilten Paare und des Meßzeitpunktes der auszuwertenden Videoaufzeichnung.

Auch zur Validität des KPI liegen deutliche Ergebnisse in der Partnerschaftsforschung vor. So konnten die Autoren die diskriminative Validität anhand der Unterscheidung von Partnerschaften mit hoher versus niedriger Ehezufriedenheit nachweisen (Hahlweget al., 1984a), und paartherapiebedingte Veränderungen der Kommunikation aufzeigen (Hahlweg et al., 1984b).

Insgesamt kann man das Kategoriensystem für Partnerschaftliche Interaktion als ein Instrument bezeichnen, mit dem sich genau diejenigen beobachtbaren Gesprächsverhaltensweisen zuverlässig messen lassen, die sich durch die Teilnahme an einem präventiven Kommunikationstraining gezielt verändern sollten. Kaum zu erfassen sind damit natürlich Einstellungsveränderungen, wie zum Beispiel die Bereitschaft, sich vor allem bei schwierigeren emotionalen Themen oder Problemlösegesprächen grundsätzlich auf regelgemäße Kommunikation zu konzentrieren.

6.2.5. Datenerhebung

Vor jedem Erhebungszeitpunkt wurden die Paare durch einen Informationsbrief über die Absichten des Projektes motiviert, an der Befragung teilzunehmen. Anschließend wurde mit ihnen telefonisch ein Termin vereinbart. Die Paare wurden in chronologischer Reihenfolge zu einem Erhebungstermin ins Institut eingeladen. Die Terminplanung mit den zeitlich meist sehr eingebundenen Paaren gestaltete sich häufig sehr schwierig und erforderte viel Geduld und Überzeugungsarbeit.
Paaren, die zwischenzeitlich weit weg verzogen waren (bis zur 5-Jahres-Katamnese etwa ein Fünftel der noch in der Stichprobe befindlichen Paare), wurden die Fragebögen zusammen mit Tonkassetten samt einem Begleitbrief und einer detaillierten Arbeitsanleitung zugeschickt.
Die Durchführung der Erhebung nahm jeweils ca. 1,5 bis 2 Stunden in Anspruch, wofür die Paare eine Aufwandsentschädigung von DM 50,- erhielten.
In diesem Zeitraum wurde der vollständige Fragebogensatz von jedem Partner individuell ausgefüllt, wobei eine Projektassistentin jeweils beiden bei Rückfragen zur Verfügung stand.
Anschließend wurden die Paare gebeten, ein Problem ihrer Beziehung zu diskutieren, ohne daß die Projektassistentin anwesend war. Die Themen "mittlerer Schwierigkeit" wurden anhand der Angaben des Paares aus dem Fragebogen "Bereiche des Zusammenlebens" ausgewählt. Während der Diskussion sollten sie ihre Gedanken und Gefühle zum Thema äußern und versuchen, erste Lösungsschritte einzuschlagen. Im Anschluß besprach die Projektassistentin die angerissenen Probleme, um die negativen Gefühle, die sich während des Konfliktgespräches eingestellt haben könnten, soweit wie möglich abzubauen.
Die Interaktionen wurden auf Videoband aufgenommen und mit Hilfe des "Kategoriensystems für Partnerschaftliche Interaktion" ausgewertet.

Eine weitere sehr wichtige Funktion des Datenerhebers bestand in der Betreuung der von den Paaren mitgebrachten Kinder, damit die Eltern möglichst ungestört ihre Fragebögen ausfüllen und ihre Problemdiskussion führen konnten.

6.2.6. Datenauswertung

Die statistische Auswertung erfolgte mit Hilfe des Programmsystems SPSSPC 4.0 (Norusis, 1992) mit den üblichen Verfahren. Je nach Fragestellung und Datenbeschaffenheit kamen zum Einsatz: Chi-Quadrat-Tests; t-Tests für abhängige und unabhängige Stichproben, Pearson- und Spearman-Rang-Korrelationen sowie Kovarianzanalysen.

Alle Analysen bei den Fragebogen- und Kommunikationsvariablen, in denen nicht explizit eine andere Stichprobengröße genannt wird, wurden nur über die Paare gerechnet, für die bei allen 5 Meßzeitpunkten vollständige Daten vorlagen (57 Paare; EPL=44, KG=13 Paare).

7. Ergebnisse

Die nachfolgenden Ergebnisse der Prä- und Post-Messungen, sowie der 1,5-, der 3- und der 5-Jahres-Katamnese sind - wenn nicht anders angegeben - jeweils an den 44 (=88 Personen) EPL- und 13 (=26 Personen) Kontrollpaaren errechnet, die sich auch noch zur 5-Jahres-Katamnese in der Stichprobe befanden. Die zuweilen abweichenden Stichprobengrößen sind auf unvollständige Datensätze bei einigen Personen zurückzuführen. Drei weitere noch in der Stichprobe befindliche EPL-Paare wurden ausgeschlossen, da sie zur Prä-Erhebung eine zu niedrige Ehe-/Partnerschaftsqualität aufwiesen (beide Partner hatten einen MAT-Gesamtscore < 100) und deshalb in ihren Ausgangsdaten nicht mit der Kontrollgruppe und den anderen EPL-Paaren vergleichbar waren.
Das Gesprächsverhalten der Paare wird - wenn nicht anders angegeben - durch die positiven und negativen relativen KPI-Gesamtkategorien, die selbst eingeschätzte Zufriedenheit mit der Ehe/Partnerschaft durch den MAT- und PFB-Gesamtscore operationalisiert.
Diese Arbeit kann sich größtenteils auf die Auswertung der oben genannten Erhebungsmaterialien beschränken, da die diversen anderen Fragebögen in Bezug auf die Effektivität des EPL keine nennenswerten Ergebnisse zeigten. Eine detaillierte Teilauswertung dieser Bögen bis zur 3-Jahres-Katamnese findet sich bei Thurmaier et al. (1993).

Gruppen-, Zeitpunkt- und Gruppen- x Zeitpunkt-Effekte

Die multivariate Varianzanalyse ergab sowohl bei den vier KPI-Gesamtkategorien als auch bei den beiden Werten zur Ehe-/Partnerschaftszufriedenheit einige signifikante bis hochsignifikante Effekte.
Im einzelnen zeigten sich bei der <u>verbal positiven</u> Gesamtkategorie ein hochsignifikanter Gruppen- ($F(1.108) = 63.67$, $p < .000$) und Zeitpunkt- ($F(4.105) = 16.52$, $p < .000$) und ein signifikanter Gruppen x Zeitpunkt-Effekt ($F(4.105) = 2.75$, $p < .032$). Bei der <u>verbal negativen</u> Gesamtkategorie ergaben sich ein hochsignifikanter Gruppen- ($F(1.108) = 51.17$, $p < .000$), Zeitpunkt- ($F(4.105) = 12.43$, $p < .000$) und Gruppen x Zeitpunkt-Effekt ($F(4.105) = 11.98$, $p < .000$). Bei der <u>nonverbal positiven</u> Kategorie kam es zu einem hochsignifikanten Gruppen- ($F(1.108) = 16.35$, $p < .000$)

und Zeitpunkt- ($F(4.105) = 8.15$, $p < .000$) und zu einem signifikanten Gruppen x Zeitpunkt-Effekt ($F(4.105) = 3.21$, $p < .016$). Bei der nonverbal negativen Kategorie schließlich ergaben sich ein hochsignifikanter Gruppen- ($F(1.108) = 14.93$, $p < .000$), Zeitpunkt- ($F(4.105) = 5.26$, $p < .001$) und Gruppen x Zeitpunkt-Effekt ($F(4.105) = 4.80$, $p < .001$).

Beim MAT-Gesamtscore zeigten sich ein hochsignifikanter Zeitpunkt- ($F(4.108) = 8.60$, $p < .000$) und Gruppen- x Zeitpunkt-Effekt ($F(4.108) = 3.79$, $p < .006$) und beim PFB-Gesamtscore ein hochsignifikanter Zeitpunkt-Effekt ($F(2.104) = 25.05$, $p < .000$).

In den folgenden Kapiteln werden diese Ergebnisse in zahlreichen Inter- und Intragruppenvergleichen detaillierter aufgeschlüsselt.

7.1. Die kurzfristige Effektivität des EPL

Kurz vor (Prä) und kurz nach (Post) den jeweiligen Ehevorbereitungskursen wurden an insgesamt 77 EPL-Paaren und 32 Kontrollpaaren (Paare, die eine andere Form von Ehevorbereitungskursen bzw. keinerlei Kurse besuchten) Daten erhoben, um die kurzfristigen Lernerfolge der EPL-Paare im Vergleich zu anderen Paaren zu überprüfen (siehe Thurmaier et al., 1992). Die folgenden Ergebnisse beziehen sich - wenn nicht anders angegeben - auf die oben beschriebenen 44 EPL- und 13 Kontrollpaare.

7.1.1. Inter- und Intragruppenvergleiche zur Prä- und Post-Messung hinsichtlich der Kommunikationsgüte und der Ehezufriedenheit

In ihrem Gesprächsverhalten zur Prä-Messung unterschieden sich EPL- und Kontrollgruppe nur unwesentlich voneinander (siehe Tabelle Nr. 7.1.1.1.). EPL-Paare verwendeten im Mittel signifikant häufiger positive Verbalkategorien ($t(112) = 2.14$, $p < .035$), dafür verhielten sie sich nonverbal signifikant häufiger negativ ($t(112) = 2.02$, $p < .048$) als die Paare der Kontrollgruppe.

Die Zufriedenheit mit ihrer Ehe/Partnerschaft schätzten die EPL-Paare vom Trend her (t(112) = -1.95, p < .054) geringer ein als die Kontrollgruppenpaare (siehe Tabelle Nr. 7.1.1.1.).

Tabelle Nr. 7.1.1.1
Mittelwertsunterschiede zwischen EPL- und Kontrollgruppe zum Meßzeitpunkt Prä hinsichtlich der positiven und negativen relativen KPI-Gesamtkategorien und des MAT-Gesamtscores.

Variable	EPL (Prä)		KG (Prä)		*t-Wert)*	*p (2-seitig)*
n	88		26		*df* = 112	
	M	*SD*	*M*	*SD*		
KPI-Gesamtkategorien						
Verbal positiv	35.3	17.3	27.4	14.7	2.14	.035
Verbal negativ	21.0	14.1	19.5	13.1	.49	.625
Nonverbal positiv	78.9	26.0	78.6	26.0	.05	.963
Nonverbal negativ	11.0	16.4	5.4	11.0	2.02	.048
MAT-Gesamtscore	117.4	13.5	123.2	13.2	- 1.95	.054

Anmerkungen. T-Tests für unabhängige Stichproben.

Zur Post-Messung zeigte sich im Intergruppenvergleich ein deutlich verändertes Bild (siehe Tabelle 7.1.1.2). Um die teilweise unterschiedlichen Werte der Gruppen zur Prä-Messung zu berücksichtigen, wurden Kovarianzen mit den Prä-Werten als Kovariaten gerechnet, die folgende Ergebnisse erbrachten: In allen vier KPI-Gesamtkategorien waren nun die EPL-Paare den Kontrollgruppenpaaren überlegen. Sie gebrauchten hochsignifikant (F(111) = 17.40, p < .000) mehr positive Verbalkategorien, hochsignifikant (F(111) = 11.73, p < .000) weniger negative Verbalkategorien, zeigten hochsignifikant (F(111) = 16.51, p < .000) mehr nonverbal positives Verhalten und auch hochsignifikant (F(111) = 5.80, p < .004) weniger nonverbal negatives Verhalten.

Auch in der Einschätzung der Ehe-/Partnerschaftszufriedenheit ergab sich nun ein hochsignifikanter (F(111) = 41.64, p < .000) Unterschied zugunsten der EPL-Gruppe.

Tabelle Nr. 7.1.1.2
Mittelwerte und Gruppen- x Zeitpunkteffekte der EPL- und Kontrollgruppe zum Meßzeitpunkt Post hinsichtlich der positiven und negativen relativen KPI-Gesamtkategorien und des MAT-Gesamtscores.

Variable	EPL (Post)		KG (Post)		*F-Wert*	*p (2-seitig)*
n	88		26		*df* = 111	
	M	*SD*	*M*	*SD*		
KPI-Gesamtkategorien						
Verbal positiv	49.9	18.0	28.9	16.5	17.40	.000
Verbal negativ	10.4	12.2	18.8	12.2	11.73	.000
Nonverbal positiv	94.4	12.2	79.9	25.3	16.51	.000
Nonverbal negativ	2.2	4.5	7.0	18.9	5.80	.004
MAT-Gesamtscore	120.5	11.3	124.1	15.6	41.64	.000

Anmerkungen. Kovarianzanalysen. Als Kovariaten wurden die Prä-Werte der getesteten Items verwendet.

Im Intragruppenvergleich über die Prä- und Post-Messung wiesen die EPL-Teilnehmer in allen vier KPI-Gesamtkategorien hochsignifikante Verbesserungen auf (siehe Tabelle Nr. 7.1.1.3). Sie verwendeten zur Post-Messung hochsignifikant mehr positive Verbalkategorien (t(87) = -5.59, p < .000), hochsignifikant weniger negative Verbalkategorien (t(87) = 6.01, p < .000), hochsignifikant öfter die positive nonverbale Kategorie (t(87) = -5.49, p < .000) und hochsignifikant seltener die negative nonverbale Kategorie (t(87) = 5.17, p < .000) als zur Prä-Messung. Auch die Ehe-/Partnerschaftszufriedenheit verbesserte sich bei den EPL-Teilnehmern von Prä nach Post hochsignifikant (t(87) = -2.65, p < .009).

Tabelle Nr. 7.1.1.3
Mittelwertsunterschiede der EPL-Gruppe zwischen den Meßzeitpunkten Prä und Post hinsichtlich der positiven und negativen relativen KPI-Gesamtkategorien und des MAT-Gesamtscores.

Variable	EPL (Prä)		EPL (Post)		*t-Wert*	*p (2-seitig)*
n	88		88		*df* = 87	
	M	*SD*	*M*	*SD*		
KPI-Gesamtkategorien						
Verbal positiv	35.3	17.2	49.9	18.0	- 5.59	.000
Verbal negativ	21.0	14.1	10.4	12.2	6.01	.000
Nonverbal positiv	78.9	26.0	94.4	12.2	- 5.49	.000
Nonverbal negativ	11.0	16.4	2.2	4.5	5.17	.000
MAT-Gesamtscore	117.4	13.5	120.5	11.3	- 2.65	.009

Anmerkungen. T-Tests für abhängige Stichproben.

Im Gegensatz dazu zeigten die Personen der Kontrollgruppe von Prä nach Post keinerlei signifikante Veränderungen, weder in der Kommunikationsgüte noch in der selbst eingeschätzten Ehe-/Partnerschaftszufriedenheit (siehe Tabelle Nr. 7.1.1.4).

Diese Ergebnisse legen nahe, daß die im EPL-Kurs vermittelten und eingeübten Gesprächsregeln für eine konstruktive Kommunikation von den Paaren gelernt und zumindest kurzfristig angewendet werden konnten. Daß die Kommunikationsqualität der Kontrollpaare unverändert bleiben würde, war vorauszusehen, da in anderen Ehevorbereitungskursen zwar häufig mit Paargesprächen gearbeitet wird, diese aber nicht angeleitet und somit auch nicht formal verändert werden. Die signifikante Verbesserung der Ehe-/Partnerschaftszufriedenheit der EPL-Paare überrascht, da positive Einflüsse einer verbesserten Kommunikation auf die Beziehungsqualität nicht schon nach so kurzer Zeit zu erwarten waren. Anzunehmen ist, daß die positiven Erfahrungen, die die Paare während des EPL mit der neuen „regelgemäßen" Art zu sprechen sammeln konnten, sie hoffen ließen, in Zukunft mit den problematischen

Themen ihrer Beziehung konstruktiver umzugehen, und daß diese Hoffnung bereits die Paare ihre Zufriedenheit mit der Ehe/Partnerschaft höher einschätzen ließ.

Tabelle Nr. 7.1.1.4
Mittelwertsunterschiede der KG-Gruppe zwischen den Meßzeitpunkten Prä und Post hinsichtlich der positiven und negativen relativen KPI-Gesamtkategorien und des MAT-Gesamtscores.

Variable	KG (Prä)		KG (Post)		*t-Wert*	*p (2-seitig)*
n	26		26		*df* = 25	
	M	*SD*	*M*	*SD*		
KPI-Gesamtkategorien						
Verbal positiv	27.4	14.7	28.9	16.5	- .52	.606
Verbal negativ	19.5	13.1	18.8	12.2	.19	.850
Nonverbal positiv	78.6	26.0	79.9	25.3	- .28	.784
Nonverbal negativ	5.4	11.0	7.0	18.9	- .42	.676
MAT-Gesamtscore	123.2	13.2	124.1	15.6	- .46	.652

Anmerkungen. T-Tests für abhängige Stichproben.

7.1.2. Differenzierte Ergebnisse zu Veränderungen im partnerschaftlichen Kommunikationsverhalten nach dem Kommunikationstraining EPL

Es sollen einige detailliertere Auswertungen von den mit dem „Kategoriensystem für Partnerschaftliche Interaktion (KPI)" gemessenen kommunikativen Veränderungen bei EPL-Paaren geschildert werden. In diese Berechnungen gingen erneut nicht die absoluten Auftretenshäufigkeiten der KPI-Kategorien sondern ausschließlich die relativen (prozentualen) Häufigkeiten derselben innerhalb eines Gespräches ein, da letztere für eine Einschätzung des Gesamttenors eines Gespräches geeigneter erscheinen.

Um der Frage nachzugehen, welche EPL-Teilnehmer kurzfristig (von der Prä- zur Post-Messung) den größten Lernerfolg erzielten, wurden vier neue Variablen gebildet. Diese Variablen geben die Zuwachsraten der KPI-Gesamtkategorien (nur positive und negative Gesamtkategorien) von Prä nach Post an. Dadurch wird also ersichtlich, in welchem Ausmaß bei der Postmessung verglichen mit der Prämessung z.B. die positiven Gesamtkategorien in den Gesprächen zu-, die negativen abnehmen. Zudem wurden noch ein verbaler und ein nonverbaler Lernindex gebildet. Diese Lernindices berechnen sich wie folgt aus:

1. Variable: Zuwachs der positiven verbalen Gesamtkategorie von Prä zu Post
2. Variable: Zuwachs der negativen verbalen Gesamtkategorie von Prä zu Post
3. Variable: Zuwachs aus 1. Variable minus Zuwachs aus 2. Variable = verbaler Lernindex
4. Variable: Zuwachs der positiven nonverbalen Gesamtkategorie von Prä zu Post
5. Variable: Zuwachs der negativen nonverbalen Gesamtkategorie von Prä zu Post
6. Variable: Zuwachs aus 4. Variable minus Zuwachs aus 5. Variable = nonverbaler Lernindex

Lange Zeit hielten sich die Vorurteile auf Seiten der Kritiker von Ehevorbereitung auf Kommunikationstrainingsbasis, EPL sei nur auf Paare mit hoher Schulbildung zuge-

schnitten, sowie auf Paare, die sowieso schon gut und reflektiert kommunizierten und somit von den Kursen profitieren könnten.
Zur Überprüfung dieser Annahmen und anderer möglicher Eigenschaften eines „idealen" EPL-Teilnehmers wurden Pearson-Korrelationen oder Spearman-Rangkorrelationen zwischen den oben beschriebenen Variablen der Zuwachsraten von KPI-Gesamtkategorien sowie den beiden Lernindices einerseits und diversen Fragebogendaten der Prä-Messung andererseits gerechnet.

Sozioökonomische Variablen und Lernerfolg

Lernten die Teilnehmer mit besserer Schulbildung im EPL mehr als die mit geringerer Schulbildung? Die Rangkorrelationen zwischen der Variablen Schulbildung und allen sechs Zuwachs- und Lernindex-Variablen waren nicht signifikant (siehe Tabelle Nr 7.1.2.1). Es scheint also keinen Zusammenhang zwischen dem Grad der schulischen Bildung und den Lernerfolgen im EPL zu geben.
Kein Zusammenhang mit dem Lernerfolg ergab sich auch beim Alter der Teilnehmer (siehe Tabelle Nr 7.1.2.1), wobei das Alter der EPL-Stichprobe (M = 27.8 Jahre, SD = 5.2 Jahre) als eher homogen zu bezeichnen ist.
Ebenso wenig verbunden mit dem Lernerfolg zeigten sich auch andere sozioökonomische Items aus dem Fragebogen „Fragen zur Person" wie Religiosität, Verbundenheit mit der Kirche, Ehezufriedenheit der Eltern, Einschätzung des Partners durch die Eltern, Bewertung der Schwiegereltern (siehe Tabelle Nr 7.1.2.1).
Lediglich die Dauer der Beziehung scheint für den Lernerfolg eine gewisse Rolle zu spielen. Bei den EPL-Teilnehmern ($n = 154$) ergab sich ein hochsignifikanter Zusammenhang zwischen der Zeit, die die Partner schon „miteinander gehen" und dem Lernzuwachs der positiven Verbalkategorien ($r = .23$, $p < .004$) sowie dem verbalen Lernindex ($r = .23$, $p < .005$). Und ein signifikanter Zusammenhang ($r = .17$, $p < .034$) ließ sich zwischen der Zeit, die sich die Partner „kennen", und dem verbalen Lernindex finden (siehe Tabelle Nr 7.1.2.1). Möglicherweise vernachlässigten die Paare, die sich länger kannten und vor allem länger „miteinander gingen", aus Gewohnheit ein wenig den positiven verbalen Umgang miteinander, sodaß sie in diesem Bereich einen deutlicheren Lernzuwachs durch den EPL-Kurs verzeichnen konnten als die Paare mit geringerer Beziehungsdauer.

Tabelle Nr. 7.1.2.1
Zusammenhänge zwischen den KPI-Lernzuwachsen/KPI-Lernindices und sozioökonomischen Variablen der EPL-Paarstichprobe (n = 154) zum Meßzeitpunkt Prä

Sozioökonomische Variablen	Zuwachs verbal positiv	Zuwachs verbal negativ	Verbaler Lernindex	Zuwachs nonverbal positiv	Zuwachs nonverbal negativ	Nonverbaler Lernindex
Alter	-.04	.08	-.06	.02	.01	.01
	.657	.328	.453	.817	.898	.925
Schulbildung	.07	-.05	.07	-.03	.13	-.08
	.395	.521	.388	.698	.105	.335
Religiosität	.05	.04	.02	.08	.02	.05
	.522	.610	.852	.309	.853	.561
Verbunden-	.05	.06	.01	-.00	.06	-.03
heit Kirche	.502	.462	.919	.983	.436	.722
Ehe der	.06	.13	-.02	-.02	.05	-.04
Eltern	.482	.125	.808	.800	.532	.660
Eltern gegen-	.06	.05	.01	.11	-.00	.07
über Partner	.493	.527	.874	.175	.995	.375
Schwieger-	-.02	.00	-.02	.12	-.07	.11
eltern	.787	.966	.842	.149	.381	.184
Sich Kennen	.15	-.15	.17	.08	.04	.03
	.057	.068	.034	.351	.614	.699
Miteinander	.23	-.15	.23	.14	-.08	.13
Gehen	.004	.058	.005	.081	.335	.122

Anmerkungen. Pearson- oder Spearman-Rang-Korrelationen mit jeweiligem p-Wert (2-seitig).

Ehe-/Partnerschaftszufriedenheit und Lernerfolg

Auf die gesamte EPL-Paargruppe (n = 154, = 77 EPL-Paare) bezogen ergaben sich keine Zusammenhänge zwischen den Zuwachs- und den Lernindex-Variablen einerseits sowie dem Gesamtscore des „Marital Adjustment Test (MAT)“ und dem Gesamtscore des Fragebogens „Bereiche des Zusammenlebens“ andererseits (siehe Tabelle Nr. 7.1.2.2). Der Lernerfolg scheint sich also unabhängig von der subjektiv empfundenen Ehe-/Partnerschaftszufriedenheit und der Problembelastung der Beziehung einzustellen.

Tabelle Nr. 7.1.2.2
Zusammenhänge zwischen den KPI-Lernzuwachsen/KPI-Lernindices und Werten zur Ehe-/Partnerschaftszufriedenheit (MAT- und „Bereiche des Zusammenlebens"-Gesamtscores) der EPL-Paarstichprobe (n = 154) zum Meßzeitpunkt Prä

Ehe-/Partner-schafts-zufriedenheit	Zuwachs verbal positiv	Zuwachs verbal negativ	Verbaler Lernindex	Zuwachs nonverbal positiv	Zuwachs nonverbal negativ	Nonverbaler Lernindex
MAT-Gesamtscore	-.07 .418	-.06 .478	-.02 .837	-.10 .200	.05 .536	-.09 .268
Bereiche-Gesamtscore	.08 .332	-.01 .951	.05 .502	.09 .291	-.05 .553	.08 .342

Anmerkungen. Pearson-Korrelationen mit jeweiligem p-Wert (2-seitig).

In der EPL-Stichprobe befanden sich wider Erwarten auch 13 Paare (16.9% der EPL-Gesamtgruppe), bei denen beide Partner in der Prä-Messung im „Marital Adjustment Test (MAT)" je einen Gesamtwert von unter 100 hatten. Da dieser als Grenzwert für eine gute Ehe- bzw. Partnerschaftsqualität gilt, kann die Beziehung dieser Paare als unzufrieden bezeichnet werden. Können auch deutlich unzufriedene Paare, für die das präventive EPL nicht konzipiert wurde, dennoch mit den anderen Paaren vergleichbare kurzfristige Lernerfolge aufweisen?
Die Mittelwertsvergleiche zwischen der Gruppe der unzufriedenen Paare (EPLNEQ, n = 26) und der Paargruppe, in der jeweils beide Partner einen MAT-Gesamtwert von > 100 erreichen (EPLHEQ, n = 110), über alle sechs oben beschriebenen Variablen zeigen folgende Ergebnisse (siehe Tabelle Nr. 7.1.2.3):
Bei der Zuwachsrate der verbal positiven Gesamtkategorie sowie bei den Zuwachsraten der nonverbal positiven und negativen Kategorien gibt es zwischen den Gruppen keine signifikanten Unterschiede. Dasselbe gilt für den verbalen und den nonverbalen Lernindex. Die Zuwachsrate der verbal negativen Gesamtkategorie nimmt dagegen bei der Gruppe der unzufriedenen Paare signifikant weniger ab als bei der Restgruppe ($t(134) = -2.01$, $p < .047$).
Die Ergebnisse zeigen, daß auch Paare, die sich unzufrieden mit ihrer Beziehung fühlen, zum größten Teil im EPL genauso große Lernerfolge aufweisen wie zufriedenere Paare. Lediglich die Reduktion von verbal negativen Kategorien ist nicht so ausgeprägt. In Anbetracht des Ergebnisses von Markman, daß die Häufigkeit von

negativen Gesprächsmustern mehr als die von positiven ein Prädiktor für den weiteren Partnerschaftsverlauf ist (Markman & Hahlweg, 1993), könnte dieser mangelhafte Abbau negativer Gesprächsverhaltensweisen bei unzufriedenen Paaren zusätzlich ungünstig auf deren Beziehung wirken.

Tabelle Nr. 7.1.2.3
Mittelwertsunterschiede zwischen den zur Prä-Messung unzufriedenen (beide Partner MAT < 100) EPL-Partnern (EPLNEQ) und sehr zufriedenen (beide Partner MAT > 100) EPL-Partnern (EPLHEQ) hinsichtlich der KPI-Lernzuwachs-Variablen.

Variable	EPLNEQ		EPLHEQ		*t-Wert*	*p (2-seitig)*
n	26		110		*df* = 134	
	M	*SD*	*M*	*SD*		
KPI-Lernzuwachs-Variablen						
Zuwachs verbal positiv	16.5	20.6	13.3	22.1	-.67	.503
Zuwachs verbal negativ	-4.1	14.7	-10.7	15.1	-2.01	.047
Verbaler Lernindex	20.6	32.3	24.0	32.9	.47	.639
Zuwachs nonverbal positiv	16.9	28.8	11.3	27.6	-.93	.354
Zuwachs nonverbal negativ	-9.3	-9.1	22.3	16.9	.05	.958
Nonverbaler Lernindex	26.2	48.9	20.3	40.3	-.64	.525

Anmerkungen. T-Tests für unabhängige Stichproben.

Erwartungen an die Ehe/Partnerschaft und Lernerfolg

Einige signifikante negative Korrelationen fanden sich zwischen Variablen des Lernerfolges und vier von fünf Faktoren des Fragebogens „Erwartungen an die Ehe/Partnerschaft" (siehe Tabelle Nr. 7.1.2.4). Mittels einer Faktorenanalyse waren aus den 22 Items des Erwartungsfragebogens folgende 5 Faktoren gebildet worden: „Vertrauen und Wertschätzung", „Religion", „Gegenseitige Anregung", „Sicherheit", „Selbständigkeit" (vergl. Kap. 6.2.4.).
Hochsignifikant korrelierte der Zuwachs der positiven Verbalkategorien mit dem Faktor „Vertrauen und Wertschätzung" (r = -.22, p < .006), mit dem Faktor „Gegenseitige Anregung" (r = -.21, p < .008) und mit dem Faktor „Sicherheit" (r = -.23, p < .005). Der verbale Lernindex korrelierte hochsignifikant mit dem Faktor „Vertrauen und Wertschätzung" (r = -.22, p < .007) und signifikant mit den Faktoren „Gegenseitige Anregung" (r = -.18, p < .025) und „Sicherheit" (r = -.20, p < .012). Der Zuwachs der positiven Nonverbalkategorien korrelierte signifikant mit den Faktoren „Vertrauen und Wertschätzung" (r = -.20, p < .013), „Gegenseitige Anregung" (r = -.20, p < .012) und „Selbständigkeit" (r = -.19, p < .016). Der nonverbale Lernindex korrelierte signifikant mit den Faktoren „Vertrauen und Wertschätzung" (r = -.18, p < .027) und „Gegenseitige Anregung" (r = -.17, p < .036). Nur der Faktor „Religion" zeigte keinerlei signifikante Zusammenhänge mit den Variablen des Lernerfolges im EPL. Je geringer die Items der Faktoren „Vertrauen und Wertschätzung", „Gegenseitige Anregung", „Sicherheit" und „Selbständigkeit" von den Teilnehmern in ihrer Wichtigkeit für die eigene Partnerschaft eingeschätzt wurden desto größer waren die Zuwachsraten bei den positiven Verbal- und Nonverbal-Gesamtkategorien.
Diese Ergebnisse sind schwer zu interpretieren, da beim Erwartungsfragebogen die Intention, mit der der Proband die Items ankreuzt, nicht klar wird. Wenn er zum Beispiel den Begriff „Finanzielle Sicherheit" mit „überhaupt nicht wichtig" ankreuzt, so ist daraus nicht ersichtlich, ob er in seiner jetzigen Partnerschaft diese Sicherheit zur Genüge hat und sie deshalb nicht mehr für wichtig hält, oder ob sie zwar nicht vorhanden ist, aber dennoch nicht vermißt wird, weil die Zufriedenheit des Probanden mit anderen Bereichen seiner Beziehung diesen Mangel ausgleicht.

Tabelle Nr. 7.1.2.4
Zusammenhänge zwischen den KPI-Lernzuwachsen/KPI-Lernindices und den Faktoren des Fragebogens „Erwartungen an die Ehe" der EPL-Paarstichprobe (n = 154) zum Meßzeitpunkt Prä

Erwartungen an die Ehe: Faktoren	Zuwachs verbal positiv	Zuwachs verbal negativ	Verbaler Lernindex	Zuwachs nonverbal positiv	Zuwachs nonverbal negativ	Nonverbaler Lernindex
Vertrauen und Wert-schätzung	-.22 .006	.15 .059	-.22 .007	-.20 .013	.11 .176	-.18 .027
Religion	-.11 .169	-.00 .954	-.07 .377	-.04 .621	-.08 .306	.01 .900
Gegenseitige Anregung	-.21 .008	.08 .306	-.18 .025	-.20 .012	.09 .292	-.17 .036
Sicherheit	-.23 .005	.11 .169	-.20 .012	-.15 .058	-.00 .959	-.10 .227
Selbständig-keit	-.02 .765	.00 .978	-.02 .833	-.19 .016	.05 .544	-.15 .066

Anmerkungen. Pearson-Korrelationen mit jeweiligem p-Wert (2-seitig).

Ursprüngliche Kommunikationsgüte und Lernerfolg

Lernen die von Anbeginn besseren Kommunizierer im EPL mehr als die schlechteren Kommunizierer? Um diesem häufig genannten Vorurteil gegen das EPL nachzugehen, wurde eine Median-Halbierung über alle vier KPI-Gesamtkategorien vorgenommen (siehe Tabelle Nr. 7.1.2.5). Darauf wurden zwei Gruppen gebildet: In der Gruppe der durchgehend schlechteren Kommunizierer (n = 30) liegen die Werte der beiden positiven Gesamtkategorien (verbal und nonverbal) unter, die Werte der beiden negativen Gesamtkategorien (verbal und nonverbal) über dem Median. In der Gruppe der durchgehend besseren Kommunizierer (n = 24) liegen die Werte genau umgekehrt bei den beiden positiven Gesamtkategorien (verbal und nonverbal) über und bei den beiden negativen Gesamtkategorien (verbal und nonverbal) unter dem Median. Die mittlere Gruppe, deren KPI-Werte nicht durchgehend schlechter oder besser als der Median waren, wurde in den weiteren Berechnungen nicht berücksichtigt.

Tabelle Nr. 7.1.2.5
Median-Werte der relativen KPI-Gesamtkategorien zur Prä-Messung
n = 218

KPI Gesamtkategorien relativ	Median-Werte
Positive Verbalkategorien gesamt	32.60
Negative Verbalkategorien gesamt	17.80
Nonverbal positiv	93.20
Nonverbal negativ	1.75

Von der Prä- zur Post-Messung erzielten die „schlechten" Kommunizierer in allen sechs Lernerfolgsvariablen hochsignifikant bessere Zuwachsraten als die „guten" Kommunizierer (siehe Tabelle Nr. 7.1.2.6).

Tabelle Nr. 7.1.2.6
Mittelwertsunterschiede zwischen den zur Prä-Messung „schlechten"und „guten" Kommunizierern hinsichtlich der KPI-Lernzuwachs-Variablen.

Variable	„Schlechte" Kommunizierer		„Gute" Kommunizierer		*t-Wert*	*p (2-seitig)*
n	30		24		*df* = 52	
	M	*SD*	*M*	*SD*		
KPI-Lernzuwachs-Variablen						
Zuwachs verbal positiv	24.4	17.9	3.0	23.1	3.84	.000
Zuwachs verbal negativ	-17.4	18.2	1.2	11.1	-4.39	.000
Verbaler Lernindex	41.8	34.3	1.7	29.9	4.52	.000
Zuwachs nonverbal positiv	34.4	41.6	-1.3	7.0	4.62	.000
Zuwachs nonverbal negativ	-23.0	25.8	.7	2.0	-5.00	.000
Nonverbaler Lernindex	57.3	59.3	-2.0	8.6	5.41	.000

Anmerkungen. T-Tests für unabhängige Stichproben.

Trotz dieser deutlichen Lernerfolge bleiben aber die anfangs besseren Kommunizierer den schlechteren auch bei der Post-Messung in den drei Gesamtkategorien „negativ verbal" (t(52) = 3.27, p < .002), „positiv nonverbal" (t(52) = -3.17, p < .003) und „negativ nonverbal" (t(52) = 2.60, p < .014) signifikant bis hochsignifikant überlegen. Lediglich in der Gesamtkategorie „positiv verbal" konnten die schlechteren Kommunizierer den Vorsprung der besseren ausgleichen (siehe Tabelle Nr. 7.1.2.7).

Tabelle Nr. 7.1.2.7
Mittelwertsunterschiede zwischen den zur Prä-Messung „schlechten"und „guten" Kommunizierern hinsichtlich der relativen Häufigkeiten der KPI-Gesamtkategorien zum Post-Meßzeitpunkt.

Variable	„Schlechte" Kommunizierer		„Gute" Kommunizierer		*t-Wert*	*p (2-seitig)*
n	30		24		*df* = 52	
	M	*SD*	*M*	*SD*		
KPI-Gesamtkategorien Post-Messung						
Verbal positiv	44.1	16.6	51.1	14.8	-1.63	.108
Verbal negativ	18.5	15.4	7.9	8.0	3.27	.002
Nonverbal positiv	80.5	29.1	98.0	7.5	-3.17	.003
Nonverbal negativ	10.6	20.7	0.7	2.0	2.60	.014

Anmerkungen. T-Tests für unabhängige Stichproben.

Mithilfe von Pearson-Korrelationen wurden zudem noch die Zusammenhänge zwischen der verbalen und nonverbalen Kommunikationsgüte zur Prä-Messung einerseits und dem verbalen und nonverbalen Lernindex zwischen Prä- und Post-Messung andererseits berechnet (siehe Tabelle Nr. 7.1.2.8). Je schlechter die Kommunikationsgüte (verbal wie nonverbal) zur Prä-Messung ausfiel, desto größer war der Erfolg in beiden Lernindices. Der Erfolg im nonverbalen Lernindex ist umso erfreulicher, als die EPL-Interventionen in erster Linie auf die Verbesserung verbalen Verhaltens zielen, das nonverbale Verhalten jedoch im Sinne einer kongruenten Kommunikation sich ebenfalls deutlich zu verbessern scheint.

Zusammenfassend läßt sich sagen, daß die anfänglich schlechteren Kommunizierer im EPL in allen vier KPI-Gesamtkategorien hochsignifikant mehr dazulernen als die anfänglich besseren Kommunizierer. Dieses Ergebnis erstaunt insofern nicht, als bei einem geringeren Kommunikationsniveau zwangsläufig noch mehr Möglichkeiten zum Dazulernen gegeben sind. Es zeigt allerdings auch, daß EPL nicht nur für Paare hilfreich ist, die ohnehin schon eine gute Kommunikation aufweisen. Letztere bleiben allerdings auch bei der Post-Messung in drei von vier KPI-Gesamtkategorien noch die besseren Kommunizierer, auch wenn die "schlechteren" nach EPL deutlich aufholen konnten. Erfreulich ist auch der Lernzuwachs in den im EPL-Kurs eher zurückgestellten nonverbalen Gesprächsverhaltensweisen, ist er doch Ausdruck einer kongruenten Kommunikation.

Tabelle Nr. 7.1.2.8
Zusammenhänge zwischen den KPI-Lernzuwachsen/KPI-Lernindices und den relativen Häufigkeiten der KPI-Gesamtkategorien der EPL-Paarstichprobe (n = 154) zum Meßzeitpunkt Prä

KPI-Gesamtkategorien Prä-Messung	Zuwachs verbal positiv	Zuwachs verbal negativ	Verbaler Lernindex	Zuwachs nonverbal positiv	Zuwachs nonverbal negativ	Nonverbaler Lernindex
Verbal positiv	-.58 .000	.22 .007	-.48 .000	-.22 .006	.26 .001	-.26 .001
Verbal negativ	.34 .000	-.68 .000	.54 .000	.39 .000	-.47 .000	.46 .000
Nonverbal positiv	-.19 .022	.30 .000	-.26 .001	-.78 .000	.69 .000	-.82 .000
Nonverbal negativ	.16 .047	-.32 .000	.26 .001	.56 .000	-.86 .000	.74 .000

Anmerkungen. Pearson-Korrelationen mit jeweiligem p-Wert (2-seitig).

Geschlecht und Lernerfolg

Lernen Frauen im EPL mehr als Männer? In zahlreichen Veröffentlichungen werden Frauen gegenüber den Männern als die besseren Kommunizierer beschrieben. Festzustehen scheint, daß sie es sind, die in der Partnerschaft einen Großteil der Beziehungsarbeit leisten, indem sie beziehungsrelevante Themen mit ihrem Partner

zu besprechen versuchen (vergl. Kap. 3.2.). Doch wie gestalten sie diese Gespräche? Gibt es dabei deutliche Unterschiede zur „männlichen" Kommunikation?
Um diese Fragen zu beantworten, wurden die KPI-Gesamtkategorienwerte der Frauen (n = 109) mit denen der Männer (n = 109) der Gesamtstichprobe zur Prä-Messung verglichen, wobei sich kein signifikanter Unterschied zwischen den Geschlechtern fand (siehe Tabelle Nr. 7.1.2.9).

Tabelle Nr. 7.1.2.9
Mittelwertsunterschiede der Männer und Frauen der Gesamtstichprobe hinsichtlich der relativen Häufigkeiten der KPI-Gesamtkategorien zum Prä-Meßzeitpunkt.

Variable	Männer		Frauen		*t-Wert*	*p (2-seitig)*
n	109		109		*df* = 216	
	M	*SD*	*M*	*SD*		
KPI-Gesamtkategorien Prä-Messung						
Verbal positiv	31.9	17.2	33.4	15.0	-.71	.480
Verbal negativ	17.9	14.6	20.5	13.6	-1.36	.176
Nonverbal positiv	79.9	25.3	79.5	25.2	.10	.918
Nonverbal negativ	9.2	17.1	10.8	19.4	-.65	.518

Anmerkungen. T-Tests für unabhängige Stichproben.

Auch in der nächstdifferenzierteren KPI-Ebene der Verbal-Kategorien fanden sich keinerlei signifikante Unterschiede (siehe Tabelle Nr. 7.1.2.10).

Die viel zitierten geschlechtsspezifischen Kommunikationsunterschiede können also für die doch recht umfangreiche EPL-Stichprobe nicht bestätigt werden.

Tabelle Nr. 7.1.2.10
Mittelwertsunterschiede der Männer und Frauen der Gesamtstichprobe hinsichtlich der relativen Häufigkeiten der KPI-Kategorien zum Prä-Meßzeitpunkt.

Variable	Männer		Frauen		*t-Wert*	*p (2-seitig)*
n	109		109		*df* = 216	
	M	*SD*	*M*	*SD*		
KPI-Kategorien Prä-Messung						
Selbstöffnung	12.3	9.7	13.6	9.0	-1.00	.321
Positive Lösung	2.4	3.7	2.1	2.9	.70	.483
Akzeptanz	3.3	5.7	2.9	3.4	.60	.548
Zustimmung	13.6	9,4	14.9	10.3	-.75	.456
Kritik	2.0	5.0	2.5	4.1	-.82	.413
Negative Lösung	1.0	2.5	0.8	1.5	.71	.477
Nichtübereinstimmung	12.6	10.4	14.7	9.6	-1.57	.119
Rechtfertigung	2.3	4.1	2.5	4.2	-.29	.773
Problembeschreibung	36.9	16.0	35.7	16.5	.57	.570
Metakommunikation	1.7	2.6	1.5	2.6	.53	.595

Anmerkungen. T-Tests für unabhängige Stichproben.

Wie steht es aber um den EPL-Lernzuwachs bei den Geschlechtern? Bei einem Mittelwertsvergleich über alle vier Lernzuwachsvariablen und die beiden Lernindices ergaben sich ebenfalls keine signifikanten Unterschiede zwischen der Gruppe der EPL-Frauen (n = 77) und der der EPL-Männer (n = 77). Im Mittel weisen beide die selben deutlichen Verbesserungen auf (siehe Tabelle Nr. 7.1.2.11).

Tabelle Nr. 7.1.2.11
Mittelwertsunterschiede zwischen den EPL-Männern und EPL-Frauen hinsichtlich der KPI-Lernzuwachs-Variablen.

Variable	EPL-Männer		EPL-Frauen		*t-Wert*	*p (2-seitig)*
n	77		77		*df* = 152	
	M	*SD*	*M*	*SD*		
KPI-Lernzuwachs-Variablen						
Zuwachs verbal positiv	14.5	23.3	14.6	20.0	-.02	.988
Zuwachs verbal negativ	-8.3	16.7	-10.4	13.8	.85	.399
Verbaler Lernindex	22.9	35.6	25.0	29.7	-.40	.686
Zuwachs nonverbal positiv	11.1	27.4	13.0	25.9	-.44	.659
Zuwachs nonverbal negativ	-8.4	17.2	-9.6	18.7	.40	.690
Nonverbaler Lernindex	19.5	40.0	22.6	42.2	-.46	.643

Anmerkungen. T-Tests für unabhängige Stichproben.

Gibt es vielleicht qualitative Unterschiede in der Kommunikationsverbesserung, die Frauen und Männer durch das EPL erfahren? Verbessern sich die Geschlechter in unterschiedlichen Bereichen unterschiedlich stark? Um dieser Frage nachzugehen, wurden die KPI-Werte der EPL-Frauen und -Männer zur Prä- und zur Post-Messung mittels T-Tests für unabhängige Stichproben miteinander verglichen. Wie schon bei der Gesamtstichprobe gab es auch in der EPL-Stichprobe zur Prä-Messung auf den Ebenen der KPI-Gesamtkategorien sowie der verbalen KPI-Kategorien keinerlei signifikante Unterschiede zwischen Frauen und Männern.

Erst auf der differenziertesten Ebene des KPI, den verbalen Subkategorien, gab es bei der Prä-Messung einen einzigen und auch nur auf dem 10%-Niveau signifikanten Unterschied zu Gunsten der EPL-Frauen: EPL-Männer verwendeten dem Trend nach ($t(152) = 1.74$, $p < .085$) mehr scheinbare Lösungsvorschläge. Nach dem EPL konnten sie jedoch diese Differenz ausgleichen, so daß es bei der Post-Messung auch in dieser negativen KPI-Subkategorie keinen signifikanten Unterschied mehr gab ($t(152) = .86$, $p < .392$). Zur Post-Messung zeigten sich bei den KPI-Gesamtkategorien und den verbalen KPI-Kategorien erneut keine signifikanten Unterschiede, während lediglich in einer verbalen Subkategorie, der im KPI als neutral definierten „Gesprächssteuerung und -klärung", die Frauen nach dem EPL vom Trend her signifikant ($t(152) = -1.82$, $p < .071$) höhere Werte zeigten als die Männer. Diese minimalen Unterschiede sind jedoch in Anbetracht der Fülle von berechneten Signifikanztests zu vernachlässigen. Es kann also davon ausgegangen werden, daß es zwischen Frauen und Männern weder einen quantitativen noch einen qualitativen Unterschied im kommunikativen Lernerfolg durch EPL gab.

Profitieren Paare in belastenden Lebenssituationen mehr von konstruktiven Kommunikationsfertigkeiten als in nicht belastenden?

Ausgehend von der Hypothese, daß die Güte der partnerschaftlichen Kommunikation in belastenden Lebenssituationen eine ganz besonders wichtige Rolle spielt, wurde die zur 1,5-Jahreskatamnese noch zur Verfügung stehende Paargesamtstichprobe ($n = 184$) in zwei Gruppen geteilt. Die „belastete" Gruppe ($n = 114$, 57 Paare) rekrutiert sich aus Paaren, von denen mindestens ein Partner mindestens ein belastendes Lebensereignis im Fragebogen „Wichtige Ereignisse" (siehe Kap. 6.2.4.) ankreuzte. In der „unbelasteten" Gruppe ($n = 70$, 35 Paare) gaben jeweils beide Partner keinerlei belastende Lebensereignisse an. Über Pearson-Korrelationen wurden für diese beiden Gruppen die Zusammenhänge zwischen den vier positiven und negativen, verbalen und nonverbalen KPI-Gesamtkategorien einerseits und Variablen der Ehezufriedenheit (MAT-, „Bereiche des Zusammenlebens"- und PFB-Gesamtscores) berechnet.

Bei der unbelasteten Gruppe fand sich keinerlei signifikanter Zusammenhang zwischen dem Gesprächsverhalten und den Werten zur Ehezufriedenheit. (siehe Tabelle Nr. 7.1.2.12).

Bei der belasteten Gruppe dagegen zeigten sich zahlreiche signifikante bis hoch signifikante Korrelationen (siehe Tabelle Nr. 7.1.2.12). Die verbal positive Gesamtkategorie korrelierte signifikant mit dem PFB-Gesamtscore (*r* = .20, p < .039), so auch die nonverbal positive Kategorie (*r* = .19, p < .043). Besonders deutlich wurden aber die Zusammenhänge mit der nonverbal negativen Kategorie. Diese korrelierte hochsignifikant mit dem MAT-Gesamtscore (*r* = -.44, p < .000), dem Gesamtscore des Bogens „Bereiche des Zusammenlebens" (*r* = .45, p < .000) und mit dem PFB-Gesamtwert (*r* = -.29, p < .002).

Tabelle Nr. 7.1.2.12
Zusammenhänge zwischen den relativen KPI-Gesamtkategorien und Werten zur Ehe-/Partnerschaftszufriedenheit (MAT-, „Bereiche des Zusammenlebens"- und PFB-Gesamtscores) der „unbelasteten" Gesamtstichprobe (n = 70) und der „belasteten" Gesamtstichprobe (n = 114) zum Meßzeitpunkt 1,5-Jahres-Katamnese.

Ehe-/Partnerschaftszufriedenheit	Verbal positiv	Verbal negativ	Nonverbal positiv	Nonverbal negativ
MAT-Gesamtscore bei Unbelasteten	-.07 .595	.12 .329	.04 .768	.03 .791
MAT-Gesamtscore bei Belasteten	.18 .051	-.14 .143	.10 .270	-.44 .000
Bereiche-Gesamtscore bei Unbelasteten	.13 .295	-.12 .347	-.16 .200	.09 .455
Bereiche-Gesamtscore bei Belasteten	-.03 .724	-.06 .542	-.22 .112	.45 .000
PFB-Gesamtscore bei Unbelasteten	-.03 .783	.04 .770	.12 .333	.12 .354
PFB-Gesamtscore bei Belasteten	.20 .039	-.08 .427	.19 .043	-.29 .002

Anmerkungen. Pearson-Korrelationen mit jeweiligem p-Wert (2-seitig).

Die Ergebnisse legen den Schluß nahe, daß die Kommunikationsgüte in unbelasteten Zeiten kaum Einfluß auf die erlebte Ehezufriedenheit der Paare hat, während ihr in belasteten oder Krisenzeiten - und hier vor allem dem negativen nonverbalen Gesprächsverhalten - große Bedeutung für die Beziehungsqualität zukommt. Die geringeren Trennungs- und Scheidungsraten der EPL-Paare scheinen zusätzlich dafür zu sprechen, daß die qualitativ bessere Kommunikation gerade in Krisensituationen diese konstruktiver zu meistern hilft.

Zusammenfassung

Die Lernerfolge des präventiven Paarkommunikationstrainings EPL von der Prä- zur Post-Messung zeigten sich unabhängig von der Schulbildung und dem Alter der Teilnehmer. Die Dauer der Partnerschaft korrelierte positiv mit dem Lernzuwachs bei den verbal positiven KPI-Kategorien. Dabei ist allerdings zu berücksichtigen, daß das Teilnehmeralter und die Beziehungsdauer aufgrund der speziellen Zielgruppe heiratswilliger bzw. jung verheirateter Paare relativ homogen war.
Ebenfalls unabhängig zeigte sich der Lernerfolg von der subjektiv erlebten Zufriedenheit der Teilnehmer mit ihrer Ehe oder Partnerschaft. Unzufriedene Paare lernten in ähnlichem Ausmaß dazu wie Zufriedene. Lediglich ihr negatives verbales Gesprächsverhalten konnten sie weniger gut reduzieren als die zufriedenen Paare.
Die Teilnehmer, die vor dem Kurs mit ihrem Partner deutlich schlechter kommunizierten als die übrigen, lernten in ihrem Gesprächsverhalten hochsignifikant mehr dazu als diejenigen, die von Anfang an mit ihrem Partner besser kommunizierten als die übrigen Teilnehmer. Einerseits ist dieses Ergebnis nicht überraschend, weil „schlechte" Kommunizierer auch mehr Nachholbedarf haben. Andererseits zeigt es, daß auch - oder sogar gerade - Leute mit weniger günstigen kommunikativen Voraussetzungen von EPL profitieren können. Obwohl diese durch den Kurs ihre Gesprächsfertigkeiten deutlich verbessern konnten, blieben ihnen allerdings dennoch die von Anfang an „besseren" Kommunizierer überlegen.
Die in der Literatur beschriebenen ausgeprägten Geschlechtsunterschiede in der Kommunikation konnten in dieser Studie nicht nachgewiesen werden. Auch das Ausmaß und die Art des Lernerfolges differierten zwischen den Geschlechtern nicht. Frauen lernten im EPL nicht mehr und nicht weniger, noch lernten sie mit anderen Schwerpunkten als Männer. Es scheint also, daß Männer wie Frauen gleichermaßen von dem Programm profitieren konnten.
Schließlich konnte noch gezeigt werden, daß die Kommunikationsgüte in belasteten Lebenssituationen für die erlebte Zufriedenheit mit der Ehe eine bedeutendere Rolle zu spielen schien als in unbelasteten Zeiten.

7.2. Die langfristige Effektivität des EPL

Um zu überprüfen, ob die Lernerfolge der EPL-Paare auch langfristig erhalten bleiben und ob diese die Ehezufriedenheit auf Dauer positiv beeinflussen, wurden von der EPL- sowie von der Kontrollgruppe 1,5 Jahre, 3 Jahre und 5 Jahre nach den jeweiligen Kursen Daten zum objektiv beobachtbaren Gesprächsverhalten sowie zur subjektiv empfundenen Ehezufriedenheit erhoben.

7.2.1. Ergebnisse der 1,5-Jahres-Katamnese

Ausfall-, Trennnungs- und Scheidungsraten

Nach eineinhalb Jahren (Follow Up 1, = FU-1) hat sich die Stichprobe um 5 Paare reduziert, weil diese nicht mehr erreichbar oder nicht mehr Willens waren, an der Erhebung teilzunehmen (siehe Tabelle Nr. 7.2.1.1). Dies entspricht einer Gesamtausfallrate von 4.6%. Bemerkenswert ist dabei, daß von den EPL-Paaren, die zur Prä-Messung eine hohe oder mittlere Beziehungsqualität angaben (= EPL), kein einziges Paar ausfiel, während 15.4% der EPL-Paare mit anfänglich niedriger Beziehungsqualität (MAT bei beiden Partnern < 100; = EPLNEQ) nicht mehr zur Nacherhebung gewonnen werden konnten. Möglicherweise handelte es sich dabei zumindest zum Teil um Paare, deren Zufriedenheit mit der Partnerschaft weiter abgesunken war oder die sich sogar getrennt hatten und deshalb nicht mehr an der Untersuchung teilnehmen wollten. Dieselbe Vermutung trifft auf die 9.4% der Kontrollpaare (= KG) zu, die ebenfalls nicht mehr zur 1,5-Jahres-Katamnese zur Verfügung standen.

Getrennt hatten sich bis zu diesem Zeitpunkt 10 Paare. Das sind 9.6% der Stichprobe abzüglich der ausgefallenen Paare (siehe Tabelle Nr. 7.2.1.1). Hier gibt es wieder einen gravierenden Unterschied zwischen den EPL-Paaren mit mittleren bis hohen Ehezufriedenheitswerten in der Prä-Messung und denen mit niedrigen Werten (MAT bei beiden Partnern < 100). Während erstere nur eine Trennungsrate von 4.7% in diesem Zeitraum aufweisen, zeigt sich in der Gruppe der von vornherein unzufriedenen EPL-Paare (EPLNEQ) eine Trennungsrate von 45.5%. In der Kontrollgruppe (KG) trennten sich bis zu diesem Zeitpunkt 6.9% der Paare.

Geschieden waren bereits 2 Paare, also 1.9% der Stichprobe abzüglich der ausgefallenen Paare, wobei beide aus der Kontrollgruppe kamen, welche somit eine Scheidungsrate von 6.9% aufwies (siehe Tabelle Nr. 7.2.1.1).

Da sich Paare, die von vornherein mit ihrer Beziehung unzufrieden waren, nur in der EPL-Gruppe, nicht aber in der Kontrollgruppe fanden, können diese bei einem Vergleich mit der Kontrollgruppe auch im Hinblick auf die Trennungsraten nicht miteinbezogen werden. Beim Vergleich der EPL-Paare mit mittlerer bis hoher Ehezufriedenheit zur Prä-Messung (MAT > 100) mit der Kontrollgruppe und bei Zusammenfassung von getrennten und geschiedenen Paaren (3 EPL-Paare = 4.7%, 4 Kontrollpaare = 13.8%) ergab sich dem Trend nach ein signifikanter Unterschied ($x^2 = 4.8$, dF = 2, p < .091).

Tabelle Nr. 7.2.1.1
Stichprobengröße, Beziehungsstatus, Ausfall-, Trennungs- und Scheidungsraten nach 1,5 Jahren für EPL- und Kontrollgruppe gemessen an der Stichprobe zur Prä-Erhebung. Getrennt aufgeführt ist die Gruppe der EPL-Paare, die schon vor dem Training ihre Beziehung als unbefriedigend einschätzten (EPLNEQ=niedrige Ehequalität; MAT-Gesamtscore < 100).

	EPL	KG	EPLNEQ
Stichprobengröße zur Prä-Messung	64	32	13
Verbliebene Stichprobengröße zur 1,5-J-KAT	61	25	6
Ausfallrate insgesamt	0 (0.0%)	3 (9.4%)	2 (15.4%)
Verheiratet oder feste Partnerschaft (% der verbliebenen Stichprobe)	61 (100%)	25 (100%)	6 (100%)
Getrennt insgesamt (Prozentangabe um Ausfallrate bereinigt)	3 (4.7%)	2 (6.9%)	5 (45.5%)
Geschieden insgesamt (Prozentangabe um Ausfallrate bereinigt)	0 (0.0%)	2 (6.9%)	0 (0.0%)

Von den noch in der Stichprobe verbliebenen 92 Paaren (61 EPL-, 25 KG- und 6 EPLNEQ-Paare) waren alle verheiratet oder in fester Beziehung lebend.

Intergruppenvergleiche zur 1,5-Jahres-Katamnese hinsichtlich der Kommunikationsgüte und der Ehezufriedenheit

Für den Intergruppenvergleich zur 1,5-Jahres-Katamnese wurden Kovarianzanalysen gerechnet, wobei als Kovariaten die Prä-Werte der jeweiligen Items verwendet wurden. Beim PFB-Gesamtscore wurde als Kovariate auf den Prä-Wert des MAT-Gesamtsscores zurückgegriffen, da der PFB den Paaren erst zu den Katamnesen vorgelegt worden war.

Nach eineinhalb Jahren (Follow Up 1, = FU-1) waren die EPL-Paare in ihrem Gesprächsverhalten den Kontrollpaaren deutlich überlegen (siehe Tabelle Nr. 7.2.1.2). Sie verwendeten hochsignifikant häufiger positive Verbalkategorien ($F(111) = 35.60$, $p < .000$) und hochsignifikant seltener negative Verbalkategorien ($F(111) = 31.07$, $p < .000$). Zudem verhielten sie sich nonverbal hochsignifikant seltener negativ ($F(111) = 9.11$, $p < .000$) als die Kontrollpaare.

Unter Berücksichtigung der Werte zur Prä-Messung gab es in der Einschätzung der Ehezufriedenheit ebenfalls hochsignifikante Unterschiede zugunsten der EPL-Gruppe. Sowohl im MAT-Gesamtscore ($F(110) = 10.69$, $p < .000$) als auch im PFB-Gesamtscore ($F(105) = 7.45$, $p < .001$) zeigten sich diese hochsignifikant zufriedener als die Kontrollgruppenpaare (siehe Tabelle Nr. 7.2.1.2), und dies, obwohl aus der Kontrollgruppe in den eineinhalb Jahren wesentlich mehr höchstwahrscheinlich unzufriedene Paare durch Ausfall, Trennung und Scheidung ausgeschieden waren.

Tabelle Nr. 7.2.1.2
Mittelwerte und Gruppen- x Zeitpunkteffekte der EPL- und Kontrollgruppe zum Meßzeitpunkt FU-1 (1,5-Jahreskatamnese) hinsichtlich der positiven und negativen relativen KPI-Gesamtkategorien, des MAT- und des PFB-Gesamtscores.

Variable	EPL (FU-1)		KG (FU-1)		*F-Wert*	*p (2-seitig)*
n	88		26		*df* = 111	
	M	*SD*	*M*	*SD*		
KPI-Gesamtkategorien						
Verbal positiv	34.9	13.4	16.7	10.2	35.60	.000
Verbal negativ	9.7	9.5	27.4	15.8	31.07	.000
Nonverbal positiv	78.4	21.8	73.4	23.1	.17	.846
Nonverbal negativ	1.3	3.2	7.8	12.8	9.11	.000
n	87		26		*df* = 110	
MAT-Gesamtscore	117.9	13.5	121.1	12.2	10.69	.000
n	83		25		*df* = 105	
PFB-Gesamtscore	67.4	9.5	70.6	6.8	7.45	.001

Anmerkungen. Kovarianzanalysen. Als Kovariaten wurden die Prä-Werte der getesteten Items, beim PFB-Gesamtscore der Prä-Wert des MAT-Gesamtscores verwendet.

Intragruppenvergleiche zwischen Prä-Messung und 1,5-Jahres-Katamnese hinsichtlich der Kommunikationsgüte und der Ehezufriedenheit

In dem Zeitraum von eineinhalb Jahren konnten die EPL-Paare ihr anfängliches Kommunikationsniveau nicht nur halten sondern sogar verbessern. Während sie in der verbal positiven Gesamtkategorie und der nonverbal positiven Kategorie unverändert blieben, verbesserten sie sich in den negativen Kategorien hochsignifikant (siehe Tabelle Nr. 7.2.1.3). Sie verwendeten hochsignifikant ($t(87) = 7.08$, $p < .000$) weniger verbal negative Kategorien und verhielten sich nonverbal hochsignifikant ($t(87) = 5.31$, $p < .000$) weniger negativ als zur Prä-Messung.

Tabelle Nr. 7.2.1.3
Mittelwertsunterschiede der EPL-Gruppe zwischen den Meßzeitpunkten Prä und FU-1 (1,5-Jahreskatamnese) hinsichtlich der positiven und negativen relativen KPI-Gesamtkategorien und des MAT-Gesamtscores.

Variable	EPL (Prä)		EPL (FU-1)		*t-Wert*	*p (2-seitig)*
n	88		88		*df* = 87	
	M	*SD*	*M*	*SD*		
KPI-Gesamtkategorien						
Verbal positiv	35.3	17.3	34.9	13.4	.26	.794
Verbal negativ	21.0	14.1	9.7	9.5	7.08	.000
Nonverbal positiv	78.9	26.0	78.4	21.8	.12	.904
Nonverbal negativ	11.0	16.4	1.3	3.2	5.31	.000
n	87		87		*df* = 86	
MAT-Gesamtscore	117.5	13.6	117.9	13.5	-.24	.813

Anmerkungen. T-Tests für abhängige Stichproben.

Im Gegensatz dazu verschlechterte sich die Kontrollgruppe innerhalb dieses Zeitraumes in zwei von den vier KPI-Gesamtkategorien (siehe Tabelle Nr. 7.2.1.4). Während sie in beiden nonverbalen Kategorien gleich blieb, verwendete sie hochsignifikant ($t(25) = 4.38$, $p < .000$) weniger verbal positive und signifikant ($t(25) = -2.55$, $p < .017$) mehr verbal negative Kategorien als zur Prä-Messung.

In der selbst eingeschätzten Ehe-/Partnerschaftszufriedenheit, definiert nur durch den MAT-Gesamtscore, weil der PFB zur Prä-Messung noch nicht vorgelegt worden war, zeigen im Vergleich der Meßzeitpukte weder EPL- noch Kontrollpaare signifikante Veränderungen (siehe Tabelle Nr. 7.2.1.3 und Tabelle Nr. 7.2.1.4).

Tabelle Nr. 7.2.1.4
Mittelwertsunterschiede der KG-Gruppe zwischen den Meßzeitpunkten Prä und FU-1 (1,5-Jahreskatamnese) hinsichtlich der positiven und negativen relativen KPI-Gesamtkategorien und des MAT-Gesamtscores.

Variable	KG (Prä)		KG (FU-1)		*t-Wert*	*p (2-seitig)*
n	26		26		*df* = 25	
	M	*SD*	*M*	*SD*		
KPI-Gesamtkategorien						
Verbal positiv	27.4	14.7	16.7	10.2	4.38	.000
Verbal negativ	19.5	13.1	27.4	15.8	- 2.55	.017
Nonverbal positiv	78.6	26.0	73.4	23.1	.79	.434
Nonverbal negativ	5.4	11.0	7.8	12.8	-.71	.483
MAT-Gesamtscore	123.2	13.2	121.1	12.2	1.01	.321

Anmerkungen. T-Tests für abhängige Stichproben.

Die guten Ergebnisse der EPL-Paare in ihrem objektiv beobachtbaren Gesprächsverhalten entsprechen deren Selbsteinschätzungen hinsichtlich der Häufigkeit und der Art der EPL-Gesprächsregelanwendung nach 1,5 Jahren. Die Auswertung der Fragen zur Anwendung der im EPL vermittelten Fertigkeiten (die Fragen wurden nur zur 1,5- und zur 3-Jahres-Katamnese erhoben) zeigt folgende Ergebnisse:
100% der Paare bejahten zur 1,5-Jahres-Katamnese, daß sie noch "etwas aus dem EPL-Programm anwenden". Auch bei genauerer Aufschlüsselung, welche der erlernten Fertigkeiten die Paare noch anwenden, zeigte sich bei den meisten Items eine erstaunlich hohe Prozentzahl. 90.7 % der EPL-Paare gaben an, von sich und ihren Gefühlen zu sprechen, 88.4% sprachen nach ihrer Einschätzung konkret miteinander, 90.7% glaubten aufnehmend zuzuhören, 76.7% fragten offen nach, 38.4% fassten das vom Partner Gesagte zusammen, 81.4% lobten ihren Partner und 30.2% gaben an, noch das Problemlöseschema anzuwenden. Auf die Frage, bei welchen Gelegenheiten sie die Fertigkeiten anwenden würden, antworteten 57.0% in „Alltagsgesprächen", 83.7% in „Persönlichen Auseinandersetzungen" und 87.2% in „Gesprächen über Entscheidungen". Auf die Frage, "für wie nützlich sie das im Kurs Gelernte halten", antworteten 86.0% mit"sehr" und 14.0% mit "etwas". Kein Paar schätzte das Gelernte als "überhaupt nicht" nützlich ein.

Zusammenfassung

Die Ergebnisse der 1,5-Jahres-Katamnese zeigen, daß EPL-Paare die kommunikativen Lerninhalte dieser Kurse auch über eineinhalb Jahre behalten und in ihr Paargespräch integrieren konnten. Dadurch waren sie den Kontrollpaaren in ihrem Gesprächsverhalten überlegen und konnten ihr kommunikatives Ausgangsniveau noch verbessern, während sich dieses bei der Kontrollgruppe - wie erwartet - verschlechterte. Die subjektive Einschätzung der EPL-Paare hinsichtlich der Anwendung von im EPL gelernten Gesprächsfertigkeiten entspricht ihrem objektiv beobachtbaren konstruktiven Gesprächsverhalten. Gemessen an der Ausgangssituation erleben sie ihre Ehe/Partnerschaft jetzt hochsignifikant zufriedener als die Paare der Kontrollgruppe. Wie erwartet blieb diese subjektiv empfundene Zufriedenheit bei der EPL-Gruppe stabil. Allerdings verschlechterte sich auch die Ehe-/Partnerschaftszufriedenheit der Kontrollgruppenpaare nicht signifikant. Dies mag zum einen seine Erklärung darin finden, daß ungünstigere Kommunikation nicht schon nach so kurzer Zeit zu einer geringeren Beziehungszufriedenheit bei allen betroffenen Paaren führen muß. Zum anderen fallen die höhere Ausfall-, u.v.a. Trennungs- und Scheidungsrate in der Kontrollgruppe auf, die vielleicht doch für den beziehungszerstörenden Einfluß mangelhafter Paarkommunikation auch schon nach relativ kurzer Zeit spricht.

7.2.2. Ergebnisse der 3-Jahres-Katamnese

Ausfall-, Trennnungs- und Scheidungsraten

Nach drei Jahren (Follow Up 2, = FU-2) hat sich die Stichprobe um 14 Paare reduziert, weil diese nicht mehr erreichbar oder nicht mehr Willens waren, an der Erhebung teilzunehmen (siehe Tabelle Nr. 7.2.2.1). Dies entspricht einer Gesamtausfallrate von 12.8%. Auf die einzelnen Gruppen verteilten sich die ausgefallenen Paare folgendermaßen (siehe Tabelle Nr. 7.2.2.1.): 3 Paare aus der EPL-Gruppe mit anfangs mittlerer bis hoher Beziehungsqualität (EPL) = 4.7%; 3 Paare aus der EPL-Gruppe mit anfangs niedriger Beziehungsqualität (EPLNEQ) = 23.1%; 8 Kontrollgruppenpaare (KG) = 25%.
Getrennt hatten sich in dem 3-Jahres-Zeitraum 13 Paare. Das sind 13.7% der Stichprobe abzüglich der ausgefallenen Paare (siehe Tabelle Nr. 7.2.2.1). Auf die Gruppen bezogen liegen die Trennungsraten mit 3 Paaren in der EPL-Gruppe (EPL) bei 8.2%, mit 3 Paaren bei der Kontrollgruppe (KG) bei 12.5% und mit 5 Paaren bei der EPL-Gruppe mit anfangs niedriger Beziehungsqualität (EPLNEQ) bei 50%.
Geschieden waren 5 Paare, 5.3% der Stichprobe abzüglich der ausgefallenen Paare. Mit nur einem Paar bei der EPL-Gruppe (EPL) beträgt deren Scheidungsrate 1.6% gegenüber der Kontrollgruppe (KG) mit 4 geschiedenen Paaren und einer Rate von 16.7%. Aus der EPL-Gruppe mit anfangs niedriger Beziehungsqualität (EPLNEQ) ließ sich kein Paar scheiden (siehe Tabelle Nr. 7.2.2.1). Beim Vergleich von EPL-Paaren mit anfangs mittlerer bis hoher Beziehungsqualität und Kontrollpaaren und bei Zusammenfassung von getrennten und geschiedenen Paaren (6 EPL-Paare = 9.8%, 7 Kontrollpaare = 29.2%) ergab sich ein signifikanter Unterschied ($x^2 = 7.7$, dF = 2, $p < .02$).
Von den noch in der Stichprobe verbliebenen 77 Paaren (55 EPL-, 17 KG- und 5 EPLNEQ-Paare waren alle verheiratet oder in fester Beziehung lebend.

Tabelle Nr. 7.2.2.1
Stichprobengröße, Beziehungsstatus, Ausfall-, Trennungs- und Scheidungsraten nach 3 Jahren für EPL- und Kontrollgruppe gemessen an der Stichprobe zur Prä-Erhebung. Getrennt aufgeführt ist die Gruppe der EPL-Paare, die schon vor dem Training ihre Beziehung als unbefriedigend einschätzten (EPLNEQ=niedrige Ehequalität; MAT-Gesamtscore < 100).

	EPL	KG	EPLNEQ
Stichprobengröße zur Prä-Messung	64	32	13
Verbliebene Stichprobengröße zur 3-J-KAT	55	17	5
Ausfallrate insgesamt	3 (4.7%)	8 (25.0%)	3 (23.1%)
Verheiratet oder feste Partnerschaft (% der verbliebenen Stichprobe)	55 (100%)	17 (100%)	5 (100%)
Getrennt insgesamt (Prozentangabe um Ausfallrate bereinigt)	5 (8.2%)	3 (12.5%)	5 (50.0%)
Geschieden insgesamt (Prozentangabe um Ausfallrate bereinigt)	1 (1.6%)	4 (16.7%)	0 (0,0%)

Intergruppenvergleich zur 3-Jahres-Katamnese hinsichtlich der Kommunikationsgüte und der Ehezufriedenheit

Für den Intergruppenvergleich zur 3-Jahres-Katamnese wurden erneut Kovarianzanalysen gerechnet, wobei als Kovariaten die Prä-Werte der jeweiligen Items verwendet wurden. Beim PFB-Gesamtscore wurde als Kovariate auf den Prä-Wert des MAT-Gesamtsscores zurückgegriffen, da der PFB den Paaren erst zu den Katamnesen vorgelegt worden war.

Nach 3 Jahren (Follow Up 2, = FU-2) war die Überlegenheit der EPL-Paare gegenüber den Kontrollpaaren in Bezug auf das Gesprächsverhalten noch ausgeprägter geworden. In allen 4 KPI-Gesamtkategorien erzielten jetzt die EPL-Paare signifikant bis hochsignifikant bessere Werte (siehe Tabelle Nr. 7.2.2.2). Sie verwendeten hochsignifikant (F(107) = 16.01, p < .000) mehr verbal positive und hochsignifikant (F(107) = 20.88, p < .000) weniger verbal negative Kategorien. Und sie verhielten sich nonverbal signifikant (F(107) = 3.41, p < .037) positiver und dem Trend nach auf dem 10%-Niveau signifikant (F(107) = 2.93, p < .058) weniger negativ als die Kontrollpaare.

Unter Berücksichtigung der Werte zur Prä-Messung zeigt sich Im Intergruppenvergleich der Ehezufriedenheitseinschätzung zum 3-Jahres-Meßzeitpunkt ein uneinheitliches Bild (siehe Tabelle Nr. 7.2.2.2). Im MAT-Gesamtscore erreichen die EPL-Paare einen hochsignifikant (F(111) = 8.46, p < .000) höheren Wert als die Kontrollpaare, während sich die Werte der beiden Gruppen im PFB-Gesamtscore nicht signifikant unterscheiden.

Tabelle Nr. 7.2.2.2
Mittelwerte und Gruppen- x Zeitpunkteffekte der EPL- und Kontrollgruppe zum Meßzeitpunkt FU-2 (3-Jahreskatamnese) hinsichtlich der positiven und negativen relativen KPI-Gesamtkategorien, des MAT- und des PFB-Gesamtscores.

Variable	EPL (FU-2)		KG (FU-2)		*F-Wert*	*p (2-seitig)*
n	84		26		*df* = 107	
	M	*SD*	*M*	*SD*		
KPI-Gesamtkategorien						
Verbal positiv	28.8	13.4	13.8	9.7	16.01	.000
Verbal negativ	9.5	7.6	20.3	14.5	20.88	.000
Nonverbal positiv	90.5	18.5	79.6	20.3	3.41	.037
Nonverbal negativ	3.7	9.8	8.5	7.9	2.93	.058
n	88		26		*df* = 111	
MAT-Gesamtscore	116.5	15.9	107.1	23.7	8.46	.000
n	87		25		*df* = 109	
PFB-Gesamtscore	64.1	10.4	63.6	10.7	2.19	.117

Anmerkungen. Kovarianzanalysen. Als Kovariaten wurden die Prä-Werte der getesteten Items, beim PFB-Gesamtscore der Prä-Wert des MAT-Gesamtscores verwendet.

Intragruppenvergleiche zwischen Prä-Messung und 3-Jahres-Katamnese hinsichtlich der Kommunikationsgüte und der Ehezufriedenheit

Gegenüber der Prä-Messung konnten die EPL-Paare zur 3-Jahres-Katamnese in 3 von 4 KPI-Gesamtkategorien erneut ein verbessertes Niveau halten während sie sich in einer Gesamtkategorie verschlechterten (siehe Tabelle Nr. 7.2.2.3). Sie zeigten hochsignifikant ($t(83) = 3.15$, $p < .002$) weniger positive Verbalkategorien als noch zur Prä-Messung, dafür aber wieder hochsignifikant ($t(83) = 7.37$, $p < .000$) weniger negative Verbalkategorien und nonverbal verhielten sie sich hochsignifikant ($t(83) = -3.01$, $p < .003$) mehr positiv und hochsignifikant ($t(83) = 2.94$, $p < .004$) weniger negativ.

Tabelle Nr. 7.2.2.3
Mittelwertsunterschiede der EPL-Gruppe zwischen den Meßzeitpunkten Prä und FU-2 (3-Jahreskatamnese) hinsichtlich der positiven und negativen relativen KPI-Gesamtkategorien und des MAT-Gesamtscores.

Variable	EPL (Prä)		EPL (FU-2)		*t-Wert*	*p (2-seitig)*
n	84		84		*df* = 83	
	M	*SD*	*M*	*SD*		
KPI-Gesamtkategorien						
Verbal positiv	35.8	17.4	28.8	13.4	3.15	.002
Verbal negativ	20.2	14.0	9.5	7.6	7.37	.000
Nonverbal positiv	79.7	26.3	90.5	18.5	- 3.01	.003
Nonverbal negativ	9.7	15.6	3.7	9.8	2.94	.004
n	88		88		*df* = 87	
MAT-Gesamtscore	117.4	13.5	116.5	15.9	.47	.640

Anmerkungen. T-Tests für abhängige Stichproben.

Auch die Kontrollgruppenpaare verschlechterten sich gegenüber der Prä-Messung bei der verbal positiven KPI-Gesamtkategorie hochsignifikant ($t(25) = 4.76$, $p < .000$). Im Gegensatz zu den EPL-Paaren konnten sie sich jedoch in den anderen 3

Gesamtkategorien nicht verbessern sondern blieben stabil (siehe Tabelle Nr. 7.2.2.4).

In der Einschätzung der Zufriedenheit mit der Ehe/Partnerschaft gab es zwischen der Prä-Messung und der 3-Jahres-Katamnese bei der EPL-Gruppe keine signifikante Veränderung (siehe Tabelle Nr. 7.2.2.3), während sich die Kontrollgruppe in diesem Zeitraum hochsignifikant ($t(25) = 3.31$, $p < .003$) verschlechterte (siehe Tabelle Nr. 7.2.2.4).

Tabelle Nr. 7.2.2.4
Mittelwertsunterschiede der KG-Gruppe zwischen den Meßzeitpunkten Prä und FU-2 (3-Jahreskatamnese) hinsichtlich der positiven und negativen relativen KPI-Gesamtkategorien und des MAT-Gesamtscores.

Variable	KG (Prä)		KG (FU-2)		*t-Wert*	*p (2-seitig)*
n	26		26		*df* = 25	
	M	*SD*	*M*	*SD*		
KPI-Gesamtkategorien						
Verbal positiv	27.4	14.7	13.8	9.7	4.76	.000
Verbal negativ	19.5	13.1	20.3	14.5	-.31	.762
Nonverbal positiv	78.6	26.0	79.6	20.3	-.16	.876
Nonverbal negativ	5.4	11.0	8.5	7.9	- 1.42	.167
MAT-Gesamtscore	123.2	13.2	107.1	23.7	3.31	.003

Anmerkungen. T-Tests für abhängige Stichproben.

Trotz der immer noch guten Ergebnisse der EPL-Paare in ihrem objektiv beobachtbaren Gesprächsverhalten zeigen sich diese in ihren Selbsteinschätzungen hinsichtlich der Häufigkeit und der Art der EPL-Gesprächsregelanwendung nach 3 Jahren in einigen Bereichen ein wenig skeptischer als noch zur 1,5-Jahres-Katamnese. Die Auswertung der Fragen zur Anwendung der im EPL vermittelten Fertigkeiten zeigt zur 3-Jahres-Katamnese folgende Ergebnisse (siehe Tabelle Nr. 7.2.2.5):
97.7% der Paare gaben an, daß sie noch "etwas aus dem EPL-Programm anwenden". 93.0 % der EPL-Paare bejahten, von sich und ihren Gefühlen zu sprechen,

91.9% sprachen nach ihrer Einschätzung konkret miteinander, nur noch 66.3% glaubten aufnehmend zuzuhören, 73.3% fragten offen nach, 37.2% fassten das vom Partner Gesagte zusammen, nur noch 62.1% lobten ihren Partner und nur noch 18.6% gaben an, das Problemlöseschema anzuwenden. Bei der Frage, bei welchen Gelegenheiten sie die Fertigkeiten anwenden würden, zeigte sich gegenüber den Ergebnissen der 1,5-Jahres-Katamnese auch ein verändertes Bild. Nur noch 43.0% antworteten in „Alltagsgesprächen", 80.5% in „Persönlichen Auseinandersetzungen" und nur noch 70.9% in „Gesprächen über Entscheidungen". Auf die Frage, "für wie nützlich sie das im Kurs Gelernte halten", antworteten noch 76.7% mit"sehr" und 16.3% mit "etwas" und immerhin 7% mit "überhaupt nicht".

Tabelle Nr. 7.2.2.5
Anwendung von EPL-Fertigkeiten. Ja-Antworten in Prozent zur 1,5- und 3-Jahres-Katamnese (N=88).

	Jahre	
	1,5	3
Wenden Sie noch etwas aus dem EPL-Programm an?	100.0	97.7
Was wenden Sie noch an?		
– Von mir und meinen Gefühlen sprechen	90.7	93.0
– Konkretes Sprechen	88.4	91.9
– Aufnehmendes Zuhören	90.7	66.3
– Offenes Nachfragen	76.7	73.3
– Zusammenfassen	38.4	37.2
– Loben	81.4	62.1
– Problemlöseschema	30.2	18.6
Bei welcher Gelegenheit?		
– Alltagsgespräche	57.0	43.0
– Persönliche Auseinandersetzungen	83.7	80.5
– Gespräche über Entscheidungen	87.2	70.9
Für wie nützlich halten Sie das im Kurs Gelernte?		
– Überhaupt nicht nützlich	0.0	7.0
– Etwas nützlich	14.0	16.3
– Sehr nützlich	86.0	76.7

Zusammenfassung

Wie schon bei der 1,5-Jahres-Katamnese bestätigen auch die Ergebnisse der 3-Jahres-Katamnese, daß die Lernerfolge aus dem EPL langfristig anhielten, und die Paare ein gegenüber der Prä-Messung vor den Kursen verbessertes Gesprächsverhalten größtenteils aufrechterhalten konnten. Dadurch blieben EPL-Paare den Kontrollpaaren auch 3 Jahre nach den Kursen in allen KPI-Gesamtkategorien deutlich überlegen. Diese Überlegenheit fand seinen Niederschlag in der subjektiv empfundenen Zufriedenheit mit der Ehe/Partnerschaft. Während EPL-Paare in ihrer selbst eingeschätzten Beziehungsqualität stabil blieben, verschlechterten sich die Kontrollpaare in diesem Zeitraum hochsignifikant. Im Vergleich schätzten nach 3 Jahren EPL-Paare ihre Beziehung als hochsignifikant zufriedenstellender ein als Kontrollpaare. Dazu kommt, daß die Trennungs- und Scheidungsrate zu diesem Zeitpunkt bei der Kontrollgruppe signifikant höher lag, also ein höherer Prozentsatz an unzufriedenen Paaren aus dieser Gruppe bereits aus der Stichprobe ausgeschieden war. Die Häufigkeit der Anwendung von Gesprächsfertigkeiten in ihrer Beziehung stuften die EPL-Paare ein wenig geringer ein als zur 1,5-Jahres-Katamnese. Nach eigener Einschätzung wandten sie diese nun überwiegend bei persönlichen Auseinandersetzungen und weniger in Alltagsgesprächen oder Gesprächen über Entscheidungen an.

7.2.3. Ergebnisse der 5-Jahres-Katamnese

Ausfall-, Trennungs- und Scheidungsraten

Nach 5 Jahren (Follow Up 1, = FU-1) waren insgesamt 28 Paare aus der Stichprobe ausgeschieden (siehe Tabelle Nr. 7.2.3.1). Das ist eine Gesamtausfallrate von 25.7%. Davon waren 13 Paare (20.3%) aus der EPL-Gruppe, 11 Paare (34.4%) aus der Kontrollgruppe (KG) und 4 Paare (30.8%) aus der EPL-Gruppe mit zu niedriger Beziehungsqualität zur Prä-Messung (EPLNEQ).
Getrennt hatten sich innerhalb dieses 5-Jahres-Zeitraumes 14 Paare. Das sind 17.3% der Stichprobe abzüglich der ausgefallenen Paare. Auf die Gruppen verteilt liegen die Trennungsraten mit 5 Paaren in der EPL-Gruppe (EPL) bei 9.8%, mit 3 Paaren in der Kontrollgruppe bei 14.3% und mit 6 Paaren in der EPL-Gruppe mit von Anfang an niedriger Ehezufriedenheit (EPLNEQ) bei 66.7%.
Geschieden waren 7 Paare. Das entspricht 8.6% der Stichprobe abzüglich der ausgefallenen Paare. Mit 2 Paaren bei der EPL-Gruppe (EPL) entspricht deren Scheidungsrate 3.9% gegenüber der Kontrollgruppe (KG) mit 5 geschiedenen Paaren und der Scheidungsrate von 23.8% (siehe Tabelle Nr. 7.2.3.1). Beim Vergleich von EPL-Paaren mit anfangs mittlerer bis hoher Beziehungsqualität (EPL) und Kontrollpaaren und bei Zusammenfassung von getrennten und geschiedenen Paaren (7 EPL-Paare = 13.7% und 8 KG-Paare = 38.1%) zeigte sich erneut ein signifikanter Unterschied ($x^2 = 6.4$, $dF = 1$, $p < .011$).
Von den 60 noch in der Stichprobe verbliebenen Paaren waren alle verheiratet oder in fester Beziehung lebend. Aus der EPL-Gruppe waren dies 68.8% der ursprünglichen Stichprobe, während es aus der KG-Gruppe nur noch 40.6% und aus der EPLNEQ-Gruppe 23.1% waren.

Tabelle Nr. 7.2.3.1
Stichprobengröße, Beziehungsstatus, Ausfall-, Trennungs- und Scheidungsraten nach 5 Jahren für EPL- und Kontrollgruppe gemessen an der Stichprobe zur Prä-Erhebung. Getrennt aufgeführt ist die Gruppe der EPL-Paare, die schon vor dem Training ihre Beziehung als unbefriedigend einschätzten (EPLNEQ=niedrige Ehequalität; MAT-Gesamtscore < 100).

	EPL	KG	EPLNEQ
Stichprobengröße zur Prä-Messung	64	32	13
Verbliebene Stichprobengröße zur 5-J-KAT	44 (davon 10 APL-Paare*)	13	3 (davon 1 APL-Paar*)
Ausfallrate insgesamt	13 (20.3%)	11 (34.4%)	4 (30.8%)
Verheiratet oder feste Partnerschaft (% der verbliebenen Stichprobe)	44 (100%)	13 (100%)	3 (100%)
Getrennt insgesamt (Prozentangabe um Ausfallrate bereinigt)	5 (9.8%)	3 (14.3%)	6 (66.7%)
Geschieden insgesamt (Prozentangabe um Ausfallrate bereinigt)	2 (3.9%)	5 (23.8%)	0 (0.0%)

*APL-Paare = Paare, die zwischen 3- und 5-Jahres-Katamnese einen „Auffrischungskurs zum Partnerschaftlichen Lernprogramm APL" besucht haben.

Intergruppenvergleiche zur 5-Jahres-Katamnese hinsichtlich der Kommunikationsgüte und der Ehezufriedenheit

In dem Zeitraum zwischen der 3- und 5-Jahres-Katamnese wurde den EPL- Paaren erstmalig die Gelegenheit gegeben, an einem neu entwickelten eineinhalbtägigen „Auffrischungskurs zum Partnerschaftlichen Lernprogramm (APL)" teilzunehmen. Etwa ein Viertel der sich zur 5-Jahres-Katamnese noch in der Stichprobe befindenden EPL-Paare nahm bis zu diesem Meßzeitpunkt das Angebot wahr. Diese Gruppe hatte im APL Gelegenheit, die EPL-Kommunikationsregeln aufzufrischen und diese an eigenen Gesprächsthemen gezielt unter Anleitung von Kursleitern anzuwenden. Aus diesem Grunde wurden bei den nachfolgenden EPL- Kontrollgruppenvergleichen die 11 APL-Paare (10 Paare aus der EPL-, 1 Paar aus der EPLNEQ-Gruppe) plus die restlichen 2 EPLNEQ-Paare aus den Berechnungen ausgeschlossen. Die

Ergebnisse beziehen sich auf die noch verbleibenden 34 EPL-Paare und 13 Kontrollpaare.

Für den Intergruppenvergleich zur 5-Jahres-Katamnese wurden Kovarianzanalysen gerechnet, wobei als Kovariaten die Prä-Werte der jeweiligen Items verwendet wurden. Beim PFB-Gesamtscore wurde als Kovariate auf den Prä-Wert des MAT-Gesamtsscores zurückgegriffen, da der PFB den Paaren erst zu den Katamnesen vorgelegt worden war.

Auch noch zur 5-Jahres-Messung (Follow Up 3, = FU-3) kommunizierten die Paare der EPL-Gruppe konstruktiver als die Paare der Kontrollgruppe (siehe Tabelle Nr. 7.2.3.2). Positive Verbalkategorien fanden bei ihnen hochsignifikant ($F(89) = 11.07$, $p < .000$) mehr und negative Verbalkategorien hochsignifikant ($F(89) = 20.17$, $p < .000$) weniger Verwendung als bei den Kontrollpaaren. Das heißt, daß EPL-Paare auch noch nach 5 Jahren deutlich positiver und deutlich weniger negativ mit ihrem Partner kommunizierten. Bei den nonverbalen Kategorien ergab sich das gleiche Bild. EPL-Paare zeigten hochsignifikant ($F(89) = 7.19$, $p < .001$) mehr nonverbal positives und hochsignifikant ($F(89) = 5.45$, $p < .006$) weniger nonverbal negatives Verhalten im Gespräch als die Paare der Kontrollgruppe.
Unter Berücksichtigung der Werte zur Prä-Messung gab es in der Einschätzung der Ehezufriedenheit ebenfalls signifikante bis hochsignifikante Unterschiede zugunsten der EPL-Gruppe. Sowohl im MAT-Gesamtscore ($F(91) = 6.08$, $p < .003$) als auch im PFB-Gesamtscore ($F(91) = 3.35$, $p < .040$) zeigten sich diese zufriedener als die Kontrollgruppenpaare (siehe Tabelle Nr. 7.2.3.2), und dies, obwohl aus der Kontrollgruppe in den fünf Jahren wesentlich mehr höchstwahrscheinlich unzufriedene Paare durch Ausfall, Trennung und Scheidung ausgeschieden waren.
Dennoch waren beide Gruppen mit ihrer Partnerschaft überdurchschnittlich zufrieden, was an den MAT- Werten von 113.0 bei den EPL-Paaren und 112.3 bei den Kontrollpaaren deutlich wird - gilt doch ein MAT-Wert ab 100 als Zeichen für gute Ehequalität.

Tabelle Nr. 7.2.3.2
Mittelwerte und Gruppen- x Zeitpunkteffekte der EPL-Gruppe (reduziert um die Paare, die zwischen FU-2 und FU-3 einen APL-Kurs besucht hatten) und Kontrollgruppe zum Meßzeitpunkt FU-3 (5-Jahreskatamnese) hinsichtlich der positiven und negativen relativen KPI-Gesamtkategorien, des MAT- und des PFB-Gesamtscores.

Variable	EPL (FU-3)		KG (FU-3)		*F-Wert*	*p (2-seitig)*
n	66		26		*df* = 89	
	M	*SD*	*M*	*SD*		
KPI-Gesamtkategorien						
Verbal positiv	43.9	19.5	24.8	17.8	11.07	.000
Verbal negativ	16.2	14.0	36.0	16.5	20.17	.000
Nonverbal positiv	81.4	31.2	60.9	34.0	7.19	.001
Nonverbal negativ	8.5	18.7	23.6	25.9	5.45	.006
n	68		26		*df* = 91	
MAT-Gesamtscore	113.0	18.6	112.3	20.1	6.08	.003
n	68		26		*df* = 91	
PFB-Gesamtscore	61.1	10.9	63.8	9.7	3.35	.040

Anmerkungen. Kovarianzanalysen. Als Kovariaten wurden die Prä-Werte der getesteten Items, beim PFB-Gesamtscore der Prä-Wert des MAT-Gesamtscores verwendet.

Eine Ursache dafür, daß die Mittelwertsunterschiede des MAT- und des PFB-Gesamtscores zur 5-Jahreskatamnese nicht deutlicher zugunsten der EPL-Gruppe ausfallen, könnte die größere Kinderzahl bei den EPL-Paaren sein. EPL-Paare haben signifikant (x^2 = 4.2, dF = 1, p < .039) mehr Kinder. Das bedeutet, daß 80.9% der EPL-Paare gegenüber 61.5% der Kontrollpaare Eltern sind. 46.8% der EPL-Paare haben bereits zwei Kinder gegenüber 30.7% der Kontrollpaare. Dabei sind die ersten Kinder der EPL-Paare mit durchschnittlich 36 Monaten auch signifikant (t(90) = 2.01, p < .048) älter als die der Kontrollpaare mit durchschnittlich 27 Monaten.
In der EPL-Gesamtstichprobe der 5-Jahres-Erhebung schätzten Eltern ihre Beziehung weniger zufrieden ein als Nicht-Eltern. Beim PFB-Gesamtscore schnitten sie hochsignifikant (t(118) = -2.82, p = .000) schlechter ab als die Paare ohne Kinder. Dieses kinderbedingte Absinken der Ehezufriedenheit könnte verantwortlich sein für

die geringen Mittelwertsunterschiede der EPL- und der kinderärmeren Kontrollgruppe.

In der ausschließlich zur 5-Jahres-Katamnese statt des nicht mehr erhobenen Bogens „Bereiche des Zusammenlebens" vorgelegten „Problemliste (PL)" (Hahlweg et al., 1982), in der 23 verschiedene Bereiche des Zusammenlebens aufgeführt sind und die Paare befragt werden, ob sie in diesen Bereichen Konflikte in ihrer Partnerschaft haben, zeigten sich keine signifikanten Unterschiede zwischen den beiden Gruppen. Vor allem gab kein einziges Paar der EPL- und der Kontrollgruppe in dem Item „Tätlichkeiten" an, Konflikte zu haben. Aussagen über die Gewaltraten der ausgeschiedenen Paare können jedoch nicht getroffen werden.
Interessant ist in diesem Zusammenhang jedoch die Reihenfolge der von allen noch zur 5-Jahres-Katamnese in der Stichprobe befindlichen Paaren am häufigsten genannten Konfliktbereiche (siehe Tabelle Nr. 7.2.3.3). Die Antworten, Konflikte zu haben aber keine Lösungen und viel Streit, oder Konflikte zu haben aber nicht darüber zu sprechen, wählten im Bereich „Sexualität" 28.3% aller Paare, im Bereich „Zuwendung des Partners" 20.4%, im Bereich „Persönliche Gewohnheiten des Partners" 16.7%, im Bereich „Haushaltsführung/Wohnung" 16.6%, im Bereich „Berufstätigkeit" 15.9%, im Bereich „Verwandte" 15.8%, in den Bereichen „Fehlende Akzeptanz/Unterstützung des Partners" und „Forderungen des Partners" jeweils 15% und - erst an neunter Stelle - im Bereich „Kommunikation/Gemeinsame Gespräche" 12.5%. Letzteres Ergebnis könnte mitverantwortlich sein für die subjektiv erlebte hohe Ehezufriedenheit der Paare, findet sich doch in der Literatur bei unzufriedenen Paaren der Bereich Kommunikation ganz oben auf den Rangskalen der Problemlisten (Klann & Hahlweg, 1987; 1994a). Der hohe Stellenwert der Sexualität als Problembereich entspricht dagegen den meisten Untersuchungen an zufriedenen Paaren, von denen im Schnitt etwa ein Drittel Schwierigkeiten in diesem Bereich angibt (Schröder et al., 1994).

Tabelle Nr. 7.2.3.3
Häufigkeit der Nennungen von Konfliktbereichen anhand der „Problemliste“ in Prozent der verbliebenen Gesamtstichprobe zur 5-Jahres-Katamnese (n = 60 Paare; 44 EPL-, 13 KG-, 3 EPLNEQ-Paare).

Variable	%Gesamt /MW
Einteilung des Einkommens	
keine Konflikte	83,3
Konflikte aber erfolgr. Lösungen	15,0
Konflikte, keine Lösungen, oft Streit	1,7
Konflikte, aber wir reden kaum darüber	0
Berufstätigkeit	
keine Konflikte	58,3
Konflikte aber erfolgr. Lösungen	25,8
Konflikte, keine Lösungen, oft Streit	9,2
Konflikte, aber wir reden kaum darüber	6,7
Haushalt	
keine Konflikte	41,7
Konflikte aber erfolgr. Lösungen	41,7
Konflikte, keine Lösungen, oft Streit	10,8
Konflikte, aber wir reden kaum darüber	5,8
Kindererziehung	
keine Konflikte	50,4
Konflikte aber erfolgr. Lösungen	44,5
Konflikte, keine Lösungen, oft Streit	3,4
Konflikte, aber wir reden kaum darüber	1,7
Freizeitgestaltung	
keine Konflikte	46,7
Konflikte aber erfolgr. Lösungen	45,8
Konflikte, keine Lösungen, oft Streit	2,5
Konflikte, aber wir reden kaum darüber	5.0
Freunde/Bekannte	
keine Konflikte	71,4
Konflikte aber erfolgr. Lösungen	27,7
Konflikte, keine Lösungen, oft Streit	0
Konflikte, aber wir reden kaum darüber	0,8
Temperament	
keine Konflikte	60.8
Konflikte aber erfolgr. Lösungen	29,2
Konflikte, keine Lösungen, oft Streit	5,0
Konflikte, aber wir reden kaum darüber	5,0
Zuwendung	
keine Konflikte	50,8
Konflikte aber erfolgr. Lösungen	28,8
Konflikte, keine Lösungen, oft Streit	6,8
Konflikte, aber wir reden kaum darüber	13,6
Attraktivität	
keine Konflikte	75,0
Konflikte aber erfolgr. Lösungen	13,3
Konflikte, keine Lösungen, oft Streit	2,5
Konflikte, aber wir reden kaum darüber	9,2
Vertrauen	
keine Konflikte	95,8
Konflikte aber erfolgr. Lösungen	3,3
Konflikte, keine Lösungen, oft Streit	0
Konflikte, aber wir reden kaum darüber	0,8
Eifersucht	
keine Konflikte	88,3
Konflikte aber erfolgr. Lösungen	9,2
Konflikte, keine Lösungen, oft Streit	0,8
Konflikte, aber wir reden kaum darüber	1,7
Gewährung Freiheit	
keine Konflikte	64,2
Konflikte aber erfolgr. Lösungen	26,7
Konflikte, keine Lösungen, oft Streit	3,3
Konflikte, aber wir reden kaum darüber	5,8

Variable	%Gesamt /MW
Sexualität	
keine Konflikte	38,3
Konflikte aber erfolgr. Lösungen	33,3
Konflikte, keine Lösungen, oft Streit	10,8
Konflikte, aber wir reden kaum darüber	17,5
Ausserehel. Beziehung	
keine Konflikte	95,8
Konflikte aber erfolgr. Lösungen	3,4
Konflikte, keine Lösungen, oft Streit	0
Konflikte, aber wir reden kaum darüber	0,8
Verwandte	
keine Konflikte	46,7
Konflikte aber erfolgr. Lösungen	37,5
Konflikte, keine Lösungen, oft Streit	8,3
Konflikte, aber wir reden kaum darüber	7,5
Persönl.Gewohnheiten	
keine Konflikte	35,8
Konflikte aber erfolgr. Lösungen	47,5
Konflikte, keine Lösungen, oft Streit	9,2
Konflikte, aber wir reden kaum darüber	7,5
Kommunikation	
keine Konflikte	45,0
Konflikte aber erfolgr. Lösungen	42,5
Konflikte, keine Lösungen, oft Streit	3,3
Konflikte, aber wir reden kaum darüber	9,2
Kinderwunsch	
keine Konflikte	73,3
Konflikte aber erfolgr. Lösungen	20,8
Konflikte, keine Lösungen, oft Streit	3,3
Konflikte, aber wir reden kaum darüber	2,5
Fehlende Akzeptanz	
keine Konflikte	69,2
Konflikte aber erfolgr. Lösungen	15,8
Konflikte, keine Lösungen, oft Streit	9,2
Konflikte, aber wir reden kaum darüber	5,8
Forderung d.Partners	
keine Konflikte	43,3
Konflikte aber erfolgr. Lösungen	41,7
Konflikte, keine Lösungen, oft Streit	10,8
Konflikte, aber wir reden kaum darüber	4,2
Krankheit	
keine Konflikte	84,2
Konflikte aber erfolgr. Lösungen	13,3
Konflikte, keine Lösungen, oft Streit	1,7
Konflikte, aber wir reden kaum darüber	0,8
Umgang m. Alkohol	
keine Konflikte	92,5
Konflikte aber erfolgr. Lösungen	6,7
Konflikte, keine Lösungen, oft Streit	0
Konflikte, aber wir reden kaum darüber	0,8
Tätlichkeiten	
keine Konflikte	98,3
Konflikte aber erfolgr. Lösungen	1,7
Konflikte, keine Lösungen, oft Streit	0
Konflikte, aber wir reden kaum darüber	0

Intragruppenvergleiche zwischen Prä-Messung und 5-Jahres-Katamnese hinsichtlich der Kommunikationsgüte und der Ehezufriedenheit

Im Meßzeitpunktvergleich zwischen der Prä- und der 5-Jahres-Erhebung wurden unterschiedliche Entwicklungen der beiden Gruppen deutlich (siehe Tabelle Nr. 7.2.3.4).

Tabelle Nr. 7.2.3.4
Mittelwertsunterschiede der EPL-Gruppe (reduziert um die Paare, die zwischen FU-2 und FU-3 einen APL-Kurs besucht hatten) zwischen den Meßzeitpunkten Prä und FU-3 (5-Jahreskatamnese) hinsichtlich der positiven und negativen relativen KPI-Gesamtkategorien und des MAT-Gesamtscores.

Variable	EPL (Prä)		EPL (FU-3)		*t-Wert*	*p (2-seitig)*
n	60		60		*df* = 59	
	M	*SD*	*M*	*SD*		
KPI-Gesamtkategorien						
Verbal positiv	38.3	18.0	43.4	19.9	- 1.59	.117
Verbal negativ	20.0	14.1	16.4	14.5	1.63	.109
Nonverbal positiv	79.9	25.0	80.2	32.4	- .07	.947
Nonverbal negativ	10.7	15.8	8.7	19.3	.66	.513
n	68		68		*df* = 67	
MAT-Gesamtscore	117.3	13.6	113.0	18.6	1.91	.060

Anmerkungen. T-Tests für abhängige Stichproben.

Die EPL-Gruppe hielt auch noch nach 5 Jahren ihr Kommunikationsniveau von der Prä-Messung. In keiner der 4 KPI-Gesamtkategorien wies sie signifikante Veränderungen auf.

Die Kontrollgruppe konnte dagegen ihr kommunikatives Niveau von der Prä-Messung erneut nicht mehr erreichen (siehe Tabelle Nr. 7.2.3.5). Sie blieb zwar bei der positiven Verbalgesamtkategorie stabil, verschlechterte sich aber hochsignifikant bei der negativen Verbalgesamtkategorie ($t(25) = -4.68$, $p < .000$). Eine signifikante Verschlechterung ($t(25) = 2.64$, $p < .014$) zeigten die Kontrollpaare auch bei der nonverbal positiven Kategorie und bei der nonverbal negativen Kategorie verschlechterten sie sich sogar hochsignifikant (t(25) = -3.81, p < .001). Letzteres Ergebnis erscheint um so bemerkenswerter, als gerade das negative nonverbale Kommunikationsverhalten in der Literatur als wichtiger Prädiktor für eheliche/partnerschaftliche Fehlentwicklungen beschrieben wird (vergl. Gottman, 1994). Möglicherweise sind deshalb auch die jetzt noch in der Stichprobe verbliebenen Kontrollpaare trotz subjektiv empfundener hoher Ehezufriedenheit in der Zukunft scheidungsgefährdeter als die EPL-Paare.

In der Einschätzung der Ehezufriedenheit mittels des MAT erzielten die EPL-Paare verglichen mit der Prä-Messung ein lediglich dem Trend nach (t(67) = 1.91, p < .060) geringeres Ergebnis (siehe Tabelle Nr. 7.2.3.4), blieben also annähernd stabil, während sich die Kontrollgruppenpaare hier signifikant (t(25) = 2.64, p < .014) verschlechterten (siehe Tabelle Nr. 7.2.3.5).

Tabelle Nr. 7.2.3.5
Mittelwertsunterschiede der KG-Gruppe zwischen den Meßzeitpunkten Prä und FU-3 (5-Jahreskatamnese) hinsichtlich der positiven und negativen relativen KPI-Gesamtkategorien und des MAT-Gesamtscores.

Variable	KG (Prä)		KG (FU-3)		*t-Wert*	*p (2-seitig)*
n	26		26		*df* = 25	
	M	*SD*	*M*	*SD*		
KPI-Gesamtkategorien						
Verbal positiv	27.4	14.7	24.8	17.8	.76	.453
Verbal negativ	19.5	13.1	36.0	16.5	- 4.68	.000
Nonverbal positiv	78.6	26.0	60.9	34.0	2.64	.014
Nonverbal negativ	5.4	11.0	23.6	25.9	- 3.81	.001
MAT-Gesamtscore	123.2	13.2	112.3	20.1	2.64	.014

Anmerkungen. T-Tests für abhängige Stichproben.

Ergebnisse der APL-Teilstichprobe zur 5-Jahres-Katamnese hinsichtlich der Kommunikationsgüte und der Ehezufriedenheit

Eine interessante Untergruppe der EPL-Paare stellen die „APL-Paare" dar. Allerdings müssen aufgrund der geringen Gruppengröße (n = 22, 11 APL-Paare) die folgenden statistischen Ergebnisse mit Vorsicht interpretiert werden. Von den noch in der Stichprobe verbliebenen ehemaligen EPL- und EPLNEQ-Paaren besuchten zwischen der 3- und der 5-Jahreserhebung 11 Paare (10 EPL- und ein EPLNEQ-Paar) einen „Auffrischungskurs zum Partnerschaftlichen Lernprogramm APL".

In den KPI-Gesamtkategorien und den nonverbalen Kategorien zeigten sich die APL-Paare zur 5-Jahres-Katamnese den EPL-Paaren in ihrem Gesprächsverhalten deutlich überlegen (siehe Tabelle Nr. 7.2.3.6).

Tabelle Nr. 7.2.3.6
Mittelwertsunterschiede zwischen APL-Gruppe und verbliebener EPL-Gruppe zum Meßzeitpunkt FU-3 (5-Jahreskatamnese) hinsichtlich der positiven und negativen relativen KPI-Gesamtkategorien, des MAT- und des PFB-Gesamtscores.

Variable	APL (FU-3)		EPL (FU-3)		*t-Wert)*	*p (2-seitig)*
n	22		66		*df* = 86	
	M	*SD*	*M*	*SD*		
KPI-Gesamtkategorien						
Verbal positiv	54.7	24.5	43.9	19.5	2.12	.037
Verbal negativ	9.5	13.2	16.2	14.0	- 2.00	.049
Nonverbal positiv	93.7	9.9	81.4	31.3	2.81	.006
Nonverbal negativ	3.6	7.6	8.5	18.7	- 1.76	.083
n	20		68		*df* = 86	
MAT-Gesamtscore	111.1	13.5	113.0	18.6	- .43	.665
n	20		68		*df* = 86	
PFB-Gesamtscore	61.4	8.6	61.1	10.9	.11	.915

Anmerkungen. T-Tests für unabhängige Stichproben.

Sie verwendeten signifikant ($t(86) = 2.12$, $p < .037$) häufiger positive Verbalkategorien, signifikant ($t(86) = -2.00$, $p < .049$) weniger negative Verbalkategorien nonverbal verhielten sie sich hochsignifikant ($t(86) = 2.81$, $p < .006$) positiver und dem Trend nach ($t(86) = -1.76$, $p < .083$) auch nonverbal weniger negativ.

In den Ergebnissen zur Ehezufriedenheit zeigte die APL-Gruppe zur 5-Jahres-Erhebung keinerlei signifikante Unterschiede zur EPL-Gruppe.
Im Vergleich der Meßzeitpunkte fällt allerdings auf, daß die Teilstichprobe der jetzigen APL-Gruppe zur 3-Jahres-Messung in den Fragebogenwerten zur Ehezufriedenheit einen statistisch signifikanten ($t(19) = 2.32$, $p < .031$) wenn auch nicht klinisch relevanten (MAT-Gesamt-Score = 109) Rückgang gegenüber der Prä-Messung zu verzeichnen hatte (siehe Tabelle Nr. 7.2.3.7), der sich auch erstmalig in einem signifikant ($t(86) = -2.38$, $p < .019$) schlechteren MAT-Gesamtscore gegenüber der EPL-Gruppe niederschlug (siehe Tabelle Nr. 7.2.3.8).

Tabelle Nr. 7.2.3.7
Mittelwertsunterschiede der APL-Gruppe zwischen den Meßzeitpunkten Prä und 3-JahresKatamnese sowie Prä und 5-Jahres-Katamnese hinsichtlich des MAT-Gesamtscores.

Variable	APL Prä		APL 3-J.-Kat.		*t-Wert)*	*p (2-seitig)*
n	20		20		*df* = 19	
	M	*SD*	*M*	*SD*		
MAT-Gesamtscore	117.6	13.6	109.3	16.8	2.32	.031
	APL Prä		APL 5-J.-Kat.			
MAT-Gesamtscore	117.6	13.6	111.1	13.5	1.67	.112

Anmerkungen. T-Tests für abhängige Stichproben.

Tabelle Nr. 7.2.3.8
Mittelwertsunterschiede zwischen APL-Gruppe und verbliebener EPL-Gruppe zu allen Meß-zeitpunkten hinsichtlich des MAT- und des PFB-Gesamtscores.

Variable	APL		EPL		*t-Wert)*	*p (2-seitig)*
n	20		68		*df* = 86	
	M	*SD*	*M*	*SD*		
MAT-Gesamtscore Prä	117.6	13.6	117.3	13.6	.08	.933
MAT-Gesamtscore Post	121.1	9.1	120.4	11.9	.25	.801
n	20		67		*df* = 85	
MAT-Gesamtscore 1,5-J.-Kat.	119.7	10.2	117.3	14.4	.67	.508
n	20		63		*df* = 81	
PFB-Gesamtscore 1,5-J.-Kat.	67.4	8.6	67.4	9.9	- .01	.991
n	20		68		*df* = 86	
MAT-Gesamtscore 3-J.-Kat.	109.3	16.8	118.7	15.0	- 2.38	.019
n	20		67		*df* = 85	
PFB-Gesamtscore 3-J.-Kat.	62.4	8.8	64.6	10.8	- .82	.415
n	20		68		*df* = 86	
MAT-Gesamtscore 5-J.-Kat.	111.1	13.5	113.0	18.6	- .43	.665
n	20		68		*df* = 86	
PFB-Gesamtscore 5-J.-Kat.	61.4	8.6	61.1	10.9	.11	.915

Anmerkungen. T-Tests für unabhängige Stichproben.

Möglicherweise war dieses Absinken der subjektiv empfundenen Beziehungsqualität für die Paare der Auslöser einen APL-Kurs zu besuchen.
Jedenfalls sprechen diese Ergebnisse dafür, daß durch APL-Kurse zum einen die Ehezufriedenheit wieder angehoben werden kann und zum anderen die - im Vergleich zur Kontrollgruppe deutlich besseren - Kommunikationsfertigkeiten der EPL-Paare noch weiter verbessert werden können.

Zusammenfassung

Zusammenfassend läßt sich feststellen, daß sich die EPL-Paare bei der 5-Jahres-Messung den Kontrollgruppenpaaren in der Paarkommunikation erneut deutlich überlegen zeigen. Im Vergleich zur Prä-Messung bleiben die EPL-Paare in ihrem Kommunikationsniveau stabil, während sich die Kontrollpaare größtenteils verschlechtern. Gemessen an den Prä-Werten gibt es in der subjektiv eingeschätzten Zufriedenheit mit der Ehe/Partnerschaft nach 5 Jahren signifikante bis hochsignifikante Unterschiede zugunsten der EPL- gegenüber der Kontrollgruppe. Im Vergleich zur Prä-Messung bleiben die EPL-Paare in ihrer Ehezufriedenheit annähernd stabil während sich die Kontrollpaare signifikant verschlechtern. Daß sich die kommunikative Überlegenheit der EPL-Gruppe nicht in noch deutlicheren Mittelwertsunterschieden hinsichtlich der Ehequalität niederschlägt, mag an der häufigeren Elternschaft der EPL-Paare und dem damit einhergehenden in der Literatur beschriebenen Rückgang der Ehezufriedenheit liegen. Dazu kommt, daß die Trennungs- und Scheidungsrate - wie schon zur 3-Jahreskatamnese - auch zu diesem Meßzeitpunkt bei der Kontrollgruppe signifikant höher lag, also ein höherer Prozentsatz an unzufriedenen Paaren aus dieser Gruppe bereits aus der Stichprobe ausgeschieden war. Diese Ergebnisse sprechen für einen überraschend lang anhaltenden Lerneffekt der EPL-Kurse. Gemessen an dem relativ geringen Zeitaufwand von ca. 15 Stunden pro Training ist der sichtbare Erfolg noch nach fünf Jahren erstaunlich. Eine gezielte Auffrischung der EPL-Inhalte, wie sie im APL angeboten wird, kann das Paargesprächsniveau noch einmal deutlich verbessern. Die Paare, die dieses Angebot nützten, konnten zusätzlich die zur 3-Jahres-Katamnese aufgetretene Verschlechterung ihrer Ehezufriedenheit wieder ausgleichen.

8. Diskussion

„Der Kampf der Geschlechter ist das zentrale Drama der Zeit. Das Geschäft der Eheberater floriert, die Familienrichter haben Hochkonjunktur, die Scheidungsziffern sind hoch“ (Beck-Gernsheim 1988, S. 24). Dieses Zitat der Soziologin Beck-Gernsheim mag das in den letzten knapp 20 Jahren beobachtbare wachsende Interesse der Psychologie an der Ehe und den Problemen des Zusammenlebens erklären.

Auch ursprünglich auf das Individuum bezogene Therapieformen wie die Psychoanalyse und die Verhaltenstherapie widmen sich nun verstärkt der Paarinteraktion, denn längst gibt es deutliche Hinweise auf den großen Einfluß von Paar- und Familienklima auf den Verlauf und die Therapie von psychischen und somatischen Erkrankungen (Hahlweg, 1995).

Diesem Interesse steht die in Deutschland immer noch verbreitete Skepsis von Teilen der Psychotherapieszene gegen präventive Paarprogramme gegenüber (Riehl-Emde & Willi, 1993). Bradbury und Fincham (1990) nehmen an, daß für viele Therapeuten die präventive Arbeit mit Paaren zu strukturiert sei und dadurch zu wenig Raum für ihre kreative Entfaltung lasse, daß sie aber auch schlichtweg zu wenig lukrativ sein könnte. Die Argumentation der Präventionskritiker klingt freilich anders. Beziehungskrisen präventiv zu begegnen wird demnach von einigen Paartherapeuten deshalb nicht akzeptiert, weil man Menschen damit die Freiheit zu Lebenskrisen, die ja auch Reifungskrisen sein könnten, absprechen wolle. Hildenbrand (1996) sieht in der präventiven Paararbeit gar „die Gefahr einer Deautonomisierung von Lebenspraxis durch deren Verwissenschaftlichung“ (Hildenbrand, 1996, S. 81).

Im EPL wird unserer Ansicht nach durch den Ausbau bereits vorhandener bzw. durch den Aufbau fehlender kommunikativer Fertigkeiten die Autonomie der Teilnehmer gestärkt. Denn diese läßt sich nur dann leben, wenn die Partner über die nötigen Kompetenzen verfügen, ihre eigenen Vorstellungen wahrzunehmen und in die Beziehung einzubringen. Präventive Maßnahmen für die Partnerschaft können Beziehungskrisen nicht verhindern und sollen dies auch gar nicht. Ziel kann nur sein, Paare auf solche Krisen flexibler einzustellen und ihnen Werkzeuge zur partnerschaftlichen Konfliktbewältigung an die Hand zu geben. Paare haben ein Recht auf solche wirksamen vorbeugenden Hilfestellungen. Ihnen diese zu verweigern, in der Meinung, man würde sie sonst um wertvolle Krisenerfahrungen betrügen, erscheint angesichts der Probleme, denen Partnerschaften heute ausgesetzt sind, als purer Zynismus.

Präventive Interventionsmethoden sollten allerdings wie therapeutische Methoden die Gütekriterien der Zielorientierung, der theoretischen Fundierung und der empirischen Evaluation erfüllen (Perrez, 1991). Mit der Konzeption, der Durchführung und der empirischen Effektivitätskontrolle des EPL sollte diesen Bedingungen Rechnung getragen werden.

Im folgenden werden Aspekte der EPL-Studie wie Forschungsdesign und Ergebnisse sowie das EPL-Kurskonzept und seine Anwendung im erwachsenenbildnerischen Alltag diskutiert. In einem Ausblick werden ein EPL-Nachfolgeprogramm für länger verheiratete Paare vorgestellt sowie Vorschläge zu weiteren Einsatzmöglichkeiten ähnlicher Kommunikationstrainingsprogramme in der Prophylaxe unterbreitet.

Forschungsdesign

Die EPL-Studie stellt für den deutschsprachigen Raum insofern ein Novum dar, als es sich um eine Longitudinalstudie mit Interventions- und Kontrollgruppendesign handelt, in der anfangs überwiegend unverheiratete Paare über ihre ersten Ehejahre hinweg bezüglich der Entwicklung ihrer Paarkommunikation und Ehequalität beobachtet wurden. Die relativ große Stichprobe von anfangs 77 EPL- und 32 Kontrollpaaren erlaubte einen Meßzeitpunktrahmen von insgesamt fünf Jahren, da sich auch noch zur 5-Jahres-Katamnese mit 44 EPL- und 13 Kontrollpaaren ausreichend viele Paare in der mittlerweile durch Ausfall und Trennung/Scheidung dezimierten Stichprobe befanden.

Bedauerlich ist, daß die anfangs geplante randomisierte Zuweisung der Teilnehmer zur Interventions- und Kontrollgruppe aus organisatorischen Gründen nicht erfolgen konnte, da wir uns dem beim kirchlichen Anbieter üblichen Anmeldemodus für Ehevorbereitungsseminare anpassen mussten. Im nachhinein erwiesen sich die beiden Gruppen bei der Prä-Messung in ihren soziodemographischen Daten sowie ihrer Zufriedenheit mit der Partnerschaft und ihrem Kommunikationsverhalten dennoch als gut vergleichbar. Trotzdem handelt es sich wegen der fehlenden Randomisierung nur um ein quasi-experimentelles Design, und aus dem selben Grunde kann der Einwand nicht gänzlich entkräftet werden, es handele sich bei den EPL-Paaren von Anfang an womöglich doch um die motivierteren, reflektierteren und an ihrer Partnerschaft interessierteren Paare.

Zur Schichtzugehörigkeit der Gesamtstichprobe ist zu sagen, daß sie nicht für die Bevölkerung generell, wohl aber für das Klientel der kirchlichen Erwachsenenbildung repräsentativ ist. Der hohe Anteil an Akademikern (in der EPL-Studie hatte ein knappes Viertel der Probanden Universitätsabschluß) ist symptomatisch für die meisten Angebote dieser Art. Die Verteilung von Stadt- und Landbewohnern war dagegen ausgewogen (auf dem Land wohnten 40% der Paare, 47% in Städten und bei 13% wohnte ein Partner in einer Stadt, der andere auf dem Land).

Stichprobengewinnung und -betreuung

Aufgrund mangelnden Leidensdruckes bei der Zielgruppe müssen präventive Programme ausführlich beworben werden. Um bei heiratswilligen Paaren die nötige Akzeptanz für EPL zu schaffen, ergriffen wir in den ersten Jahren zahlreiche Werbemaßnahmen. Eine kurze inhaltliche Beschreibung des Kurses mit den angebotenen Terminen erfolgte im Gesamtprogrammheft der Ehevorbereitung der Erzdiözese München und Freising. Dieses wird an alle Pfarreien, Tagungshäuser, Bildungseinrichtungen, Kreisbildungswerke, Jugendpflegestellen und Zentren der Familie versandt. Darüberhinaus gab es eine eigene EPL-Ausschreibung, die bei den herkömmlichen Ehevorbereitungstagen verteilt, auf Anfragen einzelner Paare zugeschickt und zur zusätzlichen EPL-Werbung in den Pfarreien eingesetzt wurde. Sämtliche Kurstermine wurden auch rechtzeitig in der örtlichen Kirchenzeitung veröffentlicht. Zudem boten wir für hauptamtliche Seelsorger und Referenten der Ehevorbereitung, aber auch für noch unentschlossene Paare EPL-Informationsabende an. Eine zusätzliche nichtkirchliche Werbemaßnahme für EPL stellte die Öffentlichkeitsarbeit des Institutes für Forschung und Ausbildung in Kommunikationstherpie dar, die seit Projektbeginn immer wieder zu Presseartikeln, Radio - und Fernsehinterviews führte und so auch Paare aus dem ausserkirchlichen Raum gewinnen konnte. In allen anderen Regionen, in denen EPL mittlerweile etabliert werden konnte, wurde ein vergleichbar hoher Werbeaufwand getrieben. Erst nach einigen Jahren schien unser präventives Paarprogramm durch die Mund zu Mund Propaganda zufriedener EPL-Paare ausreichend bekannt geworden zu sein.

Sehr aufwendig gestaltete sich auch die Stichprobenbetreuung. Vor allem das Einbestellen der Paare zu den Nacherhebungen erforderte neben viel Zeit für eine Unzahl von Telefonaten auch eine Menge Geduld und Hartnäckigkeit, um nicht gleich bei Absagen oder anderen noch negativer gefärbten Reaktionen aufzugeben, sondern gerade dann noch einmal gezielte Motivationsarbeit bei den Paaren zu leisten. Darüberhinaus war häufig eine große zeitliche Flexibilität von Nöten, die sich auch auf die späten Abendstunden und teilweise sogar auf Sonn- und Feiertage erstreckte, um allen Paaren in ihrer Zeitplanung möglichst entgegenkommen zu können.
Am Institut waren vor allem für diese Aufgaben über die ganze Projektdauer Honorarmitarbeiterinnen tätig, um diesen überaus wichtigen Bereich der Stichprobenbetreuung bewältigen zu können.

Meßinstrumente

Die Datenerfassung war nicht auf die durch Fragebogen erhobenen subjektiven Daten beschränkt sondern beinhaltete auch ein Verfahren der objektiven Verhaltensbeobachtung, das „Kategoriensystem für Partnerschaftliche Interaktion (KPI)" (Hahlweg et al., 1984, 1987), was die Aussagekraft der Ergebnisse eindeutig erhöht. Mit dem KPI konnten die Lernerfolge der EPL-Paare hinsichtlich einer konstruktiveren Kommunikation gut abgebildet werden. Allerdings schätzten sich fast alle Paare - auch die Paare der Kontrollgruppe - zu den Zeitpunkten der Gesprächsaufzeichnungen als mit ihrer Partnerschaft zufrieden ein. Dies schlug sich nicht zuletzt in einem extrem hohen Anteil der nonverbal positiven KPI-Kategorie an den Gesprächen nieder. Zu ernsthafteren Auseinandersetzungen vor laufender Kamera kam es nicht. Somit konnte mit KPI nicht erfaßt werden, wie sich das Streitverhalten der Paare bei aufwallenden negativen Emotionen gestaltet, und ob sich EPL-Paare im „Ernstfall" an die gelernten Gesprächsregeln halten können und wollen. Die im Vergleich zur Kontrollgruppe signifikant geringeren Trennungs- und Scheidungsraten der EPL-Paare zu den katamnestischen Meßzeitpunkten könnten jedoch ein Indiz hierfür sein.

Ergebnisse

Empirisch überprüft wurden in erster Linie die kurz- und langfristigen Lernerfolge der EPL-Paare im Sinne einer konstruktiveren Kommunikation im Vergleich zu Kontrollgruppenpaaren, sowie die Entwicklung der subjektiv eingeschätzten Zufriedenheit mit deren Ehe/Partnerschaft.

Die Ergebnisse zur Kommunikationsqualität legen nahe, daß die im EPL-Kurs vermittelten und eingeübten Gesprächsregeln für eine konstruktive Kommunikation von den Paaren gelernt und nicht nur kurz- sondern auch langfristig angewendet werden konnten.
Zur Post-Messung kurz nach den Kursen waren die EPL-Paare den Kontrollpaaren in allen KPI-Gesamtkategorien hochsignifikant überlegen. Auch konnten sie sich im Gegensatz zur Kontrollgruppe verglichen mit der Prä-Messung (kurz vor den Kursen) ebenfalls in allen KPI-Gesamtkategorien hochsignifikant verbessern. Daß die Kommunikationsqualität der Kontrollpaare unverändert bleiben würde, war vorauszusehen, da in anderen Ehevorbereitungskursen (die die Kontrollpaare besucht hatten) zwar häufig mit Paargesprächen gearbeitet wird, diese aber nicht angeleitet und somit auch nicht formal verändert werden. Somit sind die Ergebnisse der kurzfristigen Auswirkungen auf das Gesprächsverhalten gut mit denen der PREP-Studie (Markman et al., 1987) zu vergleichen.
Bei den Katamnesen eineinhalb, drei und fünf Jahre nach den Kursen ergaben sich folgende Ergebnisse: Die EPL-Paare konnten die kommunikativen Lerninhalte dieser Kurse auch über eineinhalb Jahre behalten und in ihr Paargespräch integrieren. Dadurch waren sie den Kontrollpaaren in ihrem Gesprächsverhalten überlegen und verbesserten ihr kommunikatives Ausgangsniveau noch, während sich dieses bei der Kontrollgruppe - wie erwartet - verschlechterte. Auch bei der 3-Jahres-Katamnese konnten die EPL-Paare ein gegenüber der Prä-Messung verbessertes Gesprächsverhalten größtenteils aufrechterhalten. Dadurch blieben EPL-Paare den Kontrollpaaren auch 3 Jahre nach den Kursen in allen KPI-Gesamtkategorien deut-

lich überlegen. Diese umfassende Überlegenheit in der Paarkommunikation der EPL- gegenüber der Kontrollgruppe zeigte sich auch noch zur 5-Jahres-Katamnese. Im Vergleich zur Prä-Messung blieben die EPL-Paare nun in ihrem Kommunikationsniveau stabil, während sich die Kontrollpaare größtenteils verschlechterten. Damit sind auch die Ergebnisse der langfristigen Lernerfolge hinsichtlich konstruktiver Kommunikation von EPL und PREP (Markman et al., 1988, 1993) vergleichbar. Wobei sich nach fünf Jahren beim EPL eher noch deutlichere Programmeffekte zeigten, auch wenn bei den EPL-Paaren keine Verbesserung mehr sondern nur noch eine Stabilisierung des kommunikativen Ausgangsniveaus gefunden wurde.

Die Werte der subjektiv empfundenen Zufriedenheit mit der Ehe/Partnerschaft blieben bei der EPL-Gruppe über fünf Jahre annähernd stabil während sie sich bei der Kontrollgruppe bis zu den Meßzeitpunkten der 3- und 5-Jahres-Katamnesen signifikant verschlechtert hatten. Lediglich eine signifikante Verbesserung der Ehe-/Partnerschaftszufriedenheit der EPL-Paare zur Post-Messung überrascht ein wenig, da positive Einflüsse einer verbesserten Kommunikation auf die Beziehungsqualität nicht schon nach so kurzer Zeit zu erwarten waren. Anzunehmen ist, daß die positiven Erfahrungen, die die Paare während des EPL mit der neuen „regelgemäßen" Art zu sprechen sammeln konnten, sie hoffen ließen, in Zukunft mit den problematischen Themen ihrer Beziehung konstruktiver umzugehen, und daß diese Hoffnung bereits die Paare ihre Zufriedenheit mit der Ehe/Partnerschaft höher einschätzen ließ. Insgesamt jedoch bestätigen die EPL-Ergebnisse zur Ehe-/Partnerschafts-Zufriedenheitsentwicklung - genau wie die PREP-Ergebnisse - die Hypothese des stabilisierenden Einflusses konstruktiver Paarkommunikation.

Diese Stabilisierung ist umso beeindruckender als die EPL-Gruppe signifikant häufiger Kinder hatte. In der EPL-Gesamtstichprobe der 5-Jahres-Erhebung aber schätzten Eltern ihre Beziehung weniger zufrieden ein als Nicht-Eltern. Beim PFB-Gesamtscore schnitten sie hochsignifikant schlechter ab als die Paare ohne Kinder. Dieses kinderbedingte Absinken der Ehezufriedenheit vor allem nach Geburt des ersten Kindes wird in der Literatur übereinstimmend bestätigt (vergl. Belsky, Spanier & Rovine, 1983; Petzold, Kentges & Erdmann, 1990; Tomlinson, 1986). Selbst nach vier Jahren (Engfer, Gavranidou & Heinig, 1988; Meyer, 1988) und nach fünf Jahren (Petzold, 1990) war die niedrigere Ehezufriedenheit in diesen Studien noch nicht wieder ausgeglichen.

Die unterschiedliche Entwicklung der Ehequalität bei EPL- und Kontrollgruppe zeigt sich zudem auch deutlich in den Trennungs- /Scheidungsraten. Zu den Meßzeitpunkten der 3- und 5-Jahres-Katamnesen sind die zusammengefassten Trennungs- und Scheidungsraten bei den EPL-Paaren signifikant niedriger als bei den Kontrollpaaren. Noch beeindruckender sind die Unterschiede, wenn die Scheidungsraten allein verglichen werden. Sie betrugen bei der EPL-Gruppe zur 1,5-Jahres-Katamnese 0.0%, zur 3-Jahres-Katamnese 1.6% und zur 5-Jahres-Katamnese 3.9%, gegenüber 6.9%, 16.7% und 23.8% bei der Kontrollgruppe.

Die höhere Trennungs- und Scheidungsrate sowie auch die höhere Ausfallrate der Kontrollgruppe lassen vermuten, daß während der fünf Jahre, in denen die Daten erhoben wurden, wesentlich mehr Kontrollpaare als EPL-Paare mit „schlechten" Ehe- /Partnerschaftszufriedenheitswerten aus der Stichprobe ausgeschieden sind. Demnach dürfte der direkte Vergleich der beiden Gruppen hinsichtlich ihrer Ehequalität zu den Katamnesen ein eher noch zu positives Bild für die Kontrollpaare zeichnen.

Von Seiten der Erwachsenenbildner waren anfangs gegenüber dem EPL die Kritikpunkte zu hören, die Kurse seien aufgrund ihrer Fokusierung auf Kommunikationsfertigkeiten lediglich für Paare mit hoher Schulbildung, bzw. für Teilnehmer mit bereits sehr hohem Kommunikationsniveau geeignet. Die EPL-Studie konnte dies widerlegen.
Die Lernerfolge der Teilnehmer von der Prä- zur Post-Messung zeigten sich unabhängig von deren Schulbildung und die Teilnehmer, die vor dem Kurs mit ihrem Partner deutlich schlechter kommunizierten als die übrigen, lernten in ihrem Gesprächsverhalten hochsignifikant mehr dazu als diejenigen, die von Anfang an mit ihrem Partner besser kommunizierten als die übrigen Teilnehmer. Einerseits ist dieses Ergebnis nicht überraschend, weil „schlechte" Kommunizierer auch mehr Nachholbedarf haben. Andererseits zeigt es, daß auch - oder sogar gerade - Leute mit weniger günstigen kommunikativen Voraussetzungen von EPL profitieren können.
Ebenfalls unabhängig zeigte sich der Lernerfolg vom Alter und von der subjektiv erlebten Zufriedenheit der Teilnehmer mit ihrer Ehe oder Partnerschaft. Unzufriedene Paare lernten in ähnlichem Ausmaß dazu wie zufriedene.

Die in der Literatur beschriebenen ausgeprägten Geschlechtsunterschiede in der Kommunikation (siehe Kap. 3.2.) konnten in dieser Studie nicht nachgewiesen werden. Auch das Ausmaß und die Art des Lernerfolges differierten zwischen den Geschlechtern nicht. Frauen lernten im EPL nicht mehr und nicht weniger, noch lernten sie mit anderen Schwerpunkten als Männer. Es scheint also, daß Männer wie Frauen gleichermaßen von dem Programm profitieren konnten.
Schließlich konnte noch gezeigt werden, daß die Kommunikationsgüte in unbelasteten Zeiten kaum Einfluß auf die erlebte Ehezufriedenheit der Paare hat, während ihr in belasteten oder Krisenzeiten - und hier vor allem dem negativen nonverbalen Gesprächsverhalten - große Bedeutung für die Beziehungsqualität zukommt. Die geringeren Trennungs- und Scheidungsraten der EPL-Paare zu den Nacherhebungszeitpunkten scheinen zusätzlich dafür zu sprechen, daß die qualitativ bessere Kommunikation gerade in Krisensituationen diese konstruktiver zu meistern hilft.

Zusammenfassend läßt sich feststellen, daß die Hypothesen bestätigt werden konnten: Die EPL-Paare konnten ihr Kommunikationsniveau sowie ihre Ehe-/Partnerschaftszufriedenheit langfristig (über fünf Jahre) stabilisieren während sich die Kontrollgruppenpaare in beidem signifikant verschlechterten. Zu den letzten beiden Nacherhebungen wies die EPL-Gruppe eine signifikant geringere Trennungs-/Scheidungsrate auf. Zudem sprechen die Ergebnisse dafür, daß EPL-Kurse für die gesamte Zielgruppe heiratswilliger oder jung verheirateter Paare geeignet sind, und es keiner besonderen Voraussetzungen (wie z.B. einer hohen Schulbildung) bedarf, um von dem Programm profitieren zu können.

Das Kurskonzept EPL

In einer amerikanischen Studie, in der unterschiedliche „Enrichment-Programme" nach ihrer kurzfristigen Effektivität verglichen wurden, zeigten sich etliche Kriterien, die im EPL Anwendung fanden, als besonders wirksam: Hohe Strukturiertheit des Programmes, Vermittlung partnerschaftlicher Kommunikation, reichlich Zeit zum Einüben dieser Fertigkeiten, paarzentriertes Arbeiten ohne gleichzeitige Beteiligung der Kinder (Giblin et al., 1985). Und Bodenmann (1995) resümiert: „ Die wichtigsten Einflußgrößen auf die Partnerschaftsqualität bzw. -stabilität sind nach neueren Erkenntnissen individuelle und dyadische Kompetenzen (wie Sozialkompetenz, Interaktions- und Kommunikationsfertigkeiten, Bereitschaft zu Selbstöffnung, adäquater Gefühlsausdruck sowie die Problemlösefähigkeit beider Partner)" (Bodenmann, 1995, S. 12). EPL fördert bei seinen Teilnehmern durch seinen Aufbau, seine Inhalte und seine Methodik exakt diese Kompetenzen. In Anlehnung an Markmans „Premarital Relationship Enhancement Program (PREP)" (Markman et al.,1984, 1987) stehen auch im EPL die Entwicklung und Einübung von konstruktiven Kommunikations- und Problemlösefertigkeiten im Vordergrund. Somit leistet EPL im deutschsprachigen Raum einen wichtigen Beitrag zur Prävention von Partnerschaftsstörungen.

Die durchweg positiven Rückmeldungen der Paare beziehen sich dementsprechend auch auf die gelungene Vermittlung dieser Fertigkeiten und den daraus resultierenden angenehmen Konsequenzen für die Teilnehmer. Betont wurde dabei immer wieder das wachsende gegenseitige Verständnis und die Erfahrung, daß durch eine bewußt geführte Kommunikation ein Streitgespräch vermieden und statt dessen eine konstruktive Lösung des vorliegenen Problems angegangen werden könne. Und auch das Aushalten der Spannung bei konträren Bedürfnissen würde durch die offene und faire Gesprächsführung leichter.

Inhaltlich betrachtet bietet EPL mit den thematischen Sitzungen „Erwartungen an die Ehe", „Sexualität" und „Christliche Ehe" genau das, was viele junge Paare, die kurz vor oder nach ihrer - meist kirchlichen - Hochzeit stehen, miteinander klären wollen. Der Aspekt der zusätzlichen Förderung von positiver Reziprozität in der Partnerschaft kommt dagegen im Programm etwas zu kurz, zumal die wenigen Übungen hierzu (siehe Kap. 6.1.4.3.) nur als Hausaufgaben vorgestellt und empfohlen werden und folglich von den Trainern nicht so systematisch begleitet werden können wie die Paargesprächsübungen während der Sitzungen. Bei einer weniger partnerschaftszufriedenen Zielgruppe als den EPL-Paaren müßte dieser Aspekt sicherlich mehr betont werden. Aus diesem Grunde enthält auch das weiter unten noch vorgestellte EPL-Nachfolgeprojekt für länger verheiratete Paare zwei ganze Sitzungen mit den positiv konotierten Themen „Was tut mir gut an Dir?" Was will ich Dir Gutes tun?" Was wünsche ich mir von Dir?" Was hält uns zusammen?" Die angeleitete und begleitete Auseinandersetzung mit diesen Themen entspricht nach meiner Einschätzung der „Ressourcenaktivierung", wie sie Grawe neben der „Problemaktualisierung", der „aktiven Hilfe zur Problembewältigung" und der „Klärungsperspektive" als empirisch gut gesichertes therapeutisches Wirkprinzip beschreibt (Grawe, 1995; Grawe, Donati & Bernauer, 1994).

Derzeitige Verbreitung des EPL

EPL wurde von den Erwachsenenbildnern und Ehevorbereitern als effektive Methode erkannt und in ihrem Wirkungskreis als präventives Angebot für Paare etabliert. Nicht zuletzt durch das Engagement dieser „Multiplikatoren" erfuhr das Programm in wenigen Jahren eine beeindruckende Verbreitung. So wurden bisher circa 1.200 EPL-Trainer in fast allen Diözesen Westdeutschlands, in Diözesen Luxemburgs, Österreichs, der Schweiz und Südtirols, sowie der evangelisch lutherischen Landeskirche Bayerns unter der Regie der EPL-Projektleitung und der Organisation und anteiligen Finanzierung durch die „Arbeitsgemeinschaft für Katholische Familienbildung (AKF)" ausgebildet. Ein Großteil dieser Trainer bietet dann wiederum im Auftrag der jeweiligen Diözesen EPL-Kurse an. Ohne die Einbettung in die organisatorische Struktur der katholischen Kirche wäre diese große Verbreitung des EPL nicht denkbar. Dabei sind die Möglichkeiten in den einzelnen Diözesen sehr unterschiedlich. In der Erzdiözese München und Freising sind die Bedingungen optimal. Hier steht im Fachbereich Ehevorbereitung/Junge Familien eigens eine hauptamtliche Mitarbeiterin, die selbst in EPL ausgebildet ist, als Ansprechpartnerin zur Verfügung. Sie hält Kontakt zu den TrainerInnen, übernimmt die Organisation und Koordination der Kurse und läßt die nötigen Arbeitsmaterialien zur Durchführung der Kurse den TrainerInnen zukommen.

Um das fachliche Niveau der einzelnen EPL-Kurse aufrechtzuerhalten, müssen jährlich viel Zeit und Geld für Supervisions- und Fortbildungsveranstaltungen aufgewendet werden. Diese Leistung ist besonders hervorzuheben, denn für die öffentliche Hand scheint häufig immer noch der Grundsatz zu gelten: „Präventivmaßnahmen sind eine Investition, deren Gewinn nur schwer zu kalkulieren ist. Daher erscheinen sie weniger förderungswürdig als Maßnahmen zur Betreuung leidender Menschen, deren Probleme unmittelbar und mit gewisser Erfolgsaussicht angegangen werden können" (Danish & D'Augelli, 1990, S. 157). Doch gerade in einer Zeit knapper werdender Finanzen sind Ausgaben für evaluierte präventive Programme wie das EPL gut angelegt, helfen sie doch, für die Gesellschaft durch das bessere Gelingen von Partnerschaften die immensen Folgekosten unzufriedener Beziehungen, Trennungen und Scheidungen zumindest ein wenig zu verringern (Stanley, Markman, Peters & Leber, 1995). Die einmal erlernte und immer wieder in ihren positiven Konsequenzen erlebte Anwendung fundamentaler Gesprächsregeln ist ein zentrales Element gelingender Partnerschaft, die Voraussetzung für eine Entwicklung zu zweit, sie ist die Voraussetzung der von Willi (1985) beschworenen „Koevolution", des gemeinsamen Wachsens in der Partnerschaft.

Ausblick

Qualifizierte präventive Hilfe für Paare sollte nicht auf das Klientel von Ehevorbereitungskursen beschränkt bleiben. Sie sollte auch und gerade länger verheirateten Paaren angeboten werden können. Länger verheiratete Paare haben in aller Regel erste krisenhaft erlebte Partnerschaftserfahrungen hinter sich. Sie nehmen in vielen Bereichen ihrer Ehe Veränderungen wahr, die verunsichern können. Zudem werden sie immer wieder mit familiären Schwellensituationen konfrontiert, die es zu bewältigen gilt (Welter-Enderlin, 1996). Ehebegleitende Programme sollten deshalb den Paaren Möglichkeiten an die Hand geben, sich konstruktiv mit diesen familiären Veränderungen auseinanderzusetzen. Wie wichtig diese Arbeit ist, soll am Beispiel der „Schwellensituation erstes Kind" kurz skizziert werden.

Nahezu alle in diesem Bereich vorgenommenen Studien zeigen, daß die eheliche Zufriedenheit nach einem kurzen Anstieg unmittelbar nach Geburt des ersten Kindes, den sogenannten "Babyflitterwochen", tendenziell absinkt (Schneewind, 1983). Cowan & Cowan (1988) stützen die These eines krisenhaften Überganges zur Elternschaft, indem sie nachwiesen, daß mindestens 30% der Paare dieses Ereignis streßinduzierend erleben (siehe auch Cowan, Cowan, Heming & Miller, 1991). Belsky et al. (1983) führten eine Längsschnittanalyse mit Erhebungen im letzten Drittel der Schwangerschaft sowie im ersten, dritten und neunten Monat nach der Geburt

durch, wobei sich eine signifikante lineare Abnahme der ehelichen Zufriedenheit im Verlauf der Erhebung zeigte. Auch Tomlinson (1986) konnte eine deutliche Abnahme der Ehezufriedenheit nach der Geburt feststellen.
In Übereinstimmung dazu können auch deutsche Untersuchungen eine Abnahme der Ehezufriedenheit nach der Geburt bestätigen. Meyer (1988) wie auch Engfer et al. (1988) fanden noch im vierten Jahr nach der Geburt eine signifikante Abnahme der Ehequalität.
Diese Ergebnisse legen auch den Gedanken nahe, "daß sich die Probleme des Übergangs zur Elternschaft vermutlich nicht allein in den ersten Monaten, sondern vielleicht erst in späteren Jahren auf die eheliche Zufriedenheit auswirken" (Petzold et al., 1990). Petzold (1990) stellte in einer eigenen Studie fest, daß sich die eheliche Zufriedenheit junger Eltern auch fünf Jahre nach der Geburt noch nicht auf einen normalen Wert eingependelt hatte.
Gerade diese neue Situation, dieser Übergang von der Partnerschaft zur Elternschaft, der so viele Veränderungen mit sich bringt, verlangt vom Paar die Bereitschaft und die Fähigkeit zum partnerschaftlichen Gespräch. Nur wenn beide mit ihren Schwierigkeiten und Enttäuschungen aber auch mit ihren positiven Erlebnissen und Gefühlen miteinander im Dialog bleiben, kann die Zufriedenheit in der Beziehung stabilisiert werden.

Mit diesen und vielen anderen, teils krisenhaft erlebten, Schwellensituationen, wie zum Beispiel berufliche Veränderungen, Umzüge, Empty-Nest-Situation, autonome Entwicklung etc. (Fischer & Fischer, 1990; Olbrich, 1990), werden Paare in mehrjähriger Beziehung konfrontiert. Wenn dann keine angemessenen Kommunikations - und Problemlösefertigkeiten zur Verfügung stehen, kann dies zu schweren gegenseitigen Verletzungen und in Folge zu einem Motivationsverlust gegenüber der Partnerschaft und schließlich zu ihrem Zerwürfnis führen.

Ehebegleitende Prävention sollte deshalb wiederum bei der Vermittlung von Kommunikations- und Problemlösefertigkeiten einsetzen, um Paaren einen adäquateren Umgang mit familiären Veränderungen zu ermöglichen. Die empirisch belegte Wirksamkeit des EPL bei den Paaren seiner Zielgruppe legt nahe, seine wesentlichen Wirkfaktoren auch in Nachfolgeprogramme für das Klientel der länger verheirateten Paare zu übernehmen. Am Institut für Forschung und Ausbildung in Kommunikationstherapie wurde deshalb auf der bewährten Basis des EPL das ehebegleitende Programm „Konstruktive Ehe und Kommunikation (KEK) - Ein Kurs zur Weiterentwicklung von Partnerschaft" erarbeitet (Engl & Thurmaier, 1996).

Als sinnvolle Erweiterung von Kommunikationstrainings sieht Hahlweg die Arbeit mit kognitiven Techniken (Hahlweg, 1986). Dem gemäß wurde das KEK im Vergleich zu EPL um zusätzliche kognitive Übungen ergänzt. Es beinhaltet Selbstreflexions- (z.B. Reflexion über eigenes Streitverhalten oder eigene Anteile an einem Problemthema) und Wahrnehmungsübungen (z.B. nonverbale Streßzeichen am Partner richtig interpretieren lernen), Copingstrategien (z.B. in Form von Veränderung des inneren Dialoges) und mehr Informationen über psychologische Mechanismen in der Paarinteraktion (wie z.B. „kommunikative Teufelskreise").

Mit diesen kognitiven Ergänzungen soll neueren Streßforschungsstudien (Bodenmann et al., 1994) bezüglich Ehe/Partnerschaft Rechnung getragen werden, die den Einfluß unterschiedlicher Copingstrategien auf die Paarinteraktion unterstreichen (siehe auch Kap. 2.4.).

Ein weiteres Ergebnis aus der Paar-Streßforschung besagt, daß Partner für nonverbale Streßzeichen ihres Partners (z.B. dessen Mimik im Streitfall) wenig empfänglich zu sein scheinen. Jedenfalls gehen nur 4% der Partner auf diese nonverbalen Signale adäquat ein (Bodenmann, 1994). Im KEK werden die Teilnehmer deshalb in Reflexionsübungen sensibilisiert, auf die Beschaffenheit ihres eigenen inneren Dialoges zu achten und die erlernten Gesprächsregeln auch auf ihn zu übertragen, eigene nonverbale Streßzeichen wahrzunehmen und die des Partners zu erkennen und richtig zu interpretieren und schließlich über Möglichkeiten gemeinsamer Streßbewältigung nachzudenken.

Diese diversen vorgeschalteten Übungen sollen gleichzeitig auch als Puffer dienen zwischen belastenden Themen und deren Austragen im regelgemäßen Paardialog. Forschungen zeigen darüberhinaus, daß schwierigere Aufgaben leichter allein gelernt werden, während wir in Anwesenheit anderer Teilnehmer dazu neigen, bei Schwierigkeiten auf alte Verhaltensweisen zurückzugreifen (Harkins, 1987).

Das Programm soll Paaren als neue Form der Ehebegleitung Anregungen bieten,

- Möglichkeiten des partnerschaftlichen Gesprächs und Problem-/Konfliktlösungsmodelle in strukturierten Übungen kennenzulernen,
- sich über Schwellensituationen der Beziehung, wie Familiengründung, Kindererziehung, Wiederaufnahme der Berufstätigkeit etc. auszutauschen,
- miteinander über möglicherweise anstehende Themen einer Beziehung wie gegenseitige Attraktion, Enttäuschung von Erwartungen, Schuldgefühle, Verzeihen, Versöhnen, Rücknahme von Projektionen, Orientierung, z.B. im Glauben, Zärtlichkeit und Sexualität zu sprechen,
- sich bei unklärbaren und scheinbar unüberbrückbaren Problemen für eine Beratung oder eine Therapie zu entscheiden.

Die Zielgruppe sind Paare ohne Therapieindikation ab zwei Jahren Ehe oder entsprechendem Zusammenleben (bei Nichtverheirateten).
Aufgrund des schwierigeren Klientels (trotz der eindeutig den präventiven Charakter des Programmes betonenden Ausschreibung melden sich viele Paare mit akuten oder bereits chronifizierten Partnerschaftskonflikten für das KEK an) ist auch eine gegenüber dem EPL fundiertere Trainerausbildung nötig, während der den Teilnehmern mehr psychologisches Hintergrundwissen über Paarinteraktionen sowie ein erweitertes Spektrum an Trainerinterventionen vermittelt wird.
Analog zum EPL wird auch das KEK auf seine Effektivität hin empirisch überprüft.

Bei bedrängenden Zeitthemen wie Gewalt in Beziehungen, in den Schulen, Feindlichkeit anders denkenden Menschen gegenüber etc. ist auch das Versagen von Gesprächsfähigkeit die Ursache für grenzenlose Eskalation. Deshalb scheint die Einübung von Gesprächs- und Konfliktfähigkeit angefangen von der Familie, über die Schule, das Jugendalter bis in das Erwachsenenalter eine wichtige Aufgabe zu sein. Und auch am Ende einer partnerschaftlichen Beziehung könnte Kommunikationstraining, z.B. als Element der sich rasch verbreitenden Scheidungsmediation (Bastard & Cardia-Voneche, 1992) für die sich trennenden Partner eine große Hilfe darstellen. Ansätze für eine frühestmögliche Förderung fairer partnerschaftlicher Kommunikation könnten dagegen in der Entwicklung von Trainings für Eltern mit ihren Kindern, für Schulklassen, z.B. im Rahmen des Sozialkunde-, Religions- oder Ethikunterrichtes sowie für die kirchliche Jugendarbeit bestehen.

Einfühlsame, die eigene und die Autonomie des anderen beachtende Kommunikation und die Fähigkeit zur kompromißhaften Problemlösung zu entwickeln und zu fördern sollte zu einem bewußten gesellschaftlichen Auftrag werden.

9. Zusammenfassung

In der vorliegenden Arbeit werden die Methodik, die Inhalte und die Effektivität des verhaltenstherapeutisch orientierten, präventiven Paarkommunikationstrainings „Ehevorbereitung - Ein Partnerschaftliches Lernprogramm (EPL)“ beschrieben.

In Anlehnung an das amerikanische „Premarital Relationship Enhancement Program (PREP)“ und die in der verhaltenstherapeutischen Paartherapie verbreiteten Kommunikationstrainings arbeitet EPL ganz konkret auf die Verbesserung von Kommunikations- und Problemlösefertigkeiten hin, damit die teilnehmenden Partner sich besser verständigen und ihre Konflikte, die im Verlauf einer Ehe unweigerlich auftreten, erfolgreicher lösen und so ihre Beziehung befriedigender gestalten können. Zielgruppe sind heiratswillige und jung verheiratete Paare ohne ernsthafte Partnerschaftsprobleme, die vorbeugend etwas für eine dauerhafte glückliche Beziehung tun wollen. Die EPL-Kurse werden im Rahmen kirchlicher Ehevorbereitung angeboten und von speziell ausgebildeten Kursleitern durchgeführt. Dabei treffen jeweils zwei Kursleiter auf vier Paare, die in sechs aufeinander aufbauenden, jeweils zweieinhalb-stündigen übungsintensiven Kurseinheiten abwechselnd betreut werden.

Auch nachweislich wirksame Konzepte und Programme finden oft nach der wissenschaftlichen Erprobung keine weitere Anwendung. Deshalb wurde die Übertragung des Forschungsprogrammes EPL in den Anwendungsalltag von Anfang an sorgfältig geplant und schrittweise durchgeführt. Mittlerweile verfügt das EPL über mehr als 1.200 ausgebildete Kursleiter im deutschsprachigen Raum. Die Kurse sind inzwischen weitgehend in das kirchliche Ehevorbereitungsangebot integriert und werden durch regelmäßige Supervision für die Kursleiter begleitet.

Im EPL-Projekt, das von 1988 bis 1994 am Institut für Forschung und Ausbildung in Kommunikationstherapie in München durchgeführt wurde, sollte zum ersten Mal im deutschsprachigen Raum ein Ehevorbereitungsprogramm mittels einer Langzeitstudie auf seine kurz- und langfristige Effektivität empirisch überprüft werden. Von den teilnehmenden Paaren sowie von einer Kontrollgruppe konnten über fünf Jahre hinweg an vier Meßzeitpunkten (kurz vor und kurz nach den Kursen, eineinhalb, drei und fünf Jahre danach) mit Hilfe von Verhaltensbeobachtung (Videoaufnahmen von

Problemdiskussionen) und Fragebögen Daten zum Verlauf der Kommunikationsgüte und der Ehezufriedenheit erhoben werden.

Die Ergebnisse demonstrierten, daß die EPL-Paare hohe kurzfristige, aber auch ausgesprochen dauerhafte Lerneffekte aufwiesen. Die Lernerfolge stellten sich unabhängig von der Schulbildung, dem Alter und dem Geschlecht der Teilnehmer ein. Zu sämtlichen Nacherhebungen kommunizierten sie signifikant konstruktiver als die Kontrollgruppenpaare. Sie konnten ihr Kommunikationsniveau von der Ausgangsmessung über die fünf Jahre hinweg halten, während sich das der Kontrollgruppe signifikant verschlechterte. Das gleiche Bild zeigte sich in den Daten der Ehezufriedenheit. Auch hier blieb die EPL-Gruppe annähernd stabil, während sich die subjektiv empfundene Zufriedenheit mit der Ehe/Partnerschaft der Kontrollgruppenpaare bis zur 5-Jahreskatamnese signifikant verschlechterte. Der Rückgang der Kommunikationsgüte und die damit einhergehende Verschlechterung der Ehezufriedenheit bei der Kontrollgruppe fanden ihren Niederschlag in signifikant höheren Trennungs-/Scheidungsraten gegenüber der EPL-Gruppe zur 3- und zur 5-Jahreskatamnese. Insgesamt zeigte das EPL noch deutlichere positive Langzeitwirkungen als sein erfolgreiches amerikanisches Vorläuferprogramm Premarital Relationship Enhancement Program (PREP).

Die Notwendigkeit der fachlichen Sicherung und Weiterbetreuung des EPL, die Ausweitung dieses erfolgreichen Konzeptes auf andere Zielgruppen sowie die Implikationen für weitere Forschungen in diesem Bereich werden diskutiert. Ein für länger verheiratete Paare konzipiertes Nachfolgeprogramm wird vorgestellt.

10. Literatur

Avery, A., Ridley, C., Leslie, L. & Milholland, T. (1980). Relationship enhancement with premarital dyads: A six month follow-up. *American Journal of Family Therapy, 8*, 23-30.

Bach, G. R. & Wyden, P. (1970). *Streiten verbindet. Formeln für faire Partnerschaft in Liebe und Ehe*. Gütersloh: Bertelsmann.

Bandura, A. (1971). *Principles of behavior modification*. New York: Rinehart & Winston.

Bastard, B. & Cardia-Voneche, L. (1992). Die unaufhaltsame Verbreitung der Familien-Mediation. *Familiendynamik, 17*, 320-342.

Beck, D. F. & Jones, M. A. (1973). *Progress on family problems*. New York: Family Service Association of America.

Beck, U. (1994, 13. Januar). Phänomen mit Überlebenschancen. Zum statistischen Ringkampf um die Familie. *Süddeutsche Zeitung,* S. 27.

Beck-Gernsheim, E. (1980). *Das halbierte Leben. Männerwelt Beruf. Frauenwelt Familie.* Frankfurt: Suhrkamp.

Beck-Gernsheim, E. (1988). Wir wollen niemals auseinandergehen... - Zur Geschichte von Partnerwahl und Ehe. In Deutsches Jugendinstitut (Hrsg.), *Wie geht's der Familie? Ein Handbuch zur Situation der Familien heute*. (S. 21-33). München: Beck.

Beck-Gernsheim, E. (1990). Von der Liebe zur Beziehung? In U. Beck & E. Beck-Gernsheim (Hrsg.), *Das ganz normale Chaos der Liebe*. (S. 65-104). Frankfurt: Suhrkamp.

Beck-Gernsheim, E. (1994). Auf dem Weg in die postfamiliale Familie. Von der Notgemeinschaft zur Wahlverwandtschaft. In U. Beck & E. Beck-Gernsheim (Hrsg.), *Riskante Freiheiten. Individualisierung in modernen Gesellschaften*. (S. 115-138). Frankfurt: Suhrkamp.

Belok, M. (1993). Zur Aufgabe und Chance kirchlicher Ehevorbereitung und -begleitung. *Lebendige Seelsorge, 44*, 236-241.

Belsky, J., Spanier, G. B. & Rovine, M. (1983). Stability and change in marriage across the transition to parenthood. *Journal of Marriage and the Family, 45*, 567-577.

Berlin, J. (1975). *Das offene Gespräch. Paare lernen Kommunikation. Ein programmierter Kurs*. München: Pfeiffer.

Bistum Aachen (1987). *Ehe. Orientierungshilfen für Elternbildung, Ehevorbereitung und Ehebegleitung*. Aachen: Referat Familienarbeit.

Blew, A., Filsinger, E. & Cuddeby, G. (1986). *A comparison of self-report and trained observer reports of couple interaction*. Unpublished manuscript. University of Southern California.

Blew, A. & Trapold, K. (1982). *Fixing what isn't broken: Methodological and ethical considerations in premarital interventions*. Paper presented at the annual meeting of the Association for the Advancement of Behavior Therapy. Los Angeles.

Bodenmann, G. (1994). *Couples Coping Enhancement Training: New accents in marital trainings*. Scientific Report No. 109. Freiburg/Schweiz: Psychologisches Institut.

Bodenmann, G. (1995). *Bewältigung von Stress in Partnerschaften*. Freiburg/Schweiz: Universitätsverlag.

Bodenmann, G. (1996). Prävention bei Paaren: Ein bewältigungsorientierter Zugang. *System Familie, 9*, 74-82.

Bodenmann, G., Perrez, M. & Gottman, J. M. (1994). *Intrapsychisches Coping als Moderator zwischen subjektivem Belastungserleben und objektiver dyadischer Interaktion*. Forschungsbericht Nr. 108. Freiburg/Schweiz: Psychologisches Institut.

Bond, L. A. & Wagner, B. M. (1988). What makes primary prevention programs work? In L. A. Bond & B. M. Wagner (Eds.), *Families in transition. Primary prevention programs that work.* (pp. 343-355). Newbury Park: Sage Publications.

Bradbury, T. N. & Fincham, F. D. (1990). Preventing marital dysfunction: Review and analysis. In F. D. Fincham & T. N. Bradbury (Eds.), *The psychology of marriage* (pp. 375-401). New York: Guilford.

Brock, G. W. & Joanning, H. (1983). A comparison of the relationship enhancement program and the Minnesota Couple Communication Program. *Journal of Marital and Family Therapy, 9*, 413-421.

Broussard, E. R. & Hartner, M.S. (1970). Maternal perception of the neonate as related to development. *Child Psychiatry and Human Development, 1*, 16-25.

Bühler, K. (1965). *Sprachtheorie.* Stuttgart: Fischer.

Burman, B. & Margolin, G. (1992). Analysis of the association between marital relationships and health problems: An interactional analysis. *Psychological Bulletin, 112*, 39-63.

Caplan, G. (1964). *Principles of preventive psychiatry.* New York: Basic Books.

Clinebell, H. J. (1976). *Reifezeugnis für die Ehe. Wachstumsorientierte Kommunikation in Ehe und Partnerschaft.* München: Kaiser.

Cohn, R. (1976). *Von der Psychoanalyse zur themenzentrierten Interaktion.* Stuttgart: Klett.

Cowan, C. P., Cowan, P. A., Heming, G. & Miller, N. B. (1991). Becoming a family: marriage, parenting and child development. In P. A. Cowan, M. Hetherington (Eds.), *Family transitions.* (79-109). Hillsdale, New Jersey: Erlbaum.

Cowan, P. A. & Cowan, C. P. (1988). Changes in marriage during the transition to parenthood: Must we blame the baby? In G. Y. Michaels, W. A. Goldberg (Eds.), *The transition to parenthood.* Cambridge: University Press.

D'Zurilla, T. J. & Goldfried, M. R. (1971). Problem solving and behavior modification. *Journal of Abnormal and Social Psychology, 78*, 107-126.

Danish, S. J. & D'Augelli, A. R. (1990). Kompetenzerhöhung als Ziel der Intervention in Entwicklungsverläufe über die Lebensspanne. In S.-H. Filipp (Hrsg.), *Kritische Lebensereignisse.* (156-173). München: Psychologie Verlags Union.

Derogatis, L.R., Lipman, R.S. & Covi L. (1976). 053 SCL-90. Self-Report Symptom Inventory. In W. Guy (Ed.), *ECDEU Assessment Manual for Psychopharmacology* (pp. 313-331). Maryland: Rev. Ed. Rockville.

Deutscher Katecheten-Verein (1993). *Unterwegs zur Ehe. Wegweiser und Bausteine für die Ehevorbereitung.* München: Deutscher Katechetenverein-Buchdienst.

Dieckmann, A. & Engelhardt, H. (1995). Die soziale Vererbung des Scheidungsrisikos. *Zeitschrift für Soziologie, 24,* 215-228.

Döring, G., Baur, S., Frank, P., Freundl, G. & Sottong, U. (1986). Ergebnisse einer repräsentativen Umfrage zum Familienplanungsverhalten in der Bundesrepublik Deutschland 1985. *Geburtshilfe und Frauenheilkunde, 46*, 892-897.

Drewes, S. & Drewes, D. (1982). *Partnerschaft lernen. Hilfen für junge Paare.* Würzburg: Echter.

Engfer, A. (1984). *Entwicklung punitiver Mutter-Kind-Interaktionen im sozioökologischen Kontext.* Arbeitsbericht. München: Institut für Psychologie der Universität München.

Engfer, A., Gavranidou, M. & Heinig, L. (1988). Veränderung in Ehe und Partnerschaft nach der Geburt von Kindern; Ergebnisse einer Längsschnittstudie. *Verhaltensmodifikation und Verhaltensmedizin, 9*, 297-311.

Engl, J. & Thurmaier, F. (1992). *Wie redest du mit mir? Fehler und Möglichkeiten in der Paarkommunikation.* Freiburg: Herder.

Engl, J. & Thurmaier, F. (1996). *Konstruktive Ehe und Kommunikation (KEK). Ein Kurs zur Weiterentwicklung von Partnerschaft. Kursleitermanual.* Unveröffentlichtes Manuskript. München: Institut für Forschung und Ausbildung in Kommunikationstherapie.

Fachbereich Ehevorbereitung (1995). *Jahresstatistiken über Ehevorbereitungsveranstaltungen der Erzdiözese München und Freising.* Unveröffentlichtes Skript. München: Seelsorgereferat des erzbischöflichen Ordinariates, Fachbereich Ehevorbereitung.

Faller, A. (1995). *Das personale Verständnis von Ehe im Beschluß „Christlich gelebte Ehe und Familie" der Würzburger Synode (1971-75).* Unveröffentlichte Zulassungsarbeit zur zweiten Dienstprüfung in der Erzdiözese München und Freising.

Fiedler, K. & Ströhm,W. (1991). Attributionsstrategien in unglücklichen Beziehungen. In M. Amelang, H.-J. Ahrens & H. W. Bierhoff (Hrsg.), *Partnerwahl und Partnerschaft. Formen und Grundlagen partnerschaftlicher Beziehungen* (S. 93-116). Göttingen: Hogrefe.

Filipp, S.-H. & Braukmann, W. (1990). Verfahren zur Erfassung kritischer Lebensereignisse. In S.-H. Filipp (Hrsg.), Kritische *Lebensereignisse.* (S. 92-103). München: Psychologie Verlags Union.

Fischer, B. (1993). Heirat mit EPL-Garantie. Kirche setzt auf neue Formen der Ehevorbereitung. *Kirchenzeitung für das Bistum Aachen, 48*, 32-34.

Fischer, M. & Fischer, U. (1990). Wohnortwechsel und Verlust der Ortsidentität als nicht-normative Lebenskrise. In S.-H. Filipp (Hrsg.), Kritische *Lebensereignisse.* (139-155). München: Psychologie Verlags Union.

Fishman, P. M. (1984). Macht und Ohnmacht in Paargesprächen. In S. Trömel-Plötz (Hrsg.), *Gewalt durch Sprache. Die Vergewaltigung von Frauen in Gesprächen.* (S. 127-140). Frankfurt: Fischer.

Fournier, D. G. & Olson, D. H. (1986). Programs for premarital and newlywed couples. In R. F. Levant (Ed.), *Psychoeducational approaches to family therapy and counseling*. (pp. 194-231). New York: Springer.

Fowers, B. J., Montel, K. H. & Olson, D. H. (1996). Predicting marital success for premarital couple types based on PREPARE. *Journal of Marital and Family Therapy, 22,* 103-119.

Fowers, B. J. & Olson, D. H. (1986). Predicting marital success with PREPARE: A predictive validity study. *Journal of Marital and Family Therapy, 12,* 403-413.

Frank, E., Anderson, C. & Rubinstein, D. (1978). Frequency of sexual dysfunction in „normal couples“. *New English Journal of Medicine, 299,* 111-115.

Geißler, G. (1986a). *Für eine glückliche Ehe. Referententeil für Seminare.* München: Don Bosco.

Geißler, G. (1986b). *Für eine glückliche Ehe. Gesprächshilfen für Paare.* München: Don Bosco.

Gemeinsame Synode der Bistümer in der Bundesrepublik Deutschland (1976). *Beschluß "Christlich gelebte Ehe und Familie".* In Beschlüsse der Vollversammlung. Offizielle Gesamtausgabe Band I, 411-457. Freiburg: Herder.

Giblin, P., Sprenkle, D. H. & Sheehan, R. (1985). Enrichment outcome research: A meta-analysis of premerital, marital and family interventions. *Journal of Marital and Family Therapy, 11*, 257-271.

Giddens, A. (1993). *Wandel der Intimität. Sexualität, Liebe und Erotik in modernen Gesellschaften.* Frankfurt: Fischer.

Glenn, N. D. & Kramer, K. B. (1987). The marriages and divorces of the children of divorce. *Journal of Marriage and the Family, 50,* 49, 811-825.

Gordon, T. (1972). *Familienkonferenz. Die Lösung von Konflikten zwischen Eltern und Kind.* Hamburg: Hoffmann und Campe.

Gottman, J. M. (1979). *Marital interaction. Experimental investigations.* New Yorck: Academic Press.

Gottman, J. M. (1994). *What predicts divorce? The relationship between marital processes and marital outcome.* Hillsdale, New Jersey: Erlbaum.

Gottman, J. M. & Krokoff, L. J. (1989). Marital interaction and satisfaction. A longitudinal view. *Journal of Consulting and Clinical Psychology, 57*, 47-52.

Gottman, J. M. & Levenson, R. W. (1986). Assessing the role of emotions in marriage. *Behavioral Assessment, 8*, 31-48.

Gottman, J. M. & Levenson, R. W. (1988). The social psychophysiology of marriage. In P. Noller & M. A. Fitzpatrick (Eds.), *Perspectives on marital interaction* (pp. 182-200). Clevedon: Multilingual Matters Ltd.

Gottman, J. M., Notarius, C. I., Gonso, J. & Markman, H. J. (1976). *A couple's guide to communication.* Illinois: Research Press.

Gottman, J. M., Notarius, C. I., Markman, H. J., Bank, S., Yoppi, B. & Rubin, M. E. (1976). Behavior exchange theory and marital decision making. *Journal of Personality and Social Psychology, 34*, 14-23.

Gouldner, A. W. (1960). The norm of reciprocity: A preliminary statement. *American Sociological Review, 25*, 161-178.

Gräser, H., Esser, H. & Saile, H. (1990). Einschätzung von Lebensereignissen und ihrer Alltagsauswirkungen. In S.-H. Filipp (Hrsg.), *Kritische Lebensereignisse.* (S. 104-122). München: Psychologie Verlags Union.

Grawe, K. (1995). Grundriß einer allgemeinen Psychotherapie. *Psychotherapeut. 40*, 130-145.

Grawe, K., Donati, R. & Bernauer, F. (1994). *Psychotherapie im Wandel. Von der Konfession zur Profession.* Göttingen: Hogrefe.

Gruber, H.-G. (1989). Miteinander sprechen. Ein neuer Weg der Ehevorbereitung in der Erzdiözese München und Freising. *Die Lebendige Zelle, 2*, 62-67.

Gruber, H.-G. (1994). *Christliche Ehe in moderner Gesellschaft. Entwicklung - Chancen - Perspektiven.* Herder: Freiburg.

Guerney, B. G. (1977). *Relationship enhancement.* San Francisco: Jossey Bass.

Guerney, B. G., Guerney, L. & Cooney, T. (1985). Marital and family problem prevention and enrichment programs. In L. L'Abate (Ed.), *The handbook of family psychology and therapy* (vol. 2, pp. 1179-1217). Homewood, IL: Dorsey.

Hahlweg, K. (1979). Konstruktion und Validierung des Partnerschaftsfragebogens PFB. *Zeitschrift für Klinische Psychologie, 8*, 17-40.

Hahlweg, K. (1986). *Partnerschaftliche Interaktion. Empirische Untersuchungen zur Analyse und Modifikation von Beziehungsstörungen.* München: Röttger.

Hahlweg, K. (1988). Statistical methods for studying family therapy process. In L. C. Wynne (Ed.), *The state of the art in family therapy research.* New York: Family Process Press.

Hahlweg, K. (1991). Störung und Auflösung von Beziehungen: Determinanten der Ehequalität und -stabilität. In M. Amelang, H.-J. Ahrens & H. W. Bierhoff (Hrsg.), *Partnerwahl und Partnerschaft. Formen und Grundlagen partnerschaftlicher Beziehungen* (S. 117-152). Göttingen: Hogrefe.

Hahlweg, K. (1995). Einfluß interpersoneller Faktoren auf Verlauf und Therapie psychischer und somatischer Erkrankungen. *Verhaltenstherapie, 5* (Suppl.), 1-8.

Hahlweg, K. (1996). *Fragebogen zur Partnerschaftsdiagnostik. FPD.* Göttingen: Hogrefe.

Hahlweg, K., Feinstein, E. & Müller, U. (1987). Analyse familiärer und partnerschaftlicher Kommunikation. In M. Cierpka (Hrsg.), *Familiendiagnostik.* (S. 153-169). Heidelberg: Springer.

Hahlweg, K., Kraemer, M., Schindler, L. & Revenstorf, D. (1980). Partnerschaftsprobleme: Eine empirische Analyse. *Zeitschrift für Klinische Psychologie, 9*, 159-169.

Hahlweg, K. & Markman, H. J.(1988). Effectiveness of behavioral marital therapy: Empirical status of behavioral techniques in preventing and alleviating marital distress. *Journal of Consulting and Clinical Psychology, 56*, 440-447.

Hahlweg, K., Reisner, L., Kohli, G., Vollmer, M., Schindler, L. & Revenstorf, D. (1984a). Development and validity of a new system to analyze interpersonal communication: Kategoriensystem für partnerschaftliche Interaktion. In K. Hahlweg, N. Jacobson (Eds.), *Marital interaction: Analysis and modification.* (pp. 182-198). New York: Guilford Press.

Hahlweg, K., Revenstorf, D. & Schindler, L. (1984b). The effects of behavioral marital therapy on couples' communication and problem solving skills. *Journal of Consulting and Clinical Psychology, 52*, 553-566.

Hahlweg, K, Schindler, L. & Revenstorf, D (1982). *Partnerschaftsprobleme: Diagnose und Therapie.* Heidelberg: Springer.

Hahlweg, K. & Schröder, B. (1993). Kommunikationstraining. In M. Linden & M. Hautzinger (Hrsg.), *Verhaltenstherapie.* (S. 193-199). Berlin: Springer.

Hahlweg, K., Thurmaier, F., Engl, J., Eckert, V. & Markman, H. J. (1993). Prävention von Beziehungsstörung. *System Familie, 6*, 89-100.

Hank, G., Hahlweg, K. & Klann, N. (1990). *Diagnostische Verfahren für Berater. Materialien zur Diagnostik und Therapie in Ehe, Familien- und Lebensberatung.* Weinheim: Beltz Test Gesellschaft.

Harkins, S. G. (1987). Social Loafing and Social Facilitation. *Journal Of Experimental Social Psychology, 23*, 1-18.

Hausen, K. (1976). Die Polarisierung der „Geschlechtscharaktere" - Eine Spiegelung der Dissoziation von Erwerbs- und Familienleben. In W. Conze (Hrsg.), *Sozialgeschichte der Familie in der Neuzeit Europas.* (S. 363-393). Stuttgart: Klett.

Heekerens, H.-P. (1993). Die Wirksamkeit des Gordon-Elterntraining. *Praxis der Kinderpsychologie und Kinderpsychiatrie, 42*, 20-25.

Heil, F. E. (1985). Partnerschaftsberatung unter Entwicklungsaspekten. In J. Brandtstädter & H. Gräser (Hrsg.), *Entwicklungsberatung unter dem Aspekt der Lebensspanne* (S. 103-117). Göttingen: Hogrefe.

Heil, F. E. (1991). Ehe und Partnerschaft als Gegenstand psychologischer Forschung. In M. Amelang, H.-J. Ahrens & H. W. Bierhoff (Hrsg.), *Partnerwahl und Partnerschaft. Formen und Grundlagen partnerschaftlicher Beziehungen* (S. 1-30). Göttingen: Hogrefe.

Henley, N. M. (1984). Nichtverbale Kommunikation und die soziale Kontrolle über Frauen. In S. Trömel-Plötz (Hrsg.), *Gewalt durch Sprache. Die Vergewaltigung von Frauen in Gesprächen.* (S. 39-49). Frankfurt: Fischer.

Henley, N. M. (1988). *Körperstrategien. Geschlecht, Macht und nonverbale Kommunikation.* Frankfurt: Fischer.

Hildenbrand, B. (1996). Kommentar zum Beitrag von G. Bodenmann: Prävention bei Paaren: Ein bewältigungsorientierter Zugang. *System Familie, 9*, 80-81.

Jacobson, N. S. & Addis, M. E. (1993). Research on couples and couple therapy: What do we know? Where are we going? *Journal of Consulting and Clinical Psychology, 61*, 85-93.

Jakli, I. (1970). *Methoden in der Ehevorbereitung.* Düsseldorf: Altenberg.

Jellouschek, H. (1989). Männer und Frauen auf dem Weg zu neuen Beziehungsformen. In P. M. Pflüger (Hrsg.), *Der Mann im Umbruch.* (S. 174-189). Freiburg: Herder.

Jellouschek, H. (1992). *Die Kunst als Paar zu leben.* Stuttgart: Kreuz.

Kahn, M. (1970). Nonverbal communication and marital satisfaction. *Family Process, 2*, 449-456.

Kanfer, F. H. & Phillips, J. S. (1975). *Lerntheoretische Grundlagen der Verhaltenstherapie.* München: Kindler.

Keupp, H. (1990, 21. Juli). Riskante Chancen. *Süddeutsche Zeitung*, S. 18.

Klages, H. (1988). *Wertedynamik. Über die Wandelbarkeit des Selbstverständlichen.* Zürich.

Klann, N. (1990). *Empirische Befunde zur Begründung prophylaktischer Forschung und weiterer Angebote im Rahmen der Seelsorge.* Unveröffentlichter Vortrag anläßlich einer Informationsveranstaltung über die Ehevorbereitungsprojekte PREP und EPL am 21.06.1990 in München.

Klann, N. & Hahlweg, K. (1994a). *Beratungsbegleitende Forschung - Evaluation von Vorgehensweisen in der Ehe-, Familien- und Lebensberatung und ihre spezifischen Auswirkungen.* Band 48.1 Schriftenreihe des Bundesministeriums für Familie, Senioren, Frauen und Jugend. Stuttgart: Kohlhammer.

Klann, N. & Hahlweg, K. (1994b) *Bestandsaufnahme in der Institutionellen Ehe-, Familien- und Lebensberatung.* Band 48.2 Schriftenreihe des Bundesministeriums für Familie, Senioren, Frauen und Jugend. Stuttgart, Kohlhammer.

Klann, N. & Hahlweg, K. (1987). *Ehe-, Familien- und Lebensberatung. Besuchsmotive und Bedarfsprofile: Ergebnisse einer empirischen Erhebung.* Freiburg: Lambertus.

Klann, N., Hahlweg, K. & Hank, G. (1992). Deutsche Validierung des „Marital Satisfaction Inventory" (MSI) von Snyder (1981). *System Familie, 5,* 10-21.

Klees, K. (1992). *Partnerschaftliche Familien. Arbeitsteilung, Macht und Sexualität in Paarbeziehungen.* München: Juventa.

Köcher, R. (1996). Zeitansage - Gesellschaft im Wandel. In H.-J. Beckers & A. Wittrahm (Hrsg.), *Beratung auf neuen Wegen* (S. 24-35). Stuttgart: Kohlhammer.

Krokoff, L. J., Gottman, J. M. & Roy, A. K. (1988). Blue-collar marital interaction and a companionate philosophy of marriage. *Journal of Personal and Social Relationships, 5,* 201-222.

Kümmel, H. (1976). *Lernziel: Partnerwahl und Ehevorbereitung. Orientierungshilfen und Kommunikationsübungen.* Paderborn: Schöningh.

Lazarus, A. A. (1978). *Multimodale Verhaltenstherapie.* Frankfurt: Fachbuchhandlung für Psychologie.

Lazarus, A. A. (1988). *Fallstricke der Liebe. Vierundzwanzig Irrtümer über das Leben zu zweit.* Stuttgart: Klett-Cotta.

Lederer, W. J. & Jackson, D. D. (1972). *Ehe als Lernprozeß. Wie Partnerschaft gelingt.* München: Pfeiffer.

Levant, R. F. (1986). An overview of psychoeducational family programs. In R. F. Levant (Ed.), *Psychoeducational approaches to family therapy and counseling* (pp. 1-51). New York: Springer.

Levenson, R. W. & Gottman, J. M. (1983). Marital interaction: Physiological linkage and affektive exchange. *Journal of Personality and Social Psychology, 45,* 587-597.

Lewis, R. A. & Spanier, G. B. (1979). Theorizing about the quality and stability of marriage. In W. R. Burr, R. Hill, F. J. Nye & J. L. Reis (eds.), *Contemporary theories about the family. Research-based theories* (Vol. 1), (pp 268-294). New York: Free Press.

Liebeck, H. (1993). Problemlösetraining. In M. Linden & M. Hautzinger (Hrsg.), *Verhaltenstherapie.* (237-243). Berlin: Springer.

Locke, H. J. & Wallace, K. M. (1959). Short-term marital adjustment and prediction tests: Their reliability and validity. *Marriage and Family Living, 21*, 251-255.

Loewit, K. (1991). Liebe und Partnerschaft lehren. *Sexualmedizin, 20*, 214-217.

Loewit, K. (1996). Sexualität als partnerschaftliche Kommunikation. In H.-J. Beckers & A. Wittrahm (Hrsg.), *Beratung auf neuen Wegen* (S. 86-95). Stuttgart: Kohlhammer.

Maccoby, N. & Solomon, D. S. (1981). Heart disease prevention. Community studies. In R. E. Rice & W. J. Paisley (Eds.), *Public communications campaigns.* (pp. 105-125). Beverly Hills: Sage.

Mace, D. & Mace, V. (1976). Marriage enrichment - a preventive group approach for couples. In D. Olson (Ed.), *Treating relationships* (pp. 321-336). Lake Mills (Iowa):Graphic Publishing.

Mandel, K. H. & Mandel, A. (1971). Einübung in Partnerschaft durch Kommunikationstherapie und Verhaltenstherapie. In K. H. Mandel, A. Mandel, E. Stadter & D. Zimmer (Hrsg.), *Einübung in Partnerschaft durch Kommunikationstherapie und Verhaltenstherapie* (S. 11-324). München: Pfeiffer.

Mandel, K. H, Mandel, A. & Stadter, E. (1972). *Ehevorbereitung und junge Ehe. Psychologische Überlegungen*. München: Pfeiffer.

Marano, H. E. (1992). Ehe: Durchhalten bis zum glücklichen Ende. *Psychologie Heute, 7,* 32-37.

Margolin, G. & Wampold, B. E. (1981). Sequential analysis of conflict and accord in distressed and nondistressed marital partners. *Journal of Consulting and Clinical Psychology, 49*, 554-567.

Markman, H. J. (1979). The application of a behavioral model of marriage in predicting relationship satisfaction of couples planning marriage. *Journal of Consulting and Clinical Psychology, 47*, 743-749.

Markman, H. J. (1981). Prediction of marital distress: A 5-year follow up. *Journal of Consulting and Clinical Psychology, 49*, 760-762.

Markman, H. J. (1984). The longitudinal study of couples' interactions: Implications for understanding and predicting the development of marital distress. In K. Hahlweg & N. S. Jacobson (Eds.), *Marital interaction: Analysis and modification* (pp. 253-284). New York: Guilford.

Markman, H. J., Duncan, S. W., Storaasli, R. D. & Howes, P. W. (1987). The prediction and prevention of marital distress:A longitudinal investigation. In K. Hahlweg & M. J. Goldstein (Eds.), *Understanding major mental disorder: The contribution of family interaction research*. (pp. 266-289). New York: Family Process Press.

Markman, H. J., Floyd, F. J., Stanley, S. M. & Jamieson, K. (1984). A cognitive-behavioral program for the prevention of marital and family distress: Issues in program development and delivery. In K. Hahlweg & N. S. Jacobson (Eds.), *Marital interaction. Analysis and modification.* (pp. 396-428). New York: Guilford Press.

Markman, H. J., Floyd, F. J., Stanley, S. M. & Lewis, H. C. (1987). Prävention. In K. Hahlweg & J. Brengelmann (Hrsg.), *Neuere Entwicklungen der Verhaltenstherapie bei Kindern, Ehepaaren und Familien.* (S. 125-150). München: Röttger.

Markman, H. J., Floyd, F. J., Stanley, S. M. & Stephen, T. (1981). *Premarital preventive intervention: Conceptual and research issues.* Paper presented at the annual meeting of the American Psychological Association, Los Angeles, CA.

Markman, H. J., Floyd, F. J., Stanley, S. M. & Storaasli, R. D. (1988). Prevention of marital distress:A longitudinal investigation. *Journal of Consulting and Clinical Psychology, 56*, 210-217.

Markman, H. J. & Hahlweg, K. (1993). The prediction and prevention of marital distress: An international perspective. *Clinical Psychology Review, 13*, 29-43.

Markman, H. J., Renick, M. J., Floyd, F. J , Stanley, S. M. & Clements, M. (1993). Preventing marital distress through communication and conflict management training: A 4- and 5- year follow up. *Journal of Consulting and Clinical Psychology, 61*, 70-77.

Markman, H. J., Stanley, S. M. & Blumberg, S. L. (1994). *Fighting for your marriage: Positive steps for preventing divorce and preserving a lasting love.* San Francisco, CA: Jossey-Bass.

Mattejat, F. & Brumm, J. (1977). Kommunikationspsychologische Grundlagen. In L. J. Pongratz (Hrsg.), *Klinische Psychologie* (1. Halbband). (S. 715-843). Göttingen: Hogrefe

Mazzola, R. (1993). EPL - Ein Partnerschaftliches Lernprogramm. *Lebendige Seelsorge, 44*, 244-247.

Menzinger-Gruber, G. (1992). *Ehevorbereitung - Ein Partnerschaftliches Lernprogramm. Darstellung und Diskussion eines Programms für Paare zur Verbesserung der kommunikativen Kompetenz.* Universität München: Unveröffentlichte Magisterarbeit.

Meyer, H-J. (1988). Partnerschaft und emotionale Befindlichkeit von Eltern nach der Geburt des ersten und zweiten Kindes. In M. Cierpka & N. Cierpka (Hrsg.), *Wie normal ist die Normalfamilie? Empirische Untersuchungen.* (S. 43-62). Berlin: Springer.

Milleg, H. (1974). *Konzeption und Methode für die Arbeit in Seminaren zur Vorbereitung auf Partnerschaft und Ehe.* Bonn: Arbeitsgemeinschaft für Katholische Familienbildung.

Miller, S., Nunnally, E. & Wackman, D. (1976). Minnesota couples communication program (MCCP): Premarital and marital groups. In D.Olson (Ed.), *Treating relationships* (pp. 21-40). Lake Mills (Iowa):Graphic Publishing.

Mitterauer, M. (1984). Fuktionsverlust der Familie? In M. Mitterauer & R. Sieder (Hrsg.), *Vom Patriarchat zur Partnerschaft. Zum Strukturwandel der Familie.* (S. 92-117). München: Beck.

Nave-Herz, R. (1990). Zusammenfassung und Ausblick. In R. Nave-Herz, M. Daum-Jaballah, S. Hauser, H. Matthias & G. Scheller (Hrsg.), *Scheidungsursachen im Wandel. Eine zeitgeschichtliche Analyse des Anstiegs der Ehescheidungen in der Bundesrepublik Deutschland* (S. 136-141). Bielefeld.

Navran, L. (1967). Communication and adjustment in marriage. *Family Process, 6,* 173-184.

Neuberger, O. (1981). *Miteinander arbeiten - miteinander reden! Vom Gespräch in unserer Arbeitswelt.* München: Bayerisches Staatsministerium für Arbeit und Sozialordnung.

Norusis, M. J. (1992). *SPSS/PC+ 4.0 Base Manual.* Chicago.

Notarius, C. I. & Johnson, J. S. (1982). Emotional expression in husbands and wives. *Journal of Marriage and the Family,* 44, 483-489.

Notarius, C. I. & Markman, H. J. (1996). *Wir können uns doch verstehen. Paare lernen mit Differenzen leben.* Reinbek: Rowohlt.

Olbrich, E. (1990). Normative Übergänge im menschlichen Lebenslauf: Entwicklungskrisen oder herausforderungen? In S.-H. Filipp (Hrsg.), Kritische *Lebensereignisse.* (123-138). München: Psychologie Verlags Union.

Oliver, G. J. & Miller, S. (1994). Couple communication. *Journal of Psychology and Christianity,* 13, 151-157.

Olson, D. H. (1990). Marriage in perspective. In F. D. Fincham & T. N. Bradbury (Eds.), *The psychology of marriage* (pp. 402-419). New York: Guilford.

Packheiser, K. (1995). *Alles über Scheidung.* München: Ehrenwirth.

Patterson, G. R. (1982). *Coercive family process.* Eugene, OR: Castalia.

Patterson, G. R. & Hops, H. (1972). Coercion, a game for two: Intervention techniques for marital conflict. In R. W. Ulrich, P. Mountjoy (Eds.), *The experimental analysis of social behavior.* (pp. 133-177). New York: Appleton.

Patterson, G. R., Hops, H. & Weiss, R. L. (1975). Interpersonal skills training for couples in early stages of conflict. *Journal of Marriage and the Family, 37,* 295-304.

Perls, F. (1976). *Grundlagen der Gestalt-Therapie.* München: Pfeiffer.

Perrez, M. (1991) Prävention, Gesundheits- und Entfaltungsförderung: Systematik und allgemeine Aspekte. In M. Perrez & U. Baumann (Hrsg.), *Lehrbuch Klinische Psychologie. Band 2: Intervention.* (S. 80-98). Bern, Hans Huber.

Petzold, M. (1990). Eheliche Zufriedenheit fünf Jahre nach der Geburt des ersten Kindes. *Psychologie in Erziehung und Unterricht, 37,* 101-110.

Petzold, M., Kentges C. & Erdmann C. (1990). Paare werden Eltern - Erste Ergebnisse einer Längsschnittstudie. *System Familie, 3,* 115-117.

Pruitt, D. G. (1968). Reciprocity and credit building in a laboratory dyad. *Journal of Personality and Social Psychology, 8,* 143-147.

Rappaport, A. F. (1976). Conjugal relationship enhancement program. In D. Olson (Ed.), *Treating relationships* (41-66). Lake Mills (Iowa):Graphic Publishing.

Reuben, C., Wiech, M. & Zimmer, D. (1981). Wohngemeinschaften als Zielgruppe für partnertherapeutische Bemühungen. *Partnerberatung, 1*, 11-20.

Revenstorf, D. (1985). *Psychotherapeutische Verfahren. Gruppen-, Paar- und Familientherapie*. Band IV. Stuttgart: Kohlhammer.

Ridley, C. A., Jorgensen, S., Morgan, A. & Avery, A. (1982). Relationship enhancement with premarital couples: An assessment of effects on relationship quality. *American Journal of Family Therapy, 10*, 41-48.

Riehl-Emde, A. & Willi, J. (1993). Ambivalenz von Paartherapeuten gegenüber der Prävention von Ehekonflikten. *System Familie, 6*, 79-88.

Rogers, C. R. (1972). *Die nicht-direktive Beratung.* München: Kindler.

Rogers, C. R. (1975). *Partnerschule.* München: Kindler.

Satir, V. (1973). *Familienbehandlung. Kommunikation und Beziehung in Theorie, Erleben und Therapie.* Freiburg: Lambertus.

Schaap, C. (1982). *Communication and adjustment in marriage.* Lisse: Swets und Zeitlinger.

Schaap, C., Buunk, B. & Kerkstra, A. (1988). Marital conflict resolution. In P. Noller & M. A. Fitzpatrick (Eds.), *Perspectives on marital interaction.* (pp. 203-244). Clevedon, Philadelphia: Multilingual Matters.

Schachter, J. & O'Leary, K. D. (1985). Affective intent and impact in marital communication. *The American Journal of Family Therapy, 13*, 17-23.

Schindler, L., Hahlweg, K. & Revenstorf, D. (1980). *Partnerschaftsprobleme: Möglichkeiten zur Bewältigung.* Heidelberg: Springer.

Schlein, S. P. (1971). *Training dating couples in empathic and open communication: An experimental evaluation of a potential mental health program.* Unpublished doctoral dissertation. The Pennsylvania State University.

Schmidt, G. (1995). Über den Wandel heterosexueller Beziehungen. *Zeitschrift für Sexualforschung, 8*, 1-11.

Schnabl, S. (1994). Tötet die Ehe die Lust? *Sexualmedizin, 7/8*, 215-221.

Schnabl, S. (1995). Des einen Lust, des anderen Last. Der partnerschaftliche und therapeutische Umgang mit sexuellen Bedürfnisdiskordanzen. *Sexualmedizin, 3*, 82-86.

Schneewind, K. A. (1983). Konsequenzen der Ersteltemschaft. *Psychologie in Erziehung und Unterricht,.30*, 161-172.

Schneewind, K. A., Beckmann, M. & Engfer, A. (1983). *Eltern und Kinder. Umwelteinflüsse auf das familiäre Verhalten.* Stuttgart: Kohlhammer.

Schneewind, K. A. & Vaskovics, L. A. (1992). *Optionen junger Ehen und Kinderwunsch.* Schriftenreihe des Bundesministeriums für Familie und Senioren Band 9. Stuttgart: Kohlhammer.

Schneider, N. F. (1991). Warum noch Ehe? Betrachtungen aus austauschtheoretischer Perspektive. *Zeitschrift für Familienforschung, 3*, 49-72.

Scholz, O. B. (1978). *Diagnostik in Ehe- und Partnerschaftskrisen.* München: Urban und Schwarzenberg.

Schriber, J. B., Larwood, L. & Peterson, J. L. (1985). Bias in the attribution of marital conflict. *Journal of Marriage and the Family, 47*, 717-721.

Schröder, B., Hahlweg, K., Hank, G. & Klann, N. (1994). Sexuelle Unzufriedenheit und Qualität der Partnerschaft. *Zeitschrift für Klinische Psychologie, 23*, 178-187.

Schulz, E. (1983). *Neue Wege in der Ehevorbereitung.* Würzburg: Echter.

Schulz von Thun, F. (1981). *Miteinander reden 1. Störungen und Klärungen.* Reinbek: Rowohlt.

Schulz von Thun, F. (1989). *Miteinander reden 2. Stile, Werte und Persönlichkeitsentwicklung.* Reinbek: Rowohlt.

Schwäbisch, L. & Siems, M. (1974). *Anleitung zum sozialen Lernen für Paare, Gruppen und Erzieher.* Reinbek: Rowohlt.

Shelton, B. A. (1992). *Women, men and time. Gender differences in paid work, house work and leisure.* Westport: Greenwood Press.

Sieder, R. (1987). *Sozialgeschichte der Familie.* Frankfurt: Suhrkamp.

Siegers, C. M. (1983a). Entfernte Ehevorbereitung. In Arbeitsgemeinschaft für katholische Familienbildung (Hrsg.), *Perspektiven: Überlegungen zu einer kirchlichen Ehe- und Familienbildungsarbeit (S. 35-48).* Bonn: Arbeitsgemeinschaft für katholische Familienbildung.

Siegers, C. M. (1983b). Direkte Ehevorbereitung. In Arbeitsgemeinschaft für katholische Familienbildung (Hrsg.), *Perspektiven: Überlegungen zu einer kirchlichen Ehe- und Familienbildungsarbeit (S. 49-52).* Bonn: Arbeitsgemeinschaft für katholische Familienbildung.

Siegers, C. M. (1991). *Ehe- und Familienpastoral.* Düsseldorf: Patmos.

Simon, R. (1978). Ehevorbereitung. *Pastorales Forum Ehe und Familie, 2,* 19-25.

Skinner, B. F. (1938). *The behavior of organism.* New York: Appleton-Century Crofts.

Skinner, B. F. (1953). *Science and human behavior.* New York: MacMillan.

Smith, M., Glass, G. & Miller, T. (1980). *The benefits of psychotherapy.* Baltimore: John Hopkins University Press.

Snyder, D. K. (1981). *Marital Satisfaction Inventory (MSI). Manual.* Los Angeles: Western Psychological Services.

Stanley, S. M., Markman, H. J., Peters, M. S. & Leber, B. D. (1995). Strengthening marriages and preventing divorce. New directions in prevention research. *Family Relations, 44*, 392-401.

Stanley, S. M. & Trathen, D. W. (1994). Christian PREP: An empirically based model for marital and premarital intervention. *Journal of Psychology and Christianity, 13*, 158-165.

Statistische Berichte des Bayerischen Landesamtes für Statistik und Datenverarbeitung (1992). *Gerichtliche Ehelösungen in Bayern 1991*. München: Bayerisches Landesamt für Statistik und Datenverarbeitung.

Statistisches Bundesamt (1994). *Statistisches Jahrbuch 1993 für die Bundesrepublik Deutschland.* Stuttgart: Metzler und Poeschl.

Strauss, M.A., Gelles, R.J. & Steinmetz, S.K., (1980). *Behind closed doors. Violence in the american family.* New York: Anchor/Doubleday.

Struck, G. (1967). *Partnerbild und Ehe.* Freiburg: Lambertus.

Sydow v., K. (1993). Sexuelle Entwicklung in der Ehe. *Sexualmedizin, 2*, 44-54.

Tannen, D. (1991). *Du kannst mich einfach nicht verstehen. Warum Männer und Frauen aneinander vorbeireden.* Hamburg: Kabel.

Tannen, D. (1992). *Das hab' ich nicht gesagt! Kommunikationsprobleme im Alltag.* Hamburg: Kabel.

Tannen, D. (1994). *Job-Talk. Wie Frauen und Männer am Arbeitsplatz miteinander reden.* Hamburg: Kabel.

Textor, M. R. (1991). Einstellungen zu Ehe und Familie. *Wege zum Menschen, 43*, 32-42.

Thibaut, J. W. & Kelley H. H. (1959). *The social psychology of groups.* New York: Wiley

Thomann, C. & Schulz von Thun, F. (1988). *Klärungshilfe. Handbuch für Therapeuten, Gesprächshelfer und Moderatoren in schwierigen Gesprächen.* Reinbek: Rowohlt.

Thurmaier, F. (1989). *Manual für EPL-Kursleiter-Ausbilder.* Unveröffentlichtes Manuskript. München: Institut für Forschung und Ausbildung in Kommunikationstherapie.

Thurmaier, F. (1990). Ehevorbereitung - Ein Partnerschaftliches Lernprogramm (EPL). *Dialog, 4*, 19-21.

Thurmaier, F., Engl, J., Eckert, V. & Hahlweg, K. (1992). Prävention von Ehe-und Partnerschaftsstörungen EPL. *Verhaltenstherapie, 2*, 116-124.

Thurmaier, F., Engl, J., Eckert, V. & Hahlweg, K. (1993). *Forschungsbericht Ehevorbereitung - Ein Partnerschaftliches Lernprogramm EPL.* München: Ehrenwirth.

Thurmaier, F., Engl, J. & Hahlweg, K. (1995). *Ehevorbereitung - Ein Partnerschaftliches Lernprogramm (EPL). Handbuch für ausgebildete Kursleiter.* München: Eigenverlag Institut für Forschung und Ausbildung in Kommunikationstherapie.

Tomlinson, P.S. (1986). Personal, interpersonal and infant characteristics as predictors of marital satisfaction during the transition to parenthood. *Dissertation Abstracts International, 46*, 530.

Trierweiler, J. & Markman, H. J. (1987). *Relationship expectations.* Unveröffentlichtes Manuskript. Denver: University of Denver.

Trömel-Plötz, S. (1984).Gewalt durch Sprache. In S. Trömel-Plötz (Hrsg.) *Gewalt durch Sprache. Die Vergewaltigung von Frauen in Gesprächen.* (S. 50-67). Frankfurt: Fischer.

Trömel-Plötz S. (1993). Eigenschaften weiblichen Redens. Folgerungen für die psychotherapeutische Praxis. *System Familie, 6*, 217-227.

Van Yperen, N. W. & Buunk, B. P. (1990). A longitudinal study of equity and satisfaction in intimate relationships. *European Journal of Social Psychology, 20*, 287-309.

Vaskovics, L.,A. (1995). Partnerschaftsverläufe: Verständigung durch Illusionen? In B. Nauck & C. Onnen-Isemann (Hrsg.) *Familie im Brennpunkt von Wissenschaft und Forschung* (S. 331-342). Neuwied: Luchterhand.

Volmer, R. (1986). *Die Entmythologisierung der Berufsarbeit.* Opladen. Westdeutscher Verlag.

Vopel, K. & Vopel, R. (1977). *Ich und Du. Ein Kommunikationstraining für Partner.* Hamburg: Isko.

Walper, S., Schneewind, K. A. & Gotzler, P. (1995). Warum trennen sich Paare (nicht)? In H. Sahner & S. Schwendtner (Hrsg.), *Gesellschaften im Umbruch.* (S.117-121). Opladen: Westdeutscher Verlag.

Walster, E., Berscheid, R. & Walster, G. W. (1973). New directions in equity research. *Journal of Personality and Social Psychology, 25*, 151-176.

Wampler, K. S. (1982). The effectiveness of the Minnesota Couple Communication Program: A review of research. *Journal of Marriage and Family Therapy, 8*, 345-356.

Wampler, K. S. & Sprenkle, D. S. (1980). The Minnesota Couple Communication Program: A follow-up study. *Journal of Marriage and the Family, 42*, 577-584.

Watzlawick, P., Beavin, J. H. & Jackson, D. D. (1969). *Menschliche Kommunikation. Formen, Störungen, Paradoxien.* Bern: Huber.

Welter-Enderlin, R. (1996). Paarbildung und Familienentwicklung. Ein Konzept zur beraterischen Unterstützung von Paaren durch Verstehen. In H.-J. Beckers & A. Wittrahm (Hrsg.), *Beratung auf neuen Wegen* (S. 73-85). Stuttgart: Kohlhammer.

Wemhöhner-Knoch, C. (1989). Ein partnerschaftliches Lernprogramm. *Die Christliche Frau, 5*, 10-11.

Weng, G. & Revenstorf, D. (1987). Psychologische Ehevorbereitung - Eine Sichtung vorhandener Programme. In K. Hahlweg & J. Brengelmann (Hrsg.), *Neuere Entwicklungen der Verhaltenstherapie bei Kindern, Ehepaaren und Familien.* (S. 151-165). München: Röttger.

Willi, J. (1975). *Die Zweierbeziehung*. Reinbek: Rowohlt.

Willi, J. (1978). *Die Therapie der Zweierbeziehung.* Reinbek: Rowohlt.

Willi, J. (1985). *Koevolution. Die Kunst gemeinsamen Wachsens.* Reinbek: Rowohlt.

Willi, J. (1991). *Was hält Paare zusammen?* Reinbek: Rowohlt.

Wittmann, D. (1993). Ehe bauen. Ein zweitägiges Ehevorbereitungs-Seminar in der Erzdiözese München und Freising. *Lebendige Seelsorge, 44*, 241-244.

Wittmann, D. (1994). *Für eine wachstumsorientierte Ehe und Partnerschaft. Referentenkurs in der Erzdiözese München und Freising.* Unveröffentlichtes Manuskript. Erzbischöfliches Ordinariat, München.

Zerssen, D. (1976). *Klinische Selbstbeurteilungs-Skalen (KSb-S) aus dem Münchener Psychiatrischen Informationssystem (PSYCHIS München). Die Beschwerdenliste. Parallelformen B-L, B-L' und Ergänzungsbogen B-L°. Manual.* Weinheim: Beltz Test Gesellschaft.

Zöchbauer, F. & Hoekstra, H. (1974). *Kommunikationstraining - Ein Erfahrungsbericht.* Heidelberg: Quelle und Meyer.

Zulehner, P., Baumgartner, I. & Mühlek, K. (1978). *Ehe bauen. Arbeitshilfen für die Ehevorbereitung.* Limburg: Lahn.

Anhang: EPL-Kursarbeitsblätter

Fertigkeiten der Sprecherrolle

1. Ich-Gebrauch: Jeder Partner soll von seinen eigenen Gedanken und Gefühlen sprechen. Kennzeichen dafür ist der Ich-Gebrauch. Alle Aussagen werden dadurch persönlicher. Äußerungen, die nur auf den anderen gerichtet sind (Du-Sätze), sind meist Vorwürfe oder Anklagen, die als Auslöser für Gegenangriffe oder Rechtfertigungen wirken.

2. Konkrete Situation ansprechen: Jeder Partner soll konkrete Situationen oder Anlässe ansprechen, so daß Verallgemeinerungen (immer, nie) vermieden werden. Verallgemeinerungen rufen meist sofortigen Widerspruch hervor und lenken vom eigentlichen Inhalt - der konkreten Situation - völlig ab. Durch die Einhaltung dieser Regel werden die Aussagen für den Zuhörer anschaulicher.

3. Konkretes Verhalten ansprechen: Jeder Partner soll von konkretem Verhalten in bestimmten Situationen sprechen, so daß vermieden wird, dem anderen negative Eigenschaften zuzuschreiben. Die Unterstellung negativer Eigenschaften ruft ebenfalls Widerspruch hervor. Kennzeichen solcher Äußerungen sind z.B. "typisch", "unfähig", "langweilig", "nie aktiv". Wer konkretes Verhalten benennt, erreicht eine bessere Nachvollziehbarkeit seiner Aussagen, nicht nur für den Partner, sondern auch für sich selbst.

4. Beim Thema bleiben: Jeder Partner soll vom Hier und Jetzt sprechen, da bei Rückgriffen auf die Vergangenheit das Gespräch Gefahr läuft, völlig vom eigentlichen Thema abzuweichen. Das eigene Anliegen wird dadurch klarer.

5. Sich öffnen: Jeder Partner soll sich öffnen und beschreiben, was in ihm vorgeht. Anklagen und Vorwürfe lassen sich vermeiden, wenn jeder seine Gefühle und Bedürfnisse direkt äußert. Dann kann auch ein weiterer häufiger Fehler, "das negative Gedankenlesen", vermieden werden. Hierunter versteht man Äußerungen, die die Reaktionen des Partners vorwegnehmen. Z.B.: "Auf andere Art kann man ja nicht mit Dir reden" oder "Ich würde was unternehmen, aber Du machst ja doch nicht mit". Der Sprecher sichert sich damit schon im voraus gegen eine mögliche Reaktion ab.

Fertigkeiten der Zuhörerrolle

1. Aufnehmendes Zuhören: Der Partner soll dem Sprecher nonverbal (nicht-sprachlich) deutlich zeigen, daß er ihm zuhört und Interesse an seinen Äußerungen hat. Dies kann z.B. durch unterstützende Gesten wie Nicken oder kurze Einwürfe wie "hm", "aha" geschehen. Wichtig ist neben dem Blickkontakt auch eine dem Partner zugewandte Körperhaltung. Ermutigungen, doch weiterzusprechen (z.B.: "Ich würde gern mehr darüber hören") verstärken den Partner für sein Erzählen.

2. Zusammenfassen: Der Partner soll die wesentlichen Äußerungen des Sprechers möglichst in eigenen Worten rückmelden, um deutlich zu machen, daß er ihn verstanden hat. Fällt es ihm schwer, die Äußerungen in eigene Worte zu kleiden, sollte er auch vor wörtlichen Wiederholungen nicht zurückschrecken. Gerade schwierige Gespräche gewinnen mit dieser Fertigkeit an Klarheit und Verständnis.

3. Offene Fragen: Wenn der Partner im Verlauf der Unterhaltung den Eindruck hat, daß der Sprecher seine Gefühle und Wünsche nur indirekt äußert, und er nicht ganz sicher ist, was der Sprecher empfindet, soll er gezielt danach fragen. Hier ist zu beachten, daß keine Urteile und keine vorschnellen Interpretationen vorgenommen werden, z.B.: "Hast du dich unsicher gefühlt?" und nicht : "Das liegt an Deiner Unsicherheit!"
Im ersten Fall kann der Sprecher zustimmen oder ablehnen, also richtigstellen, im zweiten Fall muß er sich verteidigen.

4. Lob für gutes Gesprächsverhalten: Der Partner soll den Sprecher für offene und verständliche Äußerungen verstärken (loben), damit dieser sich ermutigt fühlt, z.B.: "Das freut mich sehr, daß Du mir das so klar und offen gesagt hast." Natürlich kann auch der Sprecher gutes Zuhören des Partners loben.

5. Rückmeldung des ausgelösten Gefühls: Es gibt Situationen, in denen es dem Zuhörer nicht möglich sein wird, mit Verständnis auf den Sprecher zu reagieren, etwa weil dessen Äußerungen ihn sehr aufgebracht haben. In einem solchen Fall sollten indirekte Aussagen vermieden werden, z.B.: "Aber das stimmt doch gar nicht!" Stattdessen meldet der Zuhörer besser seine eigenen Gefühle direkt zurück, z.B.: "Ich bin völlig verblüfft, daß Du das so siehst." Genauso wichtig ist es, auch aufkommende positive Gefühle rückzumelden, z.B.: "Mich freut es, daß du das mit mir gemeinsam machen willst."

EPL-Kurs vom ....bis................. in...

Verschwiegenheitserklärung

Im Interesse einer offenen Gruppenatmosphäre erkläre ich als Teilnehmer eines EPL-Kurses durch meine Unterschrift, daß ich über Personen und Inhalte während und nach dem Training Dritten gegenüber Stillschweigen bewahre.

Name.......................... Anschrift .... Unterschrift

PROBLEME LÖSEN

1. Problem ansprechen

Um welches Problem geht es? (Über das Problem sprechen, aktiv zuhören, nachfragen, Meinung des anderen hören. Zum Schluß äußert jeder einen Wunsch; dann aufschreiben, um welches Problem es sich handelt, Problem auch eingrenzen)

____

____

2. Lösungsmöglichkeiten aufschreiben

Alle Vorschläge erst einmal aufschreiben. Jeder soll mind. 2 Vorschläge beitragen.

(1)______________________________________

(2)______________________________________

(3)______________________________________

3. Lösungsmöglichkeiten diskutieren

Jeder Vorschlag wird hinsichtlich seiner Vor-und Nachteile diskutiert.

4. Beste Lösungsmöglichkeit auswählen (bzw. zusammenstellen)

____

____

5. Schritte zur Umsetzung in die Tat

Überlegen, wie die beste Lösungsmöglichkeit in die Tat umgesetzt werden kann (wer, was, wann, wie...)

1. Schritt__________________________________

2. Schritt__________________________________

3. Schritt__________________________________

6. Überprüfen der 5 Punkte des Schemas. Überprüfen der Einzelschritte

Überprüfen, ob die 5 Punkte des Schemas eingehalten wurden.
Nach einiger Zeit überprüfen, ob die Einzelschritte von Punkt 5 eingehalten wurden. Loben Sie jeden Versuch, der zur Problemlösung beiträgt.

ERWARTUNGEN AN DIE EHE

Bitte kreuzen Sie an, wie wichtig Ihnen selbst folgende Punkte für Ihre Partnerschaft sind.

	überhaupt nicht wichtig — sehr wichtig
1. Selbstverwirklichung (Wachsen der eigenen Persönlichkeit)	1--2--3--4--5--6--7
2. Abenteuer / Anregung	1--2--3--4--5--6--7
3. Selbständigkeit / Unabhängigkeit	1--2--3--4--5--6--7
4. Gemeinsame Interessen und Aktivitäten	1--2--3--4--5--6--7
5. Kameradschaft	1--2--3--4--5--6--7
6. Gegenseitige Verpflichtung	1--2--3--4--5--6--7
7. Finanzielle Sicherheit	1--2--3--4--5--6--7
8. Freundschaft	1--2--3--4--5--6--7
9. Vertrauliche Gespräche	1--2--3--4--5--6--7
10. Kindererziehung	1--2--3--4--5--6--7
11. Liebe	1--2--3--4--5--6--7
12. Verhältnis zur Verwandtschaft	1--2--3--4--5--6--7
13. Religion	1--2--3--4--5--6--7
14. Kirche	1--2--3--4--5--6--7
15. Gegenseitige Achtung	1--2--3--4--5--6--7
16. Romantik	1--2--3--4--5--6--7
17. Sexuelle Erfüllung	1--2--3--4--5--6--7
18. Gleiche Weltanschauung	1--2--3--4--5--6--7
19. Freundeskreis / Bekanntschaften	1--2--3--4--5--6--7
20. Unterstützung / Akzeptanz	1--2--3--4--5--6--7
21. Vertrauen	1--2--3--4--5--6--7
22. Aktuelles besprechen	1--2--3--4--5--6--7

Wertekarten: SEXUALITÄT

VERTRAUEN	GEBORGENHEIT
GLÜCK	SCHWANGERSCHAFT
LUST	PHANTASIE
RÜCKSICHT	EMPFÄNGNISREGELUNG
HINGABE	EINFÜHLUNGSVERMÖGEN
ZEUGUNG	SINNLICHKEIT
LIEBE	VERSTÄNDNIS
KINDERWUNSCH	ATTRAKTIVITÄT
VERANTWORTUNG	VERZICHT
KOMMUNIKATION	GEDULD
KÖRPERKONTAKT	KREATIVITÄT
STIMMUNG	BEGEHREN
EROTIK	ORGASMUS
TREUE	ZÄRTLICHKEIT
ENTSPANNUNG	FREIHEIT
....	....

Katholischer Trauritus (Auszug)

Befragung nach der Bereitschaft zur christlichen Ehe
Der Zelebrant wendet sich mit folgenden oder ähnlichen Worten an die Brautleute:

Liebes Brautpaar! Sie sind in dieser entscheidenden Stunde Ihres Lebens nicht allein. Sie sind umgeben von Menschen, die Ihnen nahestehen. Sie dürfen die Gewißheit haben, daß Sie mit dieser (unserer) Gemeinde und mit allen Christen in der Gemeinschaft der Kirche verbunden sind. Zugleich sollen Sie wissen: Gott ist bei Ihnen. Er ist der Gott Ihres Lebens und Ihrer Liebe. Er heiligt Ihre Liebe und vereint Sie zu einem untrennbaren Lebensbund. Ich bitte Sie zuvor, öffentlich zu bekunden, daß Sie zu dieser christlichen Ehe entschlossen sind.

Der Zelebrant fragt Bräutigam und Braut einzeln, zunächst den Bräutigam:

N., ich frage Sie: Sind Sie hierhergekommen, um nach reiflicher Überlegung und aus freiem Entschluß mit Ihrer Braut N./Ihrem Bräutigam N. den Bund der Ehe zu schließen?
Wollen Sie Ihre Frau/Ihren Mann lieben und achten und ihr/ihm die Treue halten alle Tage Ihres Lebens?

Danach richtet derZelebrant an beide gemeinsam die Frage:

Wenn Bräutigam und Braut katholisch sind...

Zelebrant: *Sind Sie beide bereit, die Kinder anzunehmen, die Gott Ihnen schenken will und sie im Geist Christi und seiner Kirche zu erziehen?*

Zelebrant: *Sind Sie beide bereit, als christliche Eheleute Mitverantwortung in der Kirche und in der Welt zu übernehmen?*

Wenn Bräutigam oder Braut nicht getauft sind...

Zelebrant: *Sind Sie bereit, die Kinder anzunehmen, die Gott Ihnen anvertrauen will, und sie im Glauben an ihn zu erziehen, wie es Pflicht eines gläubigen Vaters/einer gläubigen Mutter ist?*

Die Brautleute wenden sich einander zu. Der Bräutigam nimmt den Ring der Braut und spricht:

N., vor Gottes Angesicht nehme ich Dich an als meine Frau/als meinen Mann.
Ich verspreche Dir die Treue
in guten und bösen Tagen, in Gesundheit und Krankheit,
bis der Tod uns scheidet.
Ich will Dich lieben, achten und ehren alle Tage meines Lebens.
Trag diesen Ring als Zeichen unserer Liebe und Treue.

Evangelischer Trauritus - Zweite Form

Traufragen

Aus dem Wort der Heiligen Schrift habt Ihr gehört, was Gott Euch schenkt und was er von Euch will.

So bittet ihn um seinen Beistand:

Heiliger, barmherziger Gott, Du lenkst und regierst die Herzen. Gib uns die Kraft Deines Heiligen Geistes, damit wir unser Versprechen halten. Amen.

Und nun frage ich Euch vor Gott und vor dieser Gemeinde:

An den Ehemann:

N. N. Glaubst Du, daß Gott Dir deine Ehefrau N. N., geborene N. anvertraut hat? Willst Du mit ihr nach Gottes Geboten leben, sie lieben und ehren und willst Du im Vertrauen auf Jesus Christus ihr in Freud und Leid die Treue halten, bis Gott durch den Tod Euch scheidet, so antworte:

Ja.

An die Ehefrau:

N. N. Glaubst Du, daß Gott Dir deinen Ehemann N.N. anvertraut hat? Willst Du mit ihm nach Gottes Geboten leben, ihn lieben und ehren und willst Du im Vertrauen auf Jesus Christus ihm in Freud und Leid die Treue halten, bis Gott durch den Tod Euch scheidet, so antworte: Ja.

Bei der Übergabe der Trauringe

Gebt einander die Ringe als Zeichen Eurer Liebe und Treue.

Gebet und Segnung

Liebe Gemeinde, laßt uns für diese Eheleute beten:

Herr unser Gott, erleuchte diese Eheleute durch Dein Wort und erhalte sie in Deiner Liebe, daß sie bleiben in Deiner Gnade und das ewige Leben erlangen. Amen.

Der Segen des allmächtigen Gottes / des Vaters und des Sohnes und des Heiligen Geistes / komme über Euch und bleibe bei Euch / jetzt und immerdar. Amen.

Es segne und behüte Euch der allmächtige und barmherzige Gott / Vater, Sohn und Heiliger Geist. Amen.

Übergabe der Traubibel

Empfanget als Gabe der Gemeinde die Heilige Schrift.

Christus spricht: Wer mich liebt, der wird mein Wort halten.